花屋さんが知っておきたい 花の小事典

花ビジネスから花好きの消費者まで

宇田 明 ● 桐生 進 著

農文協

はじめに

　兵庫県淡路島で花の研究員として、花農家とともに40年近くを過ごしてきました。その後、縁あって大阪の株式会社なにわ花いちばに属し、花市場、仲卸、花店の方々と話をする機会が増えました。その結果、同じ花産業でありながら、それぞれの間で情報が共有できていないことにショックをうけました。

　花をつくっている農家は農家に生まれ、農村で育ち、産地という強固な基盤のなかで生活をしています。一方、花市場や花店で働く人の多くは都会育ちで、農業そのものが未知の世界です。花の消費を拡大し、家庭を花でいっぱいにするためには、花産業で働く人が高い知識、技能をもってお客さまに接することが求められています。ところがその能力アップのための適切なテキストがみうけられません。花の生産には多くの栽培書があり、農文協からは農業技術大系花卉編全12巻があり、弊著『カーネーションをつくりこなす』をはじめとする『つくりこなす』シリーズもあります。ところが、それらは花市場や花店で働く人には専門的すぎます。一方で、書店に並ぶ花の本は、図鑑や写真集の類で、生産については触れられていません。

　そこで、花産業で働く人に必要な情報、技術を伝えるために、株式会社大田花き花の生活研究所の桐生進氏の力を借りてまとめたのが本書です。今風のビジュアルでも、美しい画像やイラスト満載でもなく、愚直に「文字」で表現しました。

　花市場、仲卸、花店や花関連企業で働く人、働きたい人、また農業高校、農業大学校、大学や専門学校で花を学んでいる学生、華道やフラワーデザインを学ばれている方々のテキストとして、産地で花づくりを指導されている技術者の参考書として活用していただけると確信しています。

　執筆にあたっては、株式会社大田花き、株式会社なにわ花いちばという東西の花市場とその担当者から情報や画像の提供など多くのご協力をいただきました。

　本書の刊行にあたっては、農山漁村文化協会編集部にお世話になりました。ここに記して、心よりお礼申し上げます。

2013年1月20日

宇田　明

花屋さんが知っておきたい花の小事典

もくじ

はじめに…1

第1章　花を知ろう（総論）　7

1　花産業のしくみ ── 8
　川上＝生産者…8
　川中＝市場・仲卸…8
　川下＝花店…9
　消費…9
2　花の名前がわからない ── 9
　「花卉」って何？…9
　花の名前を
　　知っている人が少ない…10
　　①花は1,100種類…10
　　②花にはいろいろな名前
　　　（学名、和名、英名、通称名など）
　　　がある…10
　園芸とハーブでは名前がちがう…11
3　植物の戸籍 ── 12
　植物にも戸籍がある…12
　学名のつけ方…12
　花の植物的分類…14
　　①一年草…14
　　②宿根草（多年草）…14
　　③球根…15　　④花木…15
　花の園芸的分類…15
　花でない花…15
　　①苞…16　　②萼…16
4　植物の一生 ── 16
　植物と動物のちがい…16
　花芽分化…16
　花が咲く時期…17
　　①日長…17　　②低温…18
　　③幼若期…18

5　花の咲く時期を変える ── 19
　季咲き栽培・促成栽培・抑制栽培…19
　キクの電照栽培…19
　キクのシェード栽培…19
　キクを一年中咲かせるために…20
　トルコギキョウの花は
　　電照で早く咲く…20
6　花はどのように増やすのか ── 20
　農家でもわからないことが多い…20
　たね…21
　さし芽、さし木…21
　株わけ…21
　球根…21
　組織培養（メリクロン）…21
**7　花はだれが
　　どこでつくっているのか** ── 22
　花をつくっているのは農家…22
　農協ってなに？…22
　農家の生産・出荷組織…23
　切り花の規格…23
　共選共販…24
　花はどこでつくっているのか…24
　どんな花が
　　どれだけつくられているのか…25
　花はグローバル産業…26
　日本人は花が好き…26
**8　花はどのように
　　つくられているのか** ── 27
　露地栽培とハウス栽培…27
　　①露地栽培…27

②ハウス栽培…27
　花は土に植えられている
　　とは限らない…27
　　①土耕栽培…27　②養液栽培…28
9　花がお客さまにとどくまで━━ 28
　収穫、選別、箱詰め…28
　花の輸送（湿式、乾式など）…28
　花市場、仲卸のしくみ…29
　花を仕入れる…29
　産地から花店までの流れ…29
10　次つぎ登場する新品種━━━ 30
　入荷品種数…30
　新品種はだれがつくっているのか…30
　　①官公庁…30　　②種苗会社…30
　　③個人育種家…31
　　④海外から導入…31
　日本の育種力…31
11　花が売れる日━━━━━━ 31
　表日と裏日…31
　　おもてび　うらび
　物日とよく売れる花…32
　　ものび
12　鮮度と日持ちとの区別━━━ 34
　プロはなにもかも
　　「鮮度」に含めがち…34
　鮮度はみかけ…34
　水あげは鮮度の維持と
　　しおれの回復…34
　日持ちは観賞可能期間…35
13　切り花の日持ちを縮める原因━ 36
　どんな生物にも寿命がある…36
　天寿を全うできない5大要因…36
　　①老化ホルモン（エチレン）…36
　　②導管閉塞（細菌）…36
　　③病気（かび）…37

　　④栄養不良（糖）…37
　　⑤熱中症（高温）…37
14　水あげの基本技術━━━━ 38
　水を吸いあげるメカニズム…38
　赤字の原因…39
　　①収入が少なくて赤字…39
　　②支出が多くて赤字…39
　科学の目で見る伝統の水あげ技術…39
　　①水切り…39　　②湯あげ…40
　　③氷水は細菌の繁殖をおさえるが
　　　水あげはよくならない…40
　　④古来から使われてきた薬剤ー
　　　クエン酸・明礬…40
　　　　　　　みょうばん
　　⑤伝統の技…41
15　こうすれば日持ちが長くなる━ 41
　日持ち延長は
　　人間の寿命延長と同じ…41
　どこまでの手間をお願いするか…41
　水あげ技術＝
　　乳幼児の死亡を防ぐ…41
　日持ちを縮める原因を取り除く…42
　環境の改善＝
　　切り花を飾る環境の改善…42
　花びんに何を入れたら
　　切り花の日持ちがのびる？…45
　科学の力を活用…45
　　①品質保持剤を使おう…45
　　②前処理剤と後処理剤…45
　　　まえしょり　　あとしょり
　　③瞬間水あげ剤…46
　　④STS剤とはなに？…46
　　⑤STS剤は安全である…46

第2章 各花の特徴

切り花

輪ギク…48
スプレーギク…50
小ギク…52
ピンポンマム、アナスタシア
　などの洋ギク…53
カーネーション…54
バラ…56
オリエンタル系ユリ…58
スカシユリ…60
テッポウユリ…62
デンドロビウム
　（デンファレ）…64
オンシジウム…65
カトレア…66
シンビジウム…67
コチョウラン（胡蝶蘭）…68
モカラ・アランダ・
　アランセラ…69
ガーベラ…70
スターチス・シヌアータ…71
ハイブリッド（HB）スターチス…72
日本スイセン…73
トルコギキョウ…74
リンドウ…76
スイートピー…78
宿根カスミソウ…80
アルストロメリア…81
ストック…82
チューリップ…84
ソリダゴ・ソリダスター…85
ヒマワリ…86
ケイトウ（鶏頭）…88
ユウギリソウ（夕霧草）…89
デルフィニウム…90
フリージア…92
グラジオラス…93
キンギョソウ…94
カラー…95
アスター…96
宿根アスター…97
キンセンカ…98
アイリス…99
スイセン…100
ホワイトレースフラワー…101
シャクヤク（芍薬）…102
ダリア…104
センニチコウ（千日紅）…106
ラナンキュラス…107
アンスリウム…108
ナデシコ…109
ムギ（麦）…110
ハナナ（花菜）…111
マーガレット…112
リアトリス…113
スカビオサ…114
マトリカリア…115
ブバルディア…116
グロリオサ…117
コスモス…118
チョコレートコスモス…119

アリウム…120
ブプレウラム…122
ポピー…123
サンダーソニア…124
ハボタン…125
アネモネ…126
オーニソガラム…127
ストレリチア…128
オキシペタラム…129
ワレモコウ…130
クルクマ…131
アジサイ（ハイドランジア）…132
リューカデンドロン…134
ワックスフラワー…135
オミナエシ…136
アワ…137
カンパニュラ…138
ハス…139
ホオズキ…140
ベニバナ（紅花）…141
ガマ…142
キキョウ…143
カンガルーポー…144
アルケミラ…145
ブルーレースフラワー…146
クラスペディア…147
ヘリコニア…148
パンジー・ビオラ…149
リューココリネ…150
アスチルベ…151
ギボウシ…152
クレマチス…153
ルリタマアザミ…154
ネリネ…155
ミヤコワスレ（都忘れ）…156

サクラコマチ…157
アゲラタム…158
アマリリス…159
エリンジウム…160
ニゲラ…161
トウガラシ…162
フジバカマ…163
スズラン…164
ヒアシンス…165
ホトトギス…166
アザミ（薊）…167
クリスマスローズ…168
サンタンカ…169

枝もの

マツ（松）…170
サカキ（榊）…171
シキミ（樒）…172
ヒサカキ（非榊）…173
ヤナギ（柳）…174
ユーカリ…175
コウヤマキ（高野槙）…176
レンギョウ…177
エニシダ…178
アカシア…179
コデマリ…180
ユキヤナギ…181
サクラ（桜）…182
ウメ（梅）…183
モモ（桃）…184
スモークツリー…185
ビブルナム…186
ジャスミン…188

実もの

ヒペリカム…189
シンフォリカルポス…190
センリョウ（千両）…191
キイチゴ…192

葉もの

ドラセナ…193
リキュウソウ（利休草）…194
ショウブ（菖蒲）…195
オモト（万年青）…196
シロタエギク…197
レザーファン…198
フェニックス・ロベレニー…199
タマシダ…200
ルスカス…201
モンステラ…202
アレカヤシ…203
アスパラガス…204
ナルコユリ・アマドコロ…205
オクラレルカ…206
ススキ…207
フトイ…208
ピットスポルム…209
ソテツ…210
トクサ…211
タニワタリ…212
パニカム（スモークグラス）…213
パンパスグラス…214
ミント…215
フィロデンドロン
　（クッカバラ）…216

〈用語解説〉

農家の数え方 ——— 8
さし芽とさし木のちがい ——— 21
栄養繁殖 ——— 21
切り前 ——— 28
給水と吸水 ——— 29
農業試験場 ——— 30
新暦・旧暦・月遅れ ——— 33
水があがる・下がる ——— 34
蒸散 ——— 38
空きり（からぎり） ——— 39
気孔 ——— 44
生け水と切り水 ——— 45
枝変わり ——— 49
芽なしギク ——— 49
摘心 ——— 49
わい化剤 ——— 49
冬至芽 ——— 52
ベントネック ——— 56
高心剣弁 ——— 56
種間交雑(種間雑種) ——— 58
ロゼット ——— 71
セル苗 ——— 75
3倍体 ——— 76
ステム ——— 79
屈地性 ——— 83
距 ——— 90
ちゅう台 ——— 125
秋の七草 ——— 136
ジベレリン ——— 156
嫌光性種子 ——— 161
胞子 ——— 198
ランナー ——— 200

INDEX

●植物名・流通名・別名索引… 217 – 220
●学名索引… 221 – 222

第1章 花を知ろう

1 花産業のしくみ

　ものをつくってお客さまに届けるまでの流れは川にたとえられる。川上の農家が花をつくり、川中の花市場に出荷し、川下の花屋さんが市場で仕入れ、お客さまに売る、一連の流れがある（図1）。

●川上＝生産者

　日本の農家115万戸の6％にあたる7万戸*が花をつくっている。その生産額は3,500億円で、農業生産額の6％、花づくりは農業としてはマイナーな分野である。

＊農家の数え方：ものにはそれぞれの数え方がある。切り花は1本、2本、鉢ものは1鉢、2鉢、農家は1戸、2戸と数える。

　お客さまに花を提供しているのは日本の農家だけではない。世界各地から日本へ毎日、花が届けられている。花を輸入する業者は200社、輸入額は400億円で年々増えている。

●川中＝市場・仲卸

　農家がつくった花は野菜や果物と同じように市場に出荷されている。ただし、野菜や果物は青果市場だが、花は生花市場。どちらも読みは「せいか」

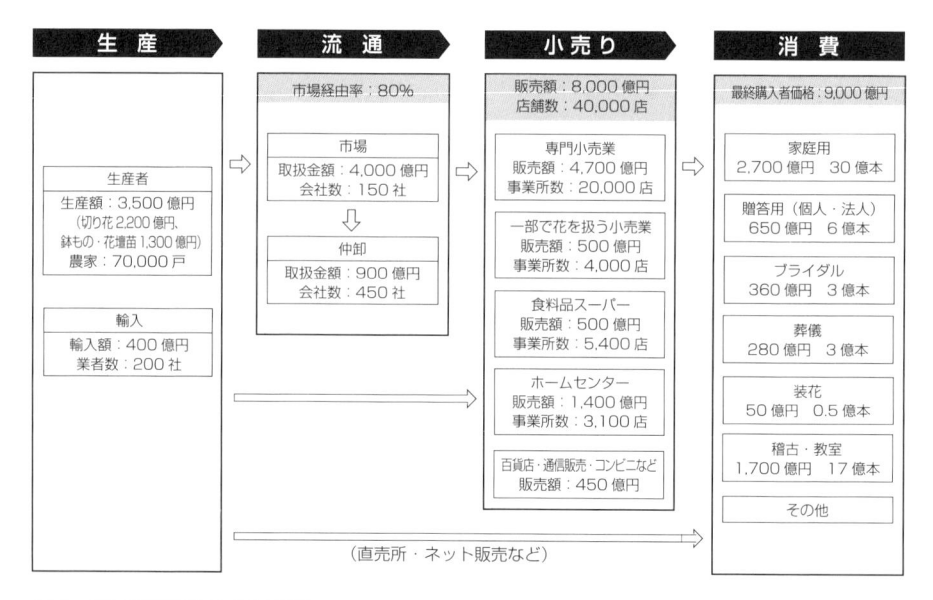

生産	流通	小売り	消費
生産者 生産額：3,500億円 （切り花2,200億円、鉢もの・花壇苗1,300億円） 農家：70,000戸	市場経由率：80％ 市場 取扱金額：4,000億円 会社数：150社 ↓ 仲卸 取扱金額：900億円 会社数：450社	販売額：8,000億円 店舗数：40,000店 専門小売業 販売額：4,700億円 事業所数：20,000店 一部で花を扱う小売業 販売額：500億円 事業所数：4,000店 食料品スーパー 販売額：500億円 事業所数：5,400店 ホームセンター 販売額：1,400億円 事業所数：3,100店 百貨店・通信販売・コンビニなど 販売額：450億円	最終購入者価格：9,000億円 家庭用 2,700億円　30億本 贈答用（個人・法人） 650億円　6億本 ブライダル 360億円　3億本 葬儀 280億円　3億本 装花 50億円　0.5億本 稽古・教室 1,700億円　17億本 その他
輸入 輸入額：400億円 業者数：200社			

（直売所・ネット販売など）

図1　花の流通経路と経済規模

参考資料　農林水産統計「平成23年度花き作付け面積及び出荷量 2012
　　　　　農林水産省「花きをめぐる情勢」2011

でやややこしい。前者は「あおもの」市場、後者は「はな」市場と区別されている。

　花店は市場のせりに参加するだけでなく、市場の中や近くにある仲卸からも仕入れることができる。生花市場は全国に150市場、花を扱う仲卸は450社ある。

● 川下＝花店

　市場や仲卸から仕入れた花は全国4万の店で売られている。そのうち専門の小売店は2万店で、商店街の花店から全国展開をするチェーン店など、さまざま。別に、野菜や果物とともに花も売る小売業が4,000店ある。

　一方、スーパーやホームセンターでも花は売られている。新しい業態として、インターネットやコンビニでも花が扱われている。

● 消費

　野菜は家庭かレストランのちがいはあるが、最終的には人々に食せられる。しかし、花の消費は多方面に及ぶ。日本で消費されている切り花60億本弱のうち、家庭で飾られるのは半分の30億本（仏花、墓花をも含む）。そのほかに、贈答用で6億本、ブライダルで3億本、葬儀で3億本、ホテルのロビーやショーウインドウなどの飾花で0.5億本が使われている。別に、生け花やフラワーデザインの稽古用が17億本ある。

2　花の名前がわからない

● 「花卉」って何？

　「花卉」を読める人はほとんどいない。「かき」と読む。「かき」ということばを耳から聞いて知っている人は「花木」と書いてしまう。「花木」は「かぼく」で、桜や梅など花が咲く木のことである。

　花卉は「卉」が常用漢字にないため、「花き」と表記される。農林水産省で花を扱う部署は「花き産業振興室」、花をつくっている農家の組織は「日本花き生産協会」で、「花き」は正式なことばである。

　大学の教科書「花卉園芸学」には、最初に「花卉とは」の項目がある。それによると「卉」は「すべての草」を表わし、「花卉」で「花の咲く草」の意味になると説明している。現在、農業高校の教科書は「草花」である。

　今日では、「花き」は花店で扱っている切り花、葉もの、枝もの、鉢もの、花壇苗、植木類、芝などを総称することばとして使われている。

表1　花の名前がむずかしい理由

① 種類が多い（1,000種類以上）
② 日本語の名前（和名）がない花が多い
③ 和名、英名、学名、通称名、商品名が混在
④ ひとつの花にいくつもの名前がある

● 花の名前を知っている人が少ない
①花は1,100種類

　花が嫌いな人はいない。そのわりには家庭に花が少ない。花が身近にならない理由のひとつが、花の名前がわからないこと。名前がわかってこそ、親しみがわく。

　花の名前がわからない一番の理由は、花の種類が多いことである（表1）。花市場に入荷する切り花の種類は1,100種類。野菜の200種類、果物の100種類と比べても圧倒的に多い。大根、キャベツ、タマネギ、リンゴ、ブドウならだれでもが知っており、名前を聞いただけでカタチを思い浮かべることができる。しかし、ガーベラ、スターチスと聞いて、姿がわかる人は相当なマニアである。

②花にはいろいろな名前（学名、和名、英名、通称名など）がある

　ひとつの花にいくつもの名前があることもわかりにくさの理由である。野菜や果物の名前はほとんどが日本語でつけられた和名で、なじみやすいが、花は和名、英名、学名、商品名が混在している（表2）。

和名　菊（キク）、薔薇（バラ）、百合（ユリ）などの日本語でつけられた名前。明治以降に渡来した花には和名がないものが多い。

英名　カーネーション、チューリップなど英国、米国での英語の名前をそのまま使用。カーネーションはフランス語ではオイヤー、オランダ語ではアンヤ。

学名　世界中の人が理解できるように学術的に命名されたラテン語による名前。植物だけでなく動物や昆虫、かび、細菌にもすべて学名がある。学名は属

表2　花の名前にはさまざまな由来があり、それらは混在

和　名	英　名	学名（属名）	昔の学名	品種が品目全体を表わす
菊（キク）	カーネーション	アルストロメリア	スターチス	カサブランカ
薔薇（バラ）	スイートピー	ガーベラ	リシアンサス	（オリエンタルユリ）
百合（ユリ）	ストック	デルフィニウム	アマリリス	シングルペグモ
トルコギキョウ	チューリップ	フリージア		（マトリカリア）
カスミソウ	ホワイトレースフラワー	グラジオラス		ピュアブルー
向日葵（ヒマワリ）	マーガレット	グロリオサ		（オキシペタラム）
鶏頭（ケイトウ）	ブルースター	ダリア		
金魚草（キンギョソウ）		ラナンキュラス		
金盞花（キンセンカ）		アンスリウム		
水仙（スイセン）		アイリス		
芍薬（シャクヤク）		コスモス		
千日紅（センニチコウ）				
花菜（ハナナ）				

表3　学名のつけ方（二命名法）

例	属名 ＋ 種名
キク	Chrysanthemum　grandiflorum
カーネーション	Dianthus　caryophyllus
テッポウユリ	Lilium　longiflorum

表4　ハーブと園芸では呼び名が違う

ハーブの名前	園芸の名前
セージ	サルビア
ヤロー	アキレア、ノコギリソウ
ターメリック	クルクマ
フェンネル	ウイキョウ（茴香）
フィーバーヒュー	マトリカリア
コーンフラワー	ヤグルマギク
ラムズイヤー	スタキス

と種で表わす（表3）。

通称（流通名・業界名・商品名）　和名や学名のように正式な名称ではないが、業界内で通用している名前。由来はさまざまである。カサブランカはオリエンタルハイブリッドユリの品種であるが、大輪のユリの総称として使われることがある。ピンクのカサブランカは正式にはありえないが、消費者にはわかりやすい。シングルペグモはマトリカリアの一品種にすぎないが、ひとつの独立した品目としてみなされている。よく知られているように、サフィニアはサントリーが育成したペチュニアの商品名であるが、宿根のペチュニアの総称のように使われている。

トルコギキョウの混乱

　トルコギキョウはユーストマ、リシアンサスとも呼ばれている。トルコギキョウは和名、ユーストマ（*Eustoma*）は今の学名、リシアンサス（*Lisianthus*）は昔の学名。トルコギキョウをリシアンサスと呼ぶのはベテランの花屋さん。さらにややこしいことに、トルコギキョウと呼ばれながらトルコ国ともキキョウとも無縁。原産地は北米、キキョウ科ではなくリンドウ科。

　スターチスも昔の学名、今はリモニウムで、この二つの名前が混在。

●園芸とハーブでは名前がちがう

　同じ花を扱う業界でありながら、ハーブ業界は独自の呼び名をもっている（表4）。

　花壇の花ではサルビアであるが、ハーブになるとセージと呼ばれる。同じ花でありながら、「サルビア・レウカンサ」と「メキシカンセージ」の名前で店頭にならんでいる。花屋さんでも頭を痛めるのに、お客さまが混乱するのはあたりまえ。

3 植物の戸籍

●植物にも戸籍がある

私たちには「日本国東京都大田区東海町1丁目2番地　大田花子」のような住所と氏名があり、世界中から郵便物が届く。植物にも住所氏名があり、地球上に「名もなき野に咲く花」は存在しない。これは植物に限ったことではなく、動物も昆虫も同じである。

その分類法は、「界」から始まり、「品種」で終わる（表5）。分類とは似たもの同士のグループ化である。

日常的に必要なのは「科」以下である。「科」は親戚、つまりファミリー（family）で、その花が何科かがわかればおおよその性質がわかる。主要な科はぜひ知っておきたい（表6）。

注意が必要なことは、学名と同じようにどの科に属するかは専門の機関で相談してしばしば変更されることがある。たとえば、アルストロメリアはヒガンバナ科であったが、今は独立してアルストロメリア科。また、グロリオサがユリ科かイヌサフラン科かなど学問的に定まっていないこともある。

●学名のつけ方

「科」の下には「属」、「種」があり、この二つで学名ができている。これを二名法といい、私たちの姓と名にあたる。たとえば、カーネーションの学名は、姓にあたるダイアンサス（Dianthus）と名にあたるカリオフィラス（caryophyllus）で表わされる（表3）。その下に、おなじみの品種がある。キクでは神馬、カーネーションではフランセスコ、バラではローテローゼなどである。

学名はラテン語でつけられているので、日本人には理解できないが、すべて意味がある。もし学名が英語なら、「Blue star」は「青い星（のような花）」と日本人にもわかる。欧米人はラテン語がわかるので学名の意味が理解できている。そこで、第2章の各論では学名の意味を日本語に訳した。語学的には正確ではないが、命名した人の思いを推測して大胆に意訳した。また、園芸種は野生植物とちがい、品種改良の過程で多くの種類が混じりあっているので「種」がわからないものが多い。それらには「種」を記さず、「属」

表5　植物の分類

分類	よみ	英語	例	
界	かい	Kingdom	植物界	植物界
門	もん	Division	被子植物門	被子植物門
網	こう	Class	単子葉植物網	双子葉植物網
目	もく	Order	アカザ目	キキョウ目
科	か	Family	ナデシコ科	キク科
属	ぞく	Genus	ナデシコ属	キク属
種	しゅ	Species	カーネーション	キク
品種	ひんしゅ	Cultivar	フランセスコ	神馬

表6 主な科名と花の種類

科　名	主　な　種　類
キク	キク、ガーベラ、ソリダゴ、ソリダスター、ヒマワリ、アスター、宿根アスター（クジャクソウ）、キンセンカ、ダリア、マーガレット、リアトリス、マトリカリア、コスモス、ベニバナ、ミヤコワスレ、クラスペディア、アザミ
ナデシコ	カーネーション、宿根カスミソウ、ナデシコ、サクラコマチ
バラ	バラ、ワレモコウ、サクラ、ウメ、モモ、キイチゴ、アルケミラ
ユリ	ユリ、チューリップ、アリウム、サンダーソニア、オーニソガラム、アスパラガス、ナルコユリ（アマドコロ）、ルスカス、リューココリネ、ギボウシ、オモト、ホトトギス
イソマツ	スターチス
リンドウ	トルコギキョウ、リンドウ
マメ	スイートピー、エニシダ、アカシア
ラン	デンドロビウム、デンファレ、オンシジウム、カトレア、シンビジウム、コチョウラン、モカラ、アランダ
アルストロメリア	アルストロメリア
アブラナ	ストック、ハナナ、ハボタン
アヤメ	フリージア、グラジオラス、アイリス
ヒユ	ケイトウ、センニチコウ
キンポウゲ	デルフィニウム、ラナンキュラス、アネモネ、クレマチス、ニゲラ、クリスマス・ローズ
ゴマノハグサ	キンギョソウ
イヌサフラン	グロリオサ（以前はユリ科）
オトギリソウ	ヒペリカム
サトイモ	カラー、アンスリウム、ショウブ、モンステラ、フィロデンドロン
ヒガンバナ	スイセン、ネリネ、アマリリス
センリョウ	センリョウ
セリ	ホワイトレースフラワー、ブプレウラム、エリンジウム、ブルーレースフラワー
ボタン	シャクヤク、ボタン
マツムシソウ	スカビオサ
アカネ	ブバルディア、サンタンカ
ケシ	ポピー
バショウ	ストレリチア、ヘリコニア
トウワタ	オキシペタラム（ブルースター）
ショウガ	クルクマ
ユキノシタ	アジサイ、アスチルベ
オミナエシ	オミナエシ
キキョウ	カンパニュラ、キキョウ、ユウギリソウ
ハス	ハス
イネ	パンパスグラス、アワ、パニカム
ナス	ホオズキ、トウガラシ
シソ	ミント、サルビア

だけとした。園芸種では平家か源氏か徳川家か、姓だけわかれば十分との考えからである。なお、属は大文字ではじまり、種は小文字、そしてイタリックの斜体が決まり。

学名は普遍ではなく、専門家の会議でしばしば変更される。それも混乱の原因。キクはクリサンセマム（*Chrysanthemum*）であったが、あるときデンドランセマ（*Dendranthema*）に変わり、再びクリサンセマムにもどりそう。

● **花の植物的分類**

花店で働く人にとって、切り花が鉢物より楽なことは、「来年も咲きますか？」という質問がないことである。この質問に対する答えは、たいへんむずかしい。来年、花が咲くか咲かないかは、その植物が一年草か宿根草（多年草ともいう）かが関係する（表7）。

① **一年草**

たねをまいて、1年以内に花が咲き、一生を終える植物。どんなに水をやり、肥料を与え、世話をしても、花が咲いた後には株が枯れる。

春にたねをまき、夏〜秋に花が咲く「春まき一年草」と、秋にたねをまき、翌年の春に花が咲く「秋まき一年草」がある。しかし、今では栽培技術が発達して、ほとんどの一年草は一年中、いつでもたねをまき、いつでも花を咲かせることができる。

たとえば、ヒマワリは春にたねをまき、夏に花が咲く「春まき一年草」だが、秋にたねをまいて冬、冬にたねをまいて春に花を咲かせることができる。そのため、春まきか秋まきかは、趣味の園芸や学校の教科書では重要だが、営利生産には意味がない。

② **宿根草（多年草）**

花が咲いたあと、枯れずに、植物体の一部（根など）が残り、長年にわたり、生育と開花をくりかえす植物。

チューリップのような球根類も宿根草であるが、園芸では球根として別に

表7 花の園芸的分類

一年草	宿根草	球根	花木
どんなに手入れをしても花が咲いた後枯れる	地上部が枯れても根は生きており再び発芽	根や茎が肥大	観賞用の樹木
スイートピー	キク	ユリ	バラ
ストック	カーネーション	チューリップ	サクラ
ヒマワリ	ガーベラ	ダリア	ウメ
コスモス	スターチス	ラナンキュラス	モモ
ケイトウ	トルコギキョウ	アイリス	コデマリ
キンセンカ	リンドウ	フリージア	ユキヤナギ
ハナナ	宿根カスミソウ	グラジオラス	アジサイ
センニチコウ	アルストロメリア	スイセン	センリョウ
ホワイトレースフラワー	デルフィニウム		ビバルナム

扱っている。

　営利生産では、宿根草であっても何年間も栽培を続ける植物は多くない。ほとんどの宿根草は、一年草と同じように1年で栽培を終え、毎年植えかえている。

理由①　宿根草であっても、原産地より過酷な日本の暑い夏を過ごせない（カーネーション）。

理由②　ずっと植えっぱなしより、花が咲き終わると植えかえることをくりかえすほうが、1年間に何回も花を収穫でき、経営的に有利（キク）。

③球根

　宿根草（多年草）の一種。低温、高温、乾燥などの不良環境に耐えるために、根などに養分を蓄えて、肥大化させた植物。サツマイモは根、ジャガイモは茎が肥大したように、球根植物も種類により肥大した器官がちがう。チューリップは葉、グラジオラスは茎、ダリアは根が肥大し、球根になった（表8）。

④花木

　一年草、宿根草、球根はいわゆる草だが、木も多く使われている。園芸では、樹木を花木（かぼく）と呼んでいる。バラやアジサイは花木である。花は似ているが、ボタンは花木で、シャクヤクは宿根草。サクラ、ウメ、コデマリのように花木の枝を切り、商品とする場合は「枝もの」と呼ぶ。

　バラやアジサイも花木の枝を切った商品であるが、切り花であり、枝ものとは呼ばない。農林水産省の分類では、マツやサカキなど花が咲かなくても花

表8　どの器官が肥大して球根になったか

葉	茎	根
チューリップ	グラジオラス	ダリア
アイリス	フリージア	ラナンキュラス
スイセン	アネモネ	
ユリ	シクラメン	
	カラー	

表9　花でない花

観賞器官	
苞（ほう）	萼（がく）
カラー	スターチス
アンスリウム	アジサイ
ストレリチア	
センニチコウ	
ブプレウラム	
リューカデンドロン	
ヘリコニア	
エリンジウム	
クルクマ	

木として扱う。

●花の園芸的分類
　（切り花、葉もの、枝もの、鉢もの、花壇苗、植木など）

　一年草や宿根草など植物的な分類以外に、使い道による園芸的分類がある。すなわち、花店、園芸店にならんでいる商品で、キク、バラ、カーネーションなどの切り花、レザーファンなどの葉もの、コデマリやサクラなどの枝もの、ヒペリカムなどの実もの、シクラメンやランなどの鉢もの、パンジーやペチュニアなどの花壇苗がある。

●花でない花

　花と思って観賞しているが花ではないものも多い（表9）。

写真1　花の苞（アンスリウム）　　写真2　花の萼（スターチス）

①苞（ほう）

　葉が変形したもので、花を保護する役割をもつ。アンスリウム、カラーの花のようにみえるのが苞である。雌しべ、雄しべがある本当の花は苞の中心にある棒状のもの（写真1）。

②萼（がく）

　つぼみを包んでいる葉で、花が咲くと花びらを下から支える。花びらではないので、日持ちは長い。スターチスで観賞しているのは萼。本当の花は萼の中にある白い花で、すぐにしおれる（写真2）。

4 植物の一生

●植物と動物のちがい

　植物と動物はなにがちがうのか。

　多くのちがいをあげることができる。そのなかでもっとも重要なことは、新しい細胞をつくることができる場所。動物はすべての細胞が自分と同じ新しい細胞をつくることができる。しかし、植物は芽と根の先端にある成長点しか新しい細胞をつくることができない。蜂の世界では、女王蜂しか卵を産んで子供をつくることができないというのに似ている。

　このことが、次の「花はなぜ咲くか」に関係する。

●花芽分化（はなめぶんか）

　植物の一生は、花芽分化以前と以後との二つに分かれる。花の生産でもっとも大切なことは、花芽分化の条件と時期を知ることである。

　では花芽分化とは何か？

　植物は成長点が細胞分裂をして、葉、茎をつくり、植物のからだを大きくする。これを栄養成長という。植物は永

| 発芽 | → | 栄養成長 | → | 花芽分化 | → | 生殖成長 | → | 開花 | → | 結実 |

| 不良環境を耐えてきたたねが水を吸って根、芽をだし、植物としての活動を再開 | 成長点で葉や茎をつくり、植物体を大きくする | 成長点が花をつくり始める | 花びら、雄しべ、雌しべなど、花をつくり、子孫（たね）を残すための作業 | 色、形、においなどで虫を集め、受粉をする生殖活動 | 受粉の結果、次世代をつくつぐたねをつくる作業 |

図2 植物の一生

遠に栄養成長を続けるわけではない。成長点は、ある時点で、葉や茎をつくることを終え、花をつくる作業に転換する。成長点が花びらや、雄しべ、雌しべなどをもつ花芽に変わる。成長点が花芽に変わることを花芽分化という。花芽分化が始まると、それ以降の成長を生殖成長と呼ぶ（図2）。

花芽分化は肉眼では見えないが、ごく小さなつぼみができたと考えてよい。「栄養成長→花芽分化→生殖成長」が植物の一生である。一年草はこのサイクルが1回で終わるが、宿根草は何回もくりかえす。

●花が咲く時期

花はどのようにして、咲く時期を決めているのか。この答えは、花芽分化の条件を知ることで得られる。

植物が花芽を分化する条件は、日長（昼間の長さ）、気温、植物自身の体内変化の三つである。

①日長

日の出から日の入りまでの時間は、夏は長く、冬は短い。昼間がもっとも長いのが6月22日ごろの夏至で14時間30分、もっとも短いのが12月22日ごろの冬至で10時間。夏至と冬至の昼間の時間の差は、緯度が高いほど大きい。北極や南極では夏には太陽が沈むことがなく、冬には太陽が顔を出さない。よくまちがえるのが、太陽の光があたっている状態の日照と、その時間である日照時間との混同である。太平洋岸の冬は晴れの日が多く、日照時間が長いが、日本海岸は雪や曇りの日が多く、日照時間が短い。

昼間の時間が長いことを長日、短いことを短日と呼ぶ。植物はこの長日か、短日かを感じて花芽分化をする。植物は絶対的な昼間の長さではなく、今日は昨日より日が長くなったか、短くなったかという変化を感じている。そのため、夏至が過ぎると少しずつ昼間が短くなり、8月のお盆のころの昼間の長さは13時間30分もあるが短日。反対に2月の節分のころの昼間の長さは10時間30分しかないが長日である。

ここでは、長日、短日は昼間の長さと説明したが、植物が実際に感じているのは夜の長さである。すなわち、植物にとっては、長日＝短夜、短日＝長夜である。

　　　　長日植物と短日植物

植物には長日で花芽分化する種類と短日で花芽分化する種類がある。前者

表10 長日植物と短日植物

長日植物		短日植物		中性植物
絶対的	相対的	絶対的	相対的	
ホワイトレースフラワー 宿根スイートピー フクシア	カーネーション キンギョソウ トルコギキョウ ブルーレースフラワー ペチュニア	秋ギク 寒ギク 宿根アスター ポインセチア カランコエ シャコバサボテン	夏ギク コスモス ソリダスター サルビア ケイトウ	バラ チューリップ パンジー ヒマワリ ガーベラ シクラメン

を長日植物、後者を短日植物という。さらに、厳密に分けると、長日でないと絶対に花芽分化しない絶対的長日植物と、どちらかというと長日のほうが花芽分化しやすい相対的長日植物がある。短日植物にも絶対的短日植物と相対的短日植物がある（表10）。

中性植物

どんな植物でも日長を感じて花芽分化をするわけではない。日長をまったく感じない植物も多くあり、それらを中性植物という。その代表がバラで、一定以上の温度があれば、一年中いつでも日長に関係なく、花を咲かせることができる。

②低温

チューリップのように秋に植え、冬を越し、春に咲く植物をずっと暖房をした温室で育てると花が咲かない。これらの植物は低温にあたらないと花芽分化をしないか花芽が成長しない（表11）。

花芽分化した後には、温度が高いほうが花は早く咲く。秋にたねをまく一年草や宿根草、秋植え球根の多くは冬の寒さにあたり花芽が分化し、春に花が咲く。

表11 花が咲く（花芽分化）のに低温が必要な植物

球根	一年草	宿根草
チューリップ テッポウユリ スカシユリ アイリス フリージア ヒアシンス スイセン アネモネ ラナンキュラス	スイートピー ストック スターチス・シヌアータ	リンドウ フウリンソウ

春化（バーナリゼーション）

たねや苗、球根を低温にあわせて、花芽分化をさせ、春に咲く花を秋や冬に咲かせることを春化（バーナリゼーション）という。春に咲くスイートピーのたねを低温にあわせ、冬に花を咲かせているのは種子春化。ただし、乾燥したたねを低温にあわせてもだめ。水を吸わせ活性化したたねでないと低温に反応しない。

③幼若期

日長や低温で必ず花芽分化をするわけではない。花芽分化をするには植物体が一定の大きさになっていなければならない。動物が子どもを産むことができるのは一定の年齢以上であることと、同じである。

「桃栗三年柿八年」は、たねをまいてから花が咲き、実をつけるまでに必要な年数を示している。つまり、この間は、花芽分化がおこらない。この期間を幼若期と呼ぶ。樹木は数年を要し、草花は数か月で短い。

5 花の咲く時期を変える

●季咲き栽培・促成栽培・抑制栽培

それぞれの植物には花が咲く時期が決まっている。人間が何も手を加えないで、自然の温度、日長で栽培し、花を咲かせるのが季咲き栽培で、咲く時期が旬。

季咲きより早く咲かせるのが促成栽培、遅く咲かせるのが抑制栽培である。たとえば、チューリップの季咲きは3～4月だが、12月に咲かせるのは促成、夏に咲かせるのは抑制である。しかし、現在ではほとんどの種類が一年中出回っており、いつが季咲きかわからない状態である。

●キクの電照栽培

一年中出回っている花の代表がキクで、電照栽培は有名である。キクは何のために、夜に照明をしているのだろうか。

キクは昼間の時間が短くなる（夜が長くなる）と花芽分化をして、花が咲く「短日植物」。季咲きは秋だが、需要期の年末や春の彼岸に咲かせるために、電灯照明（電照）で昼間を長く（夜を短く）して、花芽を分化させないのが電照栽培である。電照を止めると短日ですぐに花芽を分化する。つまり、キクの電照栽培は花が咲くのを遅らせる抑制栽培。

●キクのシェード栽培

秋に咲くキクを早く咲かせるには、昼間を短く（夜を長く）する。そのためには、昼間ハウス内を光が透らないカーテンで覆い、暗黒にし、昼間の時間を短くして花芽を分化させる。これがシェード（遮光）栽培である（写真3）。

シェードには夏に光をさえぎり、涼しくする遮光と短日処理の二つの意味がある。キクのシェードとは短日処理

写真3　シェード（キクのハウス）

月	1	2	3	4	5	6	7	8	9	10	11	12
タイプ	秋ギク						夏秋ギク			秋ギク		
日長操作	電照					シェード	電照			シェード	電照	
主な品種	神馬・精興の誠・晃花の富士						岩の白扇・フローラル優花・精の一世			神馬・精興の誠・晃花の富士		

図3　白輪ギクは秋ギクと夏秋ギクの組み合わせで一年中入荷

●キクを一年中咲かせるために

　輪ギクは一年中いつでも、同じ規格の花が同じように出荷されている。それは電照栽培とシェード栽培を組み合わせているから。しかし、これだけでは夏に品質がよいキクを咲かせることができない。そこで、7～9月だけは暑さに強いキク（このグループを夏秋ギクという）を用いる。夏秋ギクが花芽分化をする日長は16時間で、秋ギクの13時間より長いので夏に花が咲く。秋ギクも夏秋ギクも外観はほとんど同じで区別がむずかしいが、白輪ギクの神馬や精興の誠は秋ギク、岩の白扇やフローラル優香は夏秋ギク（図3）。

●トルコギキョウの花は
　電照で早く咲く

　短日植物のキクは電照をして昼間を長くすると花が咲かない。反対に、長日植物は昼間を長くすることで、花芽を分化し、花が咲く。その例がトルコギキョウで、電照をして昼間の時間が短い冬に花を咲かせている。

　このように、電照栽培は短日植物と長日植物とでは反対の働きをする。

6　花はどのように増やすのか

●農家でもわからないことが多い

　花の増やし方には、たね、さし芽・さし木、株わけ、球根に加え、最近ではバイテク（バイオテクノロジー）による組織培養（メリクロン）がある。それぞれの花がどんな方法で増やされているか、農家でもわからないことがある。

　それは、現在では切り花生産と苗生産が分業化され、農家が自分では苗をつくらず、専門の業者から買うことが多いからである。そのため、たねをまいたのか、さし芽か、あるいはメリクロンでつくられた苗なのかがわからないことがある。

　特に最近の新しい花であるトルコギキョウ、デルフィニウム、スターチス、アルストロメリア、グロリオサ、ラナンキュラスなどの繁殖方法は専門家でも迷うほどである（表12）。

表12　花の増やし方

増やし方	主な種類
たね	トルコギキョウ、リンドウ、ストック、スイートピー、ヒマワリ、デルフィニウム、キンギョソウ、コスモス、ハボタン、マツ、センリョウ
さし芽 さし木	キク、カーネーション、バラ、宿根カスミソウ、マーガレット
球根	アルストロメリア、チューリップ、フリージア、グラジオラス、アイリス、スイセン、ラナンキュラス、ダリア、グロリオサ
株わけ	レザーファン、ソリダゴ、ソリダスター、シャクヤク
メリクロン	キク、カーネーション、ガーベラ、宿根カスミソウ、スターチス、洋ラン類

●たね

　たねで増やすことを種子繁殖という。ヒマワリ、トルコギキョウ、ストック、スイートピー、デルフィニウムなどは種子繁殖である。マツやセンリョウのような木でもたねで増やす。

●さし芽、さし木

　さし芽やさし木*で増やすことを栄養繁殖という。キク、カーネーション、宿根カスミソウ、マーガレットなどは栄養繁殖*である。バラはさし木でも増やせるが、ふつうはノイバラに接ぎ木をして苗をつくる。

　*さし芽とさし木のちがい：同じことだが、「草」のキクやカーネーションの場合はさし芽、バラやサツキなど「木」の場合にさし木と呼ぶ。
　*栄養繁殖：植物の一生は、栄養成長→花芽分化→生殖成長→開花。雄しべと雌しべが受精し、子孫を残す生殖活動の結果得られたたねに対して、さし芽やさし木は栄養成長をしている芽を切り取り、土にさして根を出させてできた苗なので栄養繁殖と呼ぶ。

●株わけ

　大きくなった株を掘りあげ、小さく分割することを株わけという。シダの仲間のレザーファン、ソリダゴ・ソリダスター、シャクヤクなどは株わけで増やす。

●球根

　球根は外観でたねとはっきり区別できる。球根は乾燥、低温など植物にとって過酷な環境に耐えるために、地下、地際に養分を蓄えて、肥大したもの（表8）で、特殊な宿根草と考えてよい。球根を増やす専門の業者がいて、農家は業者から球根を買って花を咲かせる。

●組織培養（メリクロン）

　バイオテクノロジー技術を用いた新しい植物の増やし方で、組織培養またはメリクロンと呼ばれている。植物の成長点を切り取り、試験管の中で育てる。成長点は非常に小さいので、顕微鏡を見ながらの作業である（図4）。

　なぜこんな面倒なことをするのか。さし芽で増やすキク、カーネーションなどはさし芽をくりかえすことで、ウイルスや病気に感染し、だんだん生育が悪くなる。幸い、成長点は猛烈な勢いで細胞が分裂し、ウイルスや病原菌が侵入していないので無菌。その無菌の成長点を必要な栄養分が入った無菌の試験管の中で育てると無菌の健康な苗をつくることができる。キク、カー

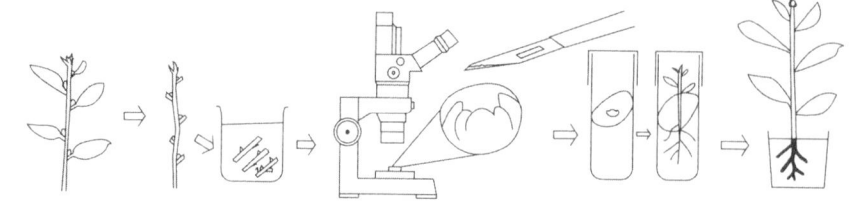

親株の選定	材料の準備と殺菌	茎頂の摘出	培養	育成植物の栽培と検定
変異のない優良な株を選定する	調整後、次亜塩素ナトリウム水溶液などを用いて殺菌する	無菌条件下で、実体顕微鏡により0.2〜0.3mmの大きさとする	25℃、3klx程度の条件の培養室で培養する	順化・鉢あげ後網室に隔離し、ウイルス検定を行なう

図4 組織培養

ネーション、スターチス、ガーベラなどはこのようにして苗をつくっている。また、宿根カスミソウやラン類のように繁殖効率の悪い植物でも試験管の中でかんたんに大量に苗をつくることができる。

7 花はだれがどこでつくっているのか

●花をつくっているのは農家

花をつくっているのは、お米や野菜と同じように農家である。花だけをつくっている農家と、米、野菜などとともに花をつくっている農家がある。

花をつくっている農家の数は7万戸で、日本の農家数115万戸の6%である。

1戸の農家で働いているのは、ふつう、夫婦を中心に、父母、息子夫婦など家族とパートなどの従業員で、花をつくっている全国の農家で働いているのは合計25万人。

●農協ってなに？

農家が出資して加入する農業協同組合。農産物を市場に出荷、肥料や農薬を農家へ販売するだけでなく、貯金、

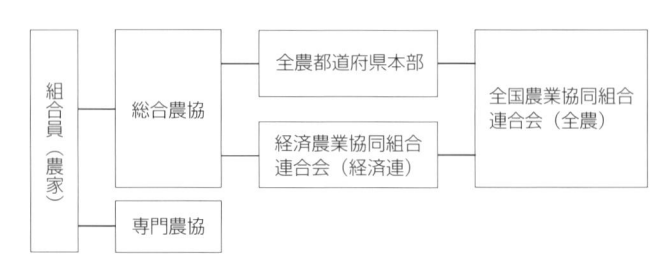

図5 農協組織図

貸付、決済などの銀行業務や保険、共済など多くの業務をしている。

地域の農協には、金融、共済などをも扱う総合農協と、花など特定の農産物を販売するだけの専門農協がある。ほとんどの農協は前者で、全国に約700ある。丸朝園芸農協、東予園芸農協、沖縄県花卉園芸農協（太陽の花）などは後者（図5）。

総合農協の上部組織として、都道府県には○○県経済農業協同組合連合会（経済連）、国には全国農業協同組合連合会（全農）がある3段階組織。最近は都道府県の経済連と全農が合併して、全農都道府県本部（全農長野など）とする2段階組織に移行しつつある。略称はJA（Japan Agricultural Cooperative）。「JA愛知みなみ」か「愛知みなみ農協」と表記するが、「JA愛知みなみ農協」とは記さない。

●農家の生産・出荷組織

農家はそれぞれが独立した経営体で、自分が所有する畑や温室で独自に花をつくっている。すべての農家は農協の組合員だが、つくった花を農協へ持ちより、農協が花市場へ出荷しているのは、農家の78％（図6）。残りの農家は個人で市場へ出荷するか、仲間が集まって結成した農事組合法人、任意組合、グループでまとまって市場へ出荷している。そのため、市場に出荷されてくるケースに表示されている名前は、個人名（屋号）、任意組合・グループ名（南信ハウスカーネーション

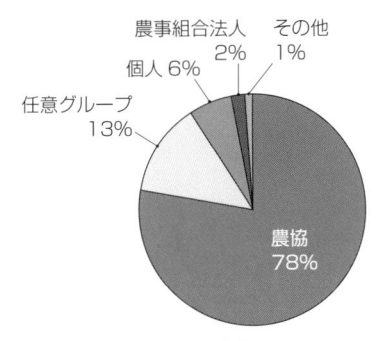

図6　切り花出荷の単位

組合など）、農協名（愛知ひまわり農協、全農おおいたなど）などさまざまである。

●切り花の規格

切り花の規格は産地から出荷されてくる容器に表示されている。それは等級と階級の二つがある（表13）。

等級は品質の規格。数字で表現することができないので秀、優、良で表示され、秀がもっとも高品質。階級はボリューム。切り花長を70cm、60cmなどセンチで表示する場合と、洋服のようにL、M、Sで表示する場合がある（表13）。

近年の花市場ではせりよりインターネット（ウエブ）での販売が増えているので従来の規格表示では次のような不都合なことがある。

1）同じ種類でも全国統一規格ではな

表13　切り花の規格

規格	内容	表示
等級	品質	秀・優・良
階級	ボリューム	切り花長（cm）またはL・M・S

く、産地により異なる。そのため、階級についてはセンチ表示が推奨されているが、等級については同じ秀でもA産地とB産地では形態が異なることがある。
2) 規格は絶対的ではなく、同一産地でも季節により変えていることが多い。たとえば、秋のスプレーカーネーションの秀は3輪であるが、冬、春は4輪といったことがある。
3) 古い産地では、等級と階級を含めてL、M、Sで表示している。つまり、2Lは秀の品質で、長い切り花である。この背景には、切り花の価値は長さで決まるとの考えがある。

● 共選共販

出荷ケースに、表示された等級、階級どおりの花が入っていることが市場取引の根幹である。個人で出荷する場合はすべて自己責任だが、会員農家の花をまとめて同じブランドで出荷（共販）する任意組合や農協では、規格にあっているかを検査する。

規格の選別には個選と共選がある（図7）。個選共販は、農家が定められた規格に基づき自分で選別し、箱詰めして集荷場に持ち込み、検査員が箱を開け、検査する方法。ほとんどの農協や任意組合はこの方法で、農家による選別のばらつきが少しある。

一方、共選共販は、農家は収穫した切り花を選花場に持ち込み、経費を支払って農協職員やパート従業員に規格どおりに選別、箱詰めしてもらう方法

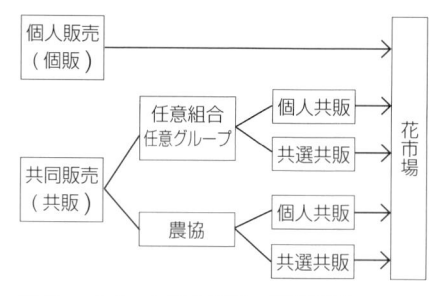

図7 つくった花の選別・販売形態

で、ばらつきがない。JA愛知みなみの輪ギク、JA新函館のカーネーション、JAとぴあ浜松PCガーベラなどはこの方法で選別、出荷している。個選共販と共選共販をあわせて「共選」と呼ぶこともある。また、個人での出荷に対して、農協を通じて出荷することを「系統出荷」、「系統販売」という。

● 花はどこでつくっているのか

花は全国すべての都道府県でつくられている。生産額は愛知県が圧倒的に多く1位、福岡県が2位、千葉県が3位である（図8）。

日本の花産地は、暖地と寒冷地に大きく分けることができる。暖地は冬が暖かい地域で、おおむね関東より西の太平洋岸、四国、九州をさす。寒冷地は冬に雪が降り寒いが、夏は涼しい地域で、北海道、東北、長野県をさす。

暖地は暖かい冬を生かして、冬から春に花をつくり、寒冷地は涼しい夏を生かして夏から秋につくる。南北に長い日本は、地域の気候のちがう産地が分担して一年中花を消費者に届けている。

●どんな花が
どれだけつくられているのか

　南北に長い日本では地域の特性を生かし、さまざまな花がつくられている。市場で流通している切り花の種類は1,000種類以上もある。

　国内で生産されている切り花は1年間に42億本（2011年）。それに輸入の12億本が加わった54億本の切り花が1年間に消費されている。国民一人当たり50本弱で、世界トップクラス。残念ながら、戦後一貫して伸びてきた切り花流通量（消費量）は2000年ごろをピークに年々減り続けている（図9）。

　消費のうちわけは圧倒的にキクが多く18億本、次にカーネーションが6億本、バラが5億本、ユリが2億本である（図10）。

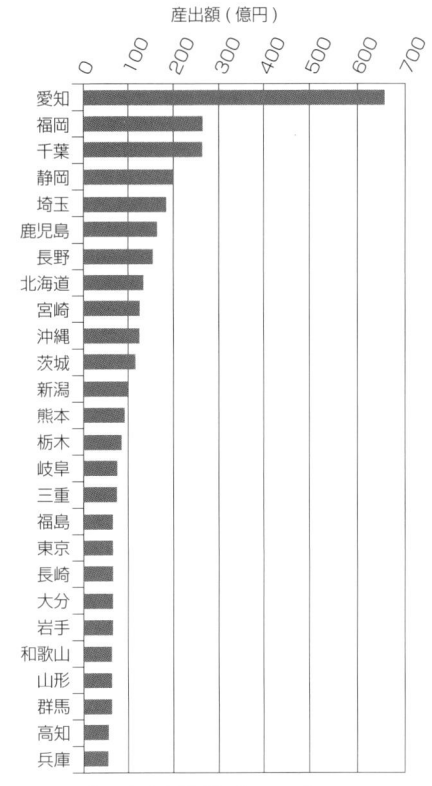

図8　花の産出額順位（2008）

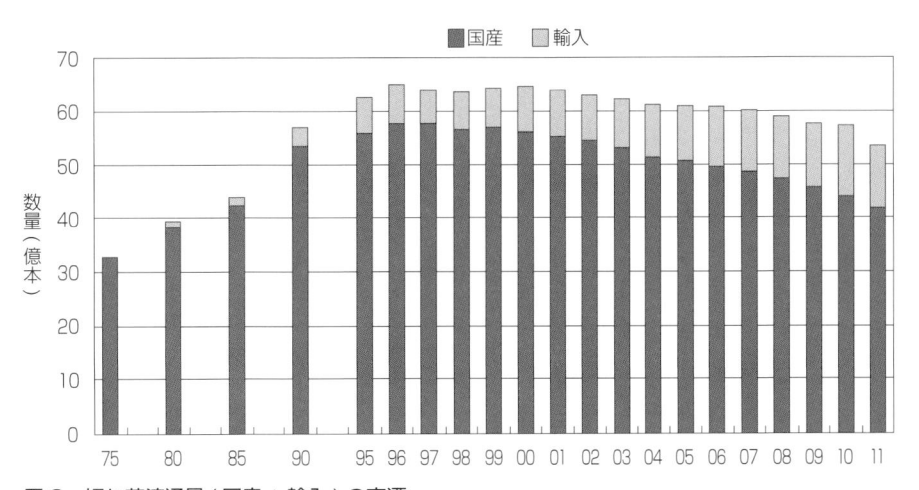

図9　切り花流通量（国産＋輸入）の変遷

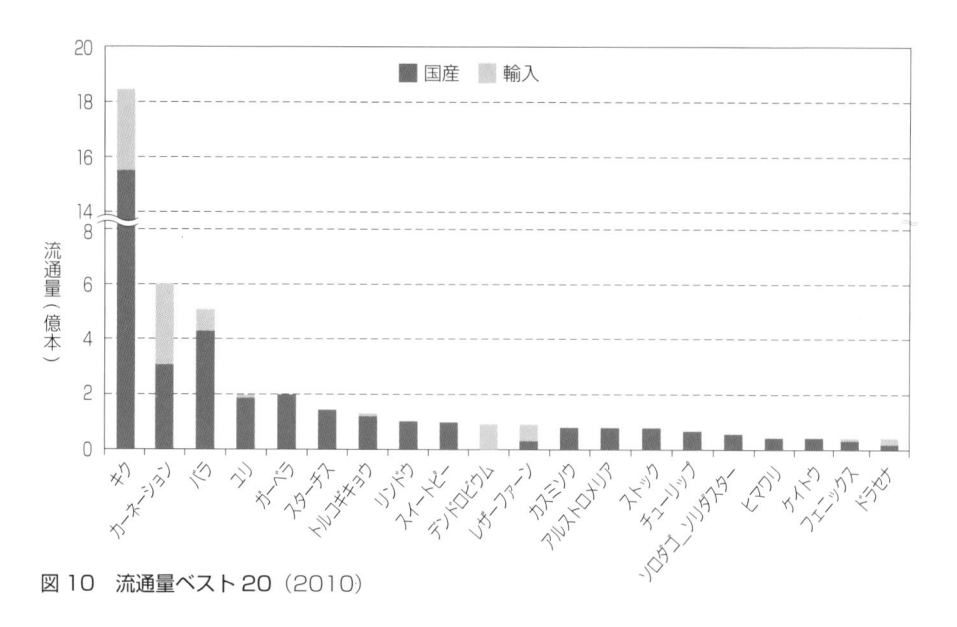

図10 流通量ベスト20（2010）

表14 輸入が多い種類

種　類	輸入の割合(%)	主な輸入国
洋ラン類	90	タイ・台湾
サカキ・ヒサカキ	80	中国
カーネーション	50	コロンビア・中国
スプレーギク	50	マレーシア・ベトナム
バラ	20	インド・韓国・ケニア
輪ギク	10	中国

●花はグローバル産業

　日本で流通している切り花は、国内の農家がつくったものだけではない。世界の多くの国でつくられた切り花が輸入されている。輸入の割合は約20％で、花屋さんに並んでいる切り花の5本に1本は外国産である。特に、シンビジウムを除く洋ラン類では90％、サカキ・ヒサカキでは80％、カーネーションとスプレーギクでは50％が輸入である（表14）。

　世界各国から切り花が日本に送られてくる。その数は49か国に及ぶ。

●日本人は花が好き

　日本の国民1人が1年間に切り花を買う金額は56ユーロ。世界1はスイス、2位はノルウエーであるが、これらの国は人口が500万人程度の国で、あまり参考にはならない。人口が5,000万人以上の国で比較すると日本が世界一。欧米の大国はいずれも日本より少なく、イギリスが49ユーロ、ドイツが35ユーロ、フランスが31ユーロ、アメリカにいたっては20ユーロにすぎない AIPH（2011）。

　日本人は花が好きな国民である。

8 花はどのようにつくられているのか

●露地栽培とハウス栽培

花をつくる方法には、大きく分けて露地栽培とハウス栽培がある。

①露地栽培

「路地」とよくまちがわれる。路地は街中にある細い通りのことだが、農業でいう「露地」はoutdoor、つまり戸外で農作物をつくることである。すなわち露地とは田や畑のこと。露地で野菜、花などをつくることを露地栽培という。

②ハウス栽培

「ハウス＝house」とは、住宅メーカーの名前に使われているように、一般には「家」だが、農業では建物＝施設の中で農作物をつくることをいう。

光を取り入れなければならない農業用施設は、ガラス、農業用ビニールなどで覆われている。被覆資材によりガラス温室（写真4）、ビニールハウス（写真5）と呼び、それらを総称してハウスという。ハウスで野菜や花をつくることをハウス栽培または施設栽培と呼ぶ。

●花は土に植えられているとは限らない

土に植物を植えて育てるつくり方を土耕栽培と呼ぶ。しかし、植物は必ずしも土に植えないと育たないわけではない。特に、ハウス栽培では土以外にさまざまな資材に植えられることがある。それら土以外のものに植えて育てる方法を養液栽培という。

①土耕栽培

露地栽培では当然、もともとそこにある土に花を植え、育てる土耕栽培である。ハウス栽培でも基本は土耕栽培

写真4　ガラス温室（カーネーション）

写真5　夏はビニールをはずして鉄骨だけになったハウス

である。
②養液栽培

　土以外でもっとも多いのはロックウール栽培である。ロックウールとは玄武岩などの鉱物を高温で繊維状に固めたもので、本来は家の断熱材として使われている。このロックウールに植物を植え、水やりを兼ねて液体肥料（液肥）を与える。バラでは半分以上がロックウールに植えられ、土耕は少数派である。植えかえが簡単、無菌で連作障害がないなどの利点がある。

9 花がお客さまにとどくまで

●収穫、選別、箱詰め

　それぞれの産地で、植える時期、肥料、病気、害虫の防除法などマニュアルがあり、農家はそれに基づいて花をつくっている。花を収穫する切り前*は種類、季節によってちがう。キクやユリはつぼみで切るが、ダリアやガーベラは満開で切る。当然、夏は切り前が固く、冬はゆるい。

＊**切り前**：切り花を収穫するときの花の咲いている程度。つぼみなら切り前が「固い」、満開に近ければ「ゆるい」と表現される。

　収穫した花は水あげをしたあと、地域で決められた規格に選別し、段ボールケースに詰める。1束の本数、1箱の入り本数は花の種類や地域のとりきめによりいろいろだが、一般には10本束で1箱50～100本が多い。

　個人で出荷する場合にはそれで終わりだが、農協を通じて出荷する場合には、農協の選花場まで運び、そこで検査員の品質検査を受ける。個々の農家が選別（個選共販）するのではなく、別の組織に選別、箱詰めを委託する場合（共選共販）もある。

●花の輸送（湿式、乾式など）

　全国の花産地から市場までは、北海道や沖縄などの遠隔地は飛行機、一部に船が使われるが、それ以外はトラックで運ばれる。トラックは高温期には冷凍車、保冷車で低温に保たれている。

　輸送方法は、容器により、湿式輸送（写真6）と乾式輸送に分けられる（表15）。

　乾式輸送は段ボールケースに切り花を横詰めする従来からの方法で、もっとも多い方式である。輸送中は水を補給しない乾式輸送に対して、水を補給し続けるのが湿式輸送である。湿式輸送には、バケットと水入り縦箱（写真7）がある。水入り縦箱は横に倒しても水がこぼれないように工夫したものがある。

　それらの中間型として、切り口を給水*材（エコゼリーや給水紙など）で包み、段ボールケース内での乾燥を防ぐ方法がある。

写真6 湿式輸送
(バケット、オランダ アールスメール花市場)

写真7 水入り縦箱

表15 切り花の輸送方法

方式	容器	輸送コスト	取り扱い	鮮度	容器の再利用	花店での水あげ	適している種類
乾式	段ボール	安い	容易	やや劣る	無し	必要	キク、ユリ、チューリップなど
湿式	水入り縦箱	やや高い	やや難	高い	無し	場合により必要	バラ、宿根カスミソウ、トルコギキョウなど
湿式	バケット	高い	難	高い	有り	不要	バラ、宿根カスミソウ、トルコギキョウなど

＊給水と吸水：読み方はどちらも「きゅうすい」だが、給水は切り花に水を与えること、吸水は切り花が水を吸うこと。水を与えるエコゼリーは給水材。

 どの輸送方法にも長所と短所とがあり（表15）、それらが混在した状態で市場に入荷している。

● 花市場、仲卸のしくみ

 農家がつくった花の80％は全国に150ある花市場へ出荷される。残りの20％は農家個人でインターネットなどを利用した直接販売や、農協や道の駅などの直売所で売られている。

 全国の産地から市場へ集まってきた花はせりにかけられ、花屋さんに引き取られてゆく。花市場のせりには仲卸とともに、花屋さんも参加することができる。花市場は農家から委託された花を仲卸や花店に売り、そのお金を回収し、農家へ支払う。その9.5～10％が手数料になる。

● 花を仕入れる

 花店が花を仕入れるには次の方法がある。

1) 市場のせりに参加する（市場の買参権が必要）、自宅で、パソコンを通じてせりに参加する在宅せりを始めた市場もある
2) 市場のウエブ販売で仕入れる（自宅でせり前日に買うことができる）
3) 相対取引で仕入れる（産地・市場との価格交渉）
4) 仲卸で仕入れる（仲卸を通して市場のウエブ販売に参加することもできる）

● 産地から花店までの流れ

 農家がつくった花は川の流れのように、川上の農家から、川中の市場、川下の花店をたどり、お客さまに届く（図1）。

10 次つぎ登場する新品種

● 入荷品種数

　花はつねに新しい品種が生まれている。市場に入荷している花でもっとも品種数が多いのはキクで約4,000品種。内訳は輪ギクが1,400品種、スプレーギクが1,100品種、小ギクが1,200品種、その他のキクが130品種である（表16）。次がバラで1,900品種、カーネーションが1,700品種、ガーベラが900品種。こんなにも多くの品種が流通しており、それらすべてを把握することは不可能である。

● 新品種はだれがつくっているのか

　これだけたくさんの品種をだれがつくったのか。

　新しい品種をつくることは、品種改良または育種と呼ばれる。品種改良をしているのは官公庁の研究機関、つまり、国の独立行政法人農研機構花き研究所（つくば市）や都道府県の農業試験場*、民間の種苗会社、農家・個人の育種家と海外からの導入である。

　＊農業試験場：法律で設置が義務づけられているので、都会である東京都や大阪府を含め、全国47都道府県すべてにあり、イネや麦、野菜、果樹などとともに、花の品種改良や栽培技術の改良の研究をしている。名称は大阪府の「食と緑の研究所」などさまざまである。

① 官公庁

　国の研究所では姿形よりも特定の性質を与えることを目標に品種改良をし、病気に強いカーネーションや日持ちが長いカーネーションなどをつくっている（写真8）。

　都道府県の農業試験場では地域特産の花の品種改良に力をいれている。岩手県ではリンドウ、静岡県ではマーガレット、香川県ではカーネーション、愛知県や福岡県では輪ギクがその例である。

② 種苗会社

　種苗会社は新しい品種をつくり、そのたねや苗を売らなければならないので、品種改良に力を入れるのは当然である。ヒマワリやトルコギキョウでは世界に誇れる品種を生み出している。

表16　市場に入荷している品種数
（花普及センター 2009）

順位	種類	品種数	順位	種類	品種数
1	キク	3,835	20	アスター	173
2	バラ	1,867	21	スイートピー	162
3	カーネーション	1,658	22	シャクヤク	156
4	ガーベラ	899	23	カラー	153
5	トルコギキョウ	882	24	ラナンキュラス	152
6	シンビジウム	873	25	リンドウ	140
7	ユリ	707	26	フリージア	126
8	チューリップ	528	27	ケイトウ	115
9	スターチス	452	28	ヒマワリ	91
10	アルストロメリア	396	29	スイセン	87
11	デンドロビウム	311	30	オンシジウム	80
12	ダリア	291	31	宿根アスター	75
13	カトレア類	263	32	ダイアンサス	75
14	デルフィニウム	259	33	宿根カスミソウ	67
15	ストック	253	34	ヒペリカム	67
16	ファレノプシス	250	35	マーガレット	62
17	アンスリウム	180	36	ハナショウブその他	45
18	キンギョソウ	176	37	アイリス	19
19	グラジオラス	174	38	グロリオサ	19

写真8　花き研究所育成・日持ちが長いカーネーション'ミラクルルージュ'

種苗会社には、タキイ種苗やサカタのタネのようにすべての品目をとりそろえる総合種苗会社と、キクでは精興園、バラでは京成バラ園、カーネーションではフジプランツのように特定の品目に特化した専門種苗会社がある。

③個人育種家

個人で品種改良をしている人は多い。ダリアの名花「黒蝶」は秋田県の鷲沢幸治氏、ストック「アイアン」シリーズは千葉県の黒川浩・幹親子が育成した品種である。20年以上にわたりバラのトップ品種である「ローテローザ」は浅見均氏育成。

④海外から導入

海外からも多くの品種が導入されている。バラ、カーネーション、ユリ、ガーベラなどはほとんどがオランダでつくられた品種である。

●日本の育種力

日本人は品種改良が得意で、江戸時代には大名から庶民にいたるまで、新しい品種の育成を楽しんでいた。その伝統は現在まで受け継がれている。

しかし、日本が得意な種類と海外(ほとんどはオランダ)に依存している種類がある。それを育種力ということばで表わした。育種力100は日本で品種改良された品種のみで成り立っている種類、反対に育種力ゼロは海外の品種ばかりの種類である。

育種力100は輪ギク、小ギクなど日本が原産地の種類のほか、トルコギキョウ、ヒマワリ、ストックなどで、育種力ゼロ(海外の品種に全面的に依存)はオリエンタルユリ、アルストロメリア、ガーベラなどである。

11　花が売れる日

●表日と裏日

野菜や果物の市場(青果市場)は月曜日から土曜日まで毎日入荷があり、せりがあるが、花の市場には独特の慣習として表日と裏日がある。表日は月水金で、入荷が多く、裏日は火木土で少ない。表日でも休日明けの月曜日と休日前の金曜日は特に入荷が多い。

裏日には鉢もの・花壇苗のせりとともに、関東では火曜日、関西では木曜

表17　花がよく売れる日(大物日)

分類	名称	別名	月日	解説	よく使われる花
大物日	春の彼岸	秋分の日	3月21日(年により変わる)	春分の日を中日とする7日間に行なわれる仏事。昼と夜の長さが同じになる	キク、カーネーション、スターチス、キンセンカ、ストック
	お盆	盂蘭盆(うらぼん)	新盆7月13～15日・月遅れ盆8月13～15日	盂蘭盆の略。祖先の霊を供養する仏事。首都圏は新盆であるが、地方は月遅れの8月	キク、リンドウ、新テッポウユリ、ハス、オミナエシ、ミソハギ、ケイトウ、アスター、ソリダスター
	秋の彼岸	秋分の日	9月23日(年により変わる)	秋分の日を中日とする7日間に行なわれる仏事。昼と夜の長さが同じになる	キク、リンドウ、ケイトウ、ソリダスター
	年末			新年を迎える準備	松竹梅、千両、ハボタン、スイセン、フリージア、シンビジウム、ストレリチア

表18　花がよく売れる日(節句)

分類	名称	別名	月日	解説	よく使われる花
五節句	人日の節句	七草の節句	1月7日	正月7日に春の七草を入れた粥を食べる	スイートピー、アネモネ、ポピー、麦
	上巳の節句	桃の節句	3月3日	3月最初の巳の日	桃、ハナナ、麦、ポピー
	端午の節句	菖蒲の節句	5月5日	5月最初の丑の日	葉菖蒲、ハナショウブ、カラー
	七夕の節句		7月7日	牽牛星と織女星が年に一度だけ出会える日	笹、カスミソウ
	重陽の節句	菊の節句	9月9日	9という陽の数(奇数)が重なるめでたい日	キク、キイチゴ

表19　花がよく売れる日(日本の伝統行事)

分類	名称	別名	月日	解説	よく使われる花
伝統行事・祝日	成人式		1月第2月曜日		バラ、ユリ、ラナンキュラス、カラー、コデマリ、スイートピー
	節分		立春の前日	季節の移り変わるとき	ハナナ、ヒヤシンス、チューリップ、ユキヤナギ
	花祭り		4月8日	お釈迦様の誕生日	ガーベラ、マトリカリア、スカビオサ、ブプレウラム
	敬老の日		9月第3月曜日		コスモス、ヒマワリ、アジサイ、ダリア
	中秋	中秋の名月・お月見	陰暦の8月15日(現在の9月下旬)		ススキ、ハギ、ピンポンマム、フジバカマ、チョコレートコスモス、シュウメイギク
	七五三		11月15日		バラ、ダイヤモンドリリー

日を市場の休日にしている。これは食糧として必需品の青果物に対して、花は毎日仕入れるだけの需要がないためである。また、青果物ではせりに参加するのは仲卸、問屋だが、花では仲卸、問屋とともに個人の花店も参加するので、毎日のせりには参加できないという事情もある。

●物日(ものび)とよく売れる花

　青果物には季節による変動はあるが、年間均等に需要がある。一方、花は宗教行事、伝統行事の日に突出した需要がある。その需要が特別に多い時

表20　花がよく売れる日(欧米の伝統行事)

分類	名称	月日	よく使われる花
欧米の行事	バレンタインデー	2月14日	バラ、チューリップ、ラナンキュラス
	ホワイトデー	3月14日	カラー．マーガレット
	サンジョルディの日	4月23日	赤バラ、麦、スカビオサ
	母の日	5月第2日曜日	カーネーション、バラ、シャクヤク、クレマチス
	父の日	6月第3日曜日	バラ、ヒマワリ、ダイアンサス
	ハロウィン	10月31日	カボチャ、ケイトウ、ダリア、トウガラシ、セダム
	ダズンローズデー	12月12日	バラ
	クリスマス	12月25日	バラ、ポインセチア、グロリオサ、ヤドリギ

表21　花がよく売れる日(記念日)

分類	名称	月日	よく使われる花
記念日	愛妻の日	1月31日	チューリップ、バラ、シンビジウム
	生け花の日	6月6日	キキョウ、トルコギキョウ
	孫の日	10月第3日曜日	ダリア、ダイアモンドリリー、HBカラー
	いい夫婦の日	11月22日	バラ、洋ギク、ピンククッション、シキミア

表22　花がよく売れる日(花の日)

分類	名称	月日	よく使われる花
花の日	ミモザの日	3月8日	ミモザ、キンギョソウ、アルストロメリア、黄色の花
	ミントの日	3月10日	ミント各種、カーネーション、マトリカリア
	サクラの日	3月27日	桜、スカビオサ、フリージア、ラッパスイセン
	ガーベラ記念日	4月18日	ガーベラ、アイビー、エピデンドラム
	スズランの日	5月1日	スズラン、カンパニュラ、アリウム
	ペパーミントデー	6月20日	ハーブ類、ハーブゼラニウム、香りバラ、ユリ、キキョウ
	カスミソウの日	7月7日	カスミソウ、笹の葉、エリンジウム、ルリタマアザミ、スモークツリー
	ハーブの日	8月2日	ハーブMIX
	コスモスの日	9月14日	コスモス、キバナコスモス、チョコレートコスモス

期を物日という。

　最大の物日は、春の彼岸、お盆*、秋の彼岸、年末の仏教行事・神事と新たな国民的行事である母の日、クリスマスがある。

　また、日本の伝統行事である節句、欧米から伝わった行事であるハロウィンやバレンタインデー、いい夫婦のような記念日、ガーベラ記念日などの花の日が特によく花の売れる日、あるいは売りたい日で、それぞれによく使われる花がある（表17～22）。

＊新暦・旧暦・月遅れ：新暦とは現在使われている太陽の動きにもとづいた暦（太陽暦）。旧暦は江戸時代まで1,200年間にわたり使われてきた月の満ち欠けによる暦（太陰暦）。旧暦は新暦より約1か月遅れる。旧暦の正月（旧正月と呼ばれる）は新暦の1月下旬から2月上旬。中国では春節祭として旧暦の正月を祝う。

　日本の伝統行事は旧暦に基づいているため、新暦にあてはめると季節がずれる。たとえば桃の節句3月3日には桃の花はまだ咲いていない。そこで、季節をあわせるために、1か月遅らせる風習が月遅れ。新暦でのお盆は7月15日であるが、旧暦では9月1日（2012年）、8月15日は旧暦ではなく、月遅れのお盆。

12 鮮度と日持ちとの区別

●プロはなにもかも「鮮度」に含めがち

花屋さんにバラ切り花の「鮮度」についてのクレームをアンケート調査したところ、表23のような回答があった。「花しみの発生」と「葉のうどんこ病」は植物の病気、「花びらの傷み」と「葉の傷み」はとげによる傷や輸送中の傷みで、「鮮度」とはまったく関係がない。このことから、花を扱うプロが「鮮度」をいかに拡大解釈をしているかがわかる。

●鮮度はみかけ

「鮮度」はみかけのみずみずしさ、フレッシュさと狭く解釈するほうがわかりやすい。科学的な判定方法はないので、目で見て、手で触って、しおれているかしゃきっとしているかで判断する。

「鮮度」はみかけだから、鮮度が悪いと判断された切り花でも水あげで回復し、日持ちが長いことがある（表24）。鮮度のイメージとしては切り前の影響が大きい。満開は鮮度が悪く、つぼみは鮮度がよいと判断されがちである。

●水あげは鮮度の維持としおれの回復

水あげ*と鮮度は表裏一体で、水あげで鮮度を維持する。生産者が収穫したあと、花店が市場でせり落として店に持ち帰ったとき、消費者が花店で買って自宅に持ち帰ったときに水あげをし、しおれを回復させ、鮮度を保

*水があがる・下がる：水あげにより水があがると鮮度が保たれ、下がるとしおれる。しおれた状態は水が下がったと表現する。

表23　バラの切り花の「鮮度」についてのクレーム

クレームの内容	→	原因
① 花首の垂れ（ベントネック）	→	水あげ不良
② 開花しない	→	切り前が固い、水あげ不良
③ 花しみの発生（特に白系）	→	病気（灰色かび病）
④ 花びらの傷み	→	輸送中の障害
⑤ 葉のうどんこ病	→	病気
⑥ 葉の傷	→	輸送中の障害

（社）日本花き卸売市場協会「新花き流通システム開発調査報告」1995

表24　鮮度、水あげ、日持ちの区別

	定義	判定	表現	原理	進行
鮮度	見かけ上のみずみずしさ	目で見て、手でさわって	良い・悪い 高い・低い	水分収支	回復可能
水あげ	みずみずしさの維持	目で見て、手でさわって	上がる・下がる	吸水	回復可能
日持ち	生けてから観賞価値を失うまで	観賞価値の有無	長い・短い	老化	一方通行

つ。水が十分にあがっていると鮮度がよく、下がっていると悪い。

生け花中にしおれた花を回復させるにはさまざまなテクニックがあり、花屋さんのもっとも得意とする分野である。その背景には華道550年の歴史が凝縮されている。茎を焼く、割る、たたいてつぶすなどや湯あげ、深水につけるなど品目ごとに秘伝がある。

● 日持ちは観賞可能期間

日持ちは切り花を生けてから観賞価値がなくなるまでの期間で、日数で表わす。観賞価値がなくなるのは花の老化。老化は生物の原理として一方通行で、進行を遅らせることはできるが、あと戻りさせることはできない。

日持ちは観賞価値のあるなしで判断するので、主観である。

そこで、客観的に判定できるように、花卉生産流通システム研究会が作成した画像による判定マニュアルが（財）日本花普及センターのＨＰ（http://www.jfpc.or.jp/）で公開されている（図11）。

スコア	開 花	花びらのしおれ	ベントネック	花びらの乾燥・変色	萼・葉の黄変	灰色かび病
A	開き始め	張りがある	張りがある	乾燥・変色なし	黄変なし	
B	露心	ややわらかい	しわがよる		下葉がわずかに黄変	
C	雄しべが突出	やわらかい	傾く	先端がわずかに変色	下葉が黄変	花びらに小斑点
D	花びらが落ちる、開かずに乾燥変色	垂れ下がる	垂れる	先端が変色・壊死	中位葉まで激しく黄変	花びらに大斑点

図11　日持ち判定マニュアル（バラ）

13 切り花の日持ちを縮める原因

●どんな生物にも寿命がある

　植物も動物も、永遠の生命はない。根から切り離された切り花はなおさら限定された寿命である。しかも、種類ごとに標準的な寿命がある。同じキク科でも輪ギクは長く、ダリアは短い。華道の水あげ技術や取扱い技術は、それぞれの寿命を全うさせるための技術である。

　残念ながら、切り花では寿命を全うする前にさまざまな原因でしおれてしまう。人間でも天寿を全うし、老衰による終焉を迎えることはまれで、病気や交通事故などで死に至る。

●天寿を全うできない５大要因

　日本人の死因ベスト５は、がん、脳血管疾患、心疾患、肺炎、不慮の事故で、老衰は６位でわずか３％。切り花の日持ちが短くなる５大要因は次のとおり（表25）。

①老化ホルモン（エチレン）

　エチレンは不思議な物質である。炭素２つと水素４つのかんたんな化合物（C_2H_4）である。そのエチレンは、まったく異なるさまざまな働きをする（図12）。プラスチックやポリエチレンなどの石油製品の原料である一方、車の排気ガスやたばこの煙に含まれている。植物にとっては老化ホルモンで、ミカン、バナナ、トマトなどが黄色や赤くなり熟すのはエチレンの老化ホルモンとしての働きである。切り花にとっては老化＝しおれを早める。しかし、すべての花がエチレンで老化が進むわけではない。エチレンに弱い花、強い花がある（表25）。

　カーネーションやスイートピーなどエチレンに弱い花には、生産者がエチレンの働きを止める薬剤（ＳＴＳ剤；チオ硫酸銀錯塩）を出荷前に吸わせているので、それらの日持ちは逆に長くなっている。

②道管閉塞（細菌）

　茎の中には吸いあげた水の通り道になる細い管が通っている。この管を道管という。この道管が詰まると水があがらずしおれる。いわゆる、脳梗塞や

表25　品目により日持ちを低下させる５大要因の影響がちがう

原因	キク	バラ	カーネーション	ユリ	トルコギキョウ
老化ホルモン（エチレン）	×	○	◎	×	◎
導管閉塞（細菌）	×	◎	×	×	○
病気（かび）	○	◎	○	◎	◎
栄養不良（糖）	○	◎	○	○	○
熱中症（高温）	○	◎	○	○	○

日持ちに対する影響　◎：影響大　○：影響あり　×：影響なし

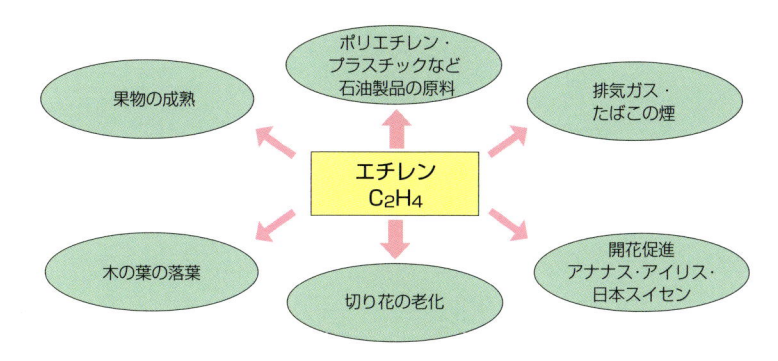

図12 エチレンのさまざまな働き

（エチレン C_2H_4 の働き：果物の成熟／ポリエチレン・プラスチックなど石油製品の原料／排気ガス・たばこの煙／開花促進 アナナス・アイリス・日本スイセン／切り花の老化／木の葉の落葉）

心筋梗塞で血管が詰まるのと同じ症状である。詰まらせるのは切り口で繁殖した細菌。これを道管閉塞という。バラやガーベラの花首のしおれ（ベントネック）は道管閉塞で水があがらなくなったことが原因。

③病気（かび）

植物の病気はたくさんあるが、切り花の日持ちに関係するのはボトリチスというかびによる灰色かび病。細菌が道管内で繁殖し、道管を詰まらせるのに対して、かびは花びらや葉の表面に繁殖する（写真9）。市場でのクレームのほとんどを占める花しみはボトリチスが原因。

ボトリチスというかびはどこにでもいる雑菌で、食べものを放置していると生えてくる。梅雨の時期に発生が多いことでわかるように、高温多湿を好む。やっかいなことに冷蔵庫の中でも繁殖する。

④栄養不良（糖）

根から切り取られた切り花は花びんの水だけで花を咲かせ続けなければならない。当然、水だけではエネルギー

写真9 ラナンキュラスのボトリチスによる灰色かび病

が不足し、つぼみが開かず、花も小さく、日持ちも短くなる。

植物のエネルギー源は糖、つまり砂糖である。花びんの水に砂糖を加えると、つぼみは確実に、しかも大きく咲き、花の色も鮮明になる。ただし、砂糖は細菌のえさになるので花びんの水が腐りやすい。

⑤熱中症（高温）

冬は日持ちが長いが、夏は短い。つまり、日持ちは低温では長く、高温では短い（図13）。それは気温が高いほど植物の呼吸量が増え、エネルギーを消費するからである（図14）。

そのため、切り花は低温管理が鉄則。

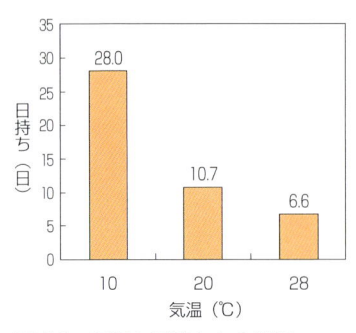

図13 気温と日持ちとの関係
(土井、1999の42種の日持ちデータを作図)

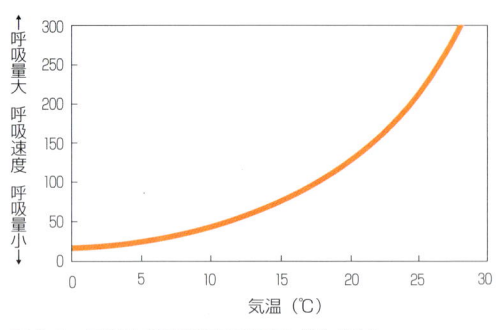

図14 気温と呼吸速度の関係（輪ギク）

ただし、アンスリウム、クルクマ、ラン類など熱帯原産の花は10℃以下の低温で障害を受けるので、冷蔵庫に入れてはならない。

14　水あげの基本技術

●水を吸いあげるメカニズム

畑で育っている植物は根から水と養分を吸いあげて生きている。根から切り離された植物、つまり切り花は茎の切り口から花びんの水を吸いあげて生きている。

どちらも水を吸うメカニズムは、人が水をストローで飲むのと同じである。

ストローが道管、口で吸うのが蒸散＊にあたる。すなわち、切り花は蒸散の力で水を吸いあげ、道管を通り、葉や花びらに水を行き渡らせる。

この蒸散と吸いあげる水（吸水）のバランスでしおれる（みかけの鮮度が低い）か、しゃきっとしている（みかけの鮮度が高い）かが決まる。それは家計にたとえるとわかりやすい。吸水が収入、蒸散が支出である。収入が支出より多いと家計は黒字、つまりしゃきっと状態。反対に収入が支出より少ないと家計は赤字、しおれた状態になる。

このように、「しゃきっ」か「しおれ」かは家計の黒字か赤字かで、収入が多いか少ないかではない。

たとえば、100万円の収入がある人でも、浪費して101万円を支出すると、家計は赤字。10万円の収入の人でも節約して9万円の支出では黒字。

高温の部屋で水あげをすると、吸水は多いのにいつまでもしおれた状態が

＊蒸散：植物の体内にある水が、葉にある気孔から水蒸気として空中に逃げていくこと。

写真10
バラのベントネック（花首のしおれ）

写真11
オキシペタラム（ブルースター）は切り口から出る乳状物質で葉を汚す

続き、冷蔵庫で水あげをすると少ししか水を吸っていないのにしゃきっと状態はこのためである。

●赤字の原因
　赤字には二つある。収入が少ない場合と、支出が多い場合である。
①収入が少なくて赤字
　切り口や道管が詰まり、水が通りにくくなった。原因は細菌の繁殖と、茎が切られたときにでるゴム状物質である。
　前者はバラやガーベラの道管閉塞によるベントネック（写真10）、後者はオキシペタラム（ブルースター）の切り口からでる乳状物質（写真11）である。
②支出が多くて赤字
　主に葉から蒸散する。ヒマワリ、ストック、マーガレットなどの葉が大きく多い花は蒸散が多く、赤字になりやすい。蒸散を減らすためには下葉を取り除き、葉を減らす。

●科学の目で見る伝統の水あげ技術
①水切り
　水あげの基本は水中で茎を切り落とす水切り。空気中で切ると切り口から道管に空気が入り、いわゆるパイプにエアーが入った状態になり、水が流れなくなるというのが理由。しかし、道管にはかんたんに空気が入り込まないので、水中で切る必然性がない。作業性を優先した空切り*で十分。ただし、華道は茶道と同じように様式美の世界。水切りが空切りに劣るわけではないので、科学や効率とは別の次元の様式として考えればよい。
　なお、切り口から粘液がでるオキシペタラム（ブルースター）などは水切りして粘液を洗い流さないと切り口で固まり、水があがらない。

＊空切り（からぎり）：水切りは広辞苑にのっていることばで、だれにでも知られている。一方、水切りと対になる水中で切りもどさない方法は一般的なことばではないが「空切り」と表現する。

②湯あげ

同じ水でも温度により、さらさらになったり、ねばねばになったりする。これを粘度という。水は高温では粘度が低くさらさら、低温では粘度が高くねばねば。さらさらの水は道管を流れやすく、ねばねばの水は流れにくい（図15）。

しおれた切り花をお湯に漬けるとすぐに水があがるのは、お湯はさらさらで道管を流れやすいからである。さらに、高温のお湯により道管内の空気を一気に押しだすことも、水の流れがよくなる一因。

お湯の温度は60℃程度で数秒漬ける。漬ける時間が長いと茎がお浸しになってしまう。

③氷水は細菌の繁殖をおさえるが
　水あげはよくならない

水温が低いと細菌が繁殖しないので水が腐らない。しかし、低温の水はねばねばで、水あげが悪く、しおれた切り花の回復には役立たないので、水あげには常温の水を使う。

④古来から使われてきた薬剤
　—クエン酸・明礬

古来、生け花にはいろいろな薬剤が使われてきた。塩、酢、灰、明礬、アルコール、ハッカ油、希塩酸などが華道の教本にとりあげられている。それらには根拠があいまいなものや現在では手に入れるのがむずかしいものもある。それらのうち、手に入り、科学的に有効なのは次の薬剤。

クエン酸：料理でよく使う薬剤で、水を強い酸性にする。酸性の水は細菌が繁殖しないうえに、道管を流れやすいので、しおれやすい切り花の水あげやしおれの回復に効果がある。1ℓの水に1g程度を加える。

明礬：化学名は硫酸アルミニウム。水の汚れを沈澱させ、きれいにする効果がある。また、クエン酸と同じように水を酸性にするので、水が腐るのを防ぎ、水あげをよくする。多くの市販後処理剤にも含まれている。1ℓの水に0.5g程度を加えるとよい。

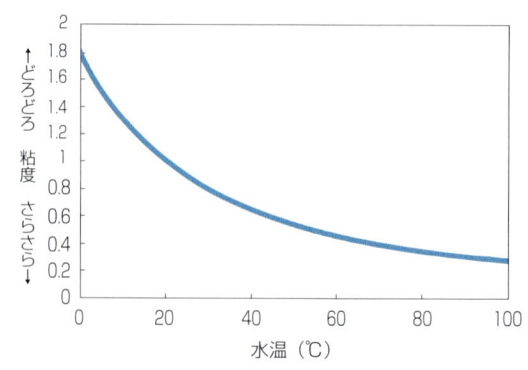

図15　水温と粘度（さらさら指数）との関係　（理科年表）

⑤伝統の技

　水があがりにくい枝ものや草花などでは、水あげのさまざまな伝統技術がある。

　切り口を焼く：焼くことにより切り口に繁殖した細菌の殺菌と、焼いた部分が炭化してすき間が多くなり水を吸いやすくなる。火を使うことになるので、プロの技と考えてよい。

　茎を割る・たたく・つぶす・表皮をはぐ：水を吸う面積が増えるので、水を吸いやすくなると考えられている。ただし、茎が傷つくことになり、生け水に細菌が繁殖しやすくなる。特に、細菌に弱いバラではとげ取りなどで表皮を傷つけてはならない。

　茎を斜めに切る：華道、フラワーデザインの技術として、茎の切り戻しは斜め切りが常識。しかし、斜めに切ると水を吸う道管面積が増えるからという理論は誤り。細いストローのような道管の切断面は水平でも斜めでも同じ。斜めに切るのは作業性や剣山にさしやすいという理由が大きい。また、ナイフでは必然的に斜め切りになる。

15　こうすれば日持ちが長くなる

●日持ち延長は人間の寿命延長と同じ

　切り花の日持ちをのばすことは人間の寿命をのばすことと同じである。まず、乳幼児の死亡を防ぐこと＝水あげ技術、次に寿命を縮める要因を取り除くこと、そして生活環境改善＝生け花を飾る環境改善の三つである。

●どこまでの手間をお願いするか

　切り花が特別な存在であり、華道があたりまえの習い事であった時代ならば毎日水をかえ、水切りをすることは当然の作業だったろう。しかし、花が大衆化し、日常的になった現在、水切り、茎を焼く、割る、たたくなど、どこまで消費者に管理の手間をお願いすることができるか。

　多くの消費者が望むのは、切り花を買ったら特別な管理なしに1週間以上楽しめることである。そのような商品を提供することが、花産業で働く人たちの使命である。

●水あげ技術＝乳幼児の死亡を防ぐ

　切り花では、市場から仕入れた花や、花店から買った花の水があがらずにしおれるということは、赤ん坊の死亡に相当する。あってはならないことである。

　ほとんどの花は茎を切り戻し、水につけるだけで水を吸いあげ、花や葉に水が行き渡る。しかし、かんたんに水を吸いあげない草花類や枝ものもある。また、吸水を続けられず、水が下

表26 日持ちを縮める5つの原因と対策

	原因	内容	対策	備考
1	老化ホルモン（エチレン）	老化を早める	生産者が出荷前にSTS剤を吸わせる。切り花をエチレン発生源（排気ガス、石油ストーブ、果物）の近くに置かない	エチレンに弱い花と強い花がある（表27参照）
2	道管閉塞（細菌）	道管を詰まらせ水あげ不良	水の殺菌（後処理剤使用）おけの洗浄	細菌に弱い花：バラ、ガーベラ、ダリア
3	病気（かび）	花びら、葉に斑点、褐変高温度で多発	キーパー、冷蔵庫の消毒長期間貯蔵しない除湿	かびに弱い花：バラ、スイートピー、トルコギキョウ、ラナンキュラス
4	栄養不良（糖）	花、つぼみが咲かない	後処理剤による砂糖の補給	
5	熱中症（高温）	呼吸量が増え、体内のエネルギー（砂糖）を消耗する	低温管理後処理剤による砂糖の補給	

表27 品目によるエチレンの影響

エチレンに対する強弱	主 な 花
弱い	カーネーション、スイートピー、デルフィニウム、ラークスパー、宿根カスミソウ、トルコギキョウ、HBスターチス、ラン類
やや弱い	カンパニュラ、アルストロメリア、バラ、オキシペタラム
強い	キク（ただし葉は弱い）、ガーベラ、ヒマワリ、ダリア、ユリ、グラジオラス、チューリップ、フリージア、アジサイ

がるものもある。それらには伝統の水あげ技術が必要になる。道管閉塞も水あげ不良の一因である。

● 日持ちを縮める原因を取り除く

　切り花に天寿を全うさせるためには、表26のような寿命を縮めている5つの原因を取り除くことであるが、品目によりその影響にちがいがある。

　キクはエチレン、細菌に強く、かび、糖、高温に少し影響されるだけで、他の品目に比べると日持ちが長い（表25）。

　生産者が収穫した切り花は図1のような経路をたどり、家庭に届けられる。それぞれのステージにおける寿命を縮める原因には表28のように対処する。

● 環境の改善＝
　切り花を飾る環境の改善

　人間の寿命には生活環境が大きく影響し、清潔で快適でなければならない。切り花を置く、または飾る環境も同じで、それは花店、家庭の環境に共通する。

　日持ちに影響するのは、表28の専門店の店内環境に示した要因で、高温、直射日光、連続照明、乾燥、風、エチレンなどである。

　高温　気温は日持ちにもっとも関係する。低温では長く、高温では短い（図13）。冬は長く、夏は短いのと同じ原理である。夏には店頭や室内をできるだけ涼しくしなければならないが、おのずと限界がある。目安は25℃。25℃を超えると切り花は急速に消耗す

表28 切り花の各ステージにおける取扱い技術

ステージ	作業過程	場　所	寿命を縮める原因	管理目標（環境改善）	管理目標（取扱い）
生産者	収穫	ハウス・圃場	しおれ 植物体温上昇 水滴・結露	ハウスの換気・湿度低下	朝晩の涼しい時間帯に収穫・水あげまたは前処理 冷蔵庫で水あげ 真空予冷・通風乾燥
生産者	水あげ・前処理	冷蔵庫・作業場	高温 エチレン 細菌（バクテリア） かび	低温管理（5～10℃）・換気 低温管理（5～10℃）・換気・発生源の除去 おけの洗浄 作業場の殺菌・換気	品目に応じた前処理剤 殺菌剤が入った栄養剤
生産者	選別選花	作業場	高温 エチレン かび ほこり	低温管理（5～10℃）・換気 発生源（排気ガス、枯葉、果物、石油ストーブなど）除去 殺菌・換気 換気	
生産者	結束・箱詰め	作業場	高温 首折れ・頭突きなど 結露	低温管理（5～10℃）・換気 内外の温度差を小さく	ていねいな取扱い 通気性スリーブ・ヒートショック防止
輸送	輸送	トラック	むれ しおれ 荷傷み	低温管理 水つけ輸送	ていねいな取扱い
輸送	着荷	荷捌き場	荷傷み 高温 車の排気ガス（エチレン）	低温管理（25℃以下） 車のアイドリング停止・換気装置	ていねいな取扱い
市場	保管	荷捌き場 冷蔵庫 保管庫	高温 むれ 結露 荷傷み	低温管理・換気 低温管理・換気 ヒートショック防止	ていねいな取扱い
花束加工業者	入荷	駐車場 作業場	車の排気ガス（エチレンガス） 直射日光 高温 出荷容器内でのむれ	車のアイドリング停止 できるだけ早く冷蔵庫へ入れ、切り花の温度（体温）を下げる	
花束加工業者	一時保管	冷蔵庫	保管温度 かび	保管期間1～3日:5～8℃、3日以上0～2℃ 年2回消毒（くん煙剤）または常時塩素剤	
花束加工業者	花束加工	作業場	高温 容器の水の細菌 エアコンの吹き出し口 エチレン 湿度 光	高温時の室温は25℃以下 直接冷風、温風を当てない 室内の換気 相対湿度40％以下では一時的な水分不足 直射日光は不可	容器の洗浄・後処理剤使用

次頁につづく

ステージ	作業過程	場所	寿命を縮める原因	管理目標（環境改善）	管理目標（取扱い）
花束加工業者	花束保管	冷蔵庫	室温 湿度 容器の水の細菌	保管温度5～10℃ 保管相対湿度60%以上	後処理剤使用（殺菌と糖の補給）
			光	1日程度なら暗黒 3日以上は500ルックス12時間照明	
			かび	年2回消毒（くん煙剤）または常時塩素剤	
専門店	陳列	店内環境	高温	低温管理 後処理剤による糖分の補給	
			乾燥	湿度60%以上 エアコン注意	輸送中注意
			直射日光	直射日光を当てない	輸送中注意
			連続照明	暗黒時間が必要 暗黒時間に気孔を閉じ、しおれ回復	
			風	風を当てない エアコンの吹き出し口	輸送中注意
			空気中のエチレン	排気ガス・石油ストーブ・生ごみ・果物	

る。25℃は熱帯夜の気温。熱帯夜が続くと人間が夏バテするのと同じ。

　乾燥　かび（ボトリチス）は湿度が高いと発生し、乾燥していると発生しない。反対に切り花は葉からの蒸散が増え、しおれやすくなる。枝ものや葉ものには霧吹きで水をかけ、乾燥を防ぐ。

　直射日光　人間が日光に当たると皮膚が熱く感じ、体温が上がる。体温を下げるために汗をかく。汗が蒸発する気化熱で体温を正常に保つ。切り花も同じ。日光が当たると植物体温が上がるので、蒸散により冷やそうとする。その結果、葉から逃げていく水が多くなるので切り花はしおれる。

　連続照明　切り花は明るいときは気孔*を開き、蒸散をしているのでしおれ気味。暗くなると気孔を閉じ、蒸散が止まるのでしおれが回復する。つまり、人間が夜眠り、疲労を回復させるのと同じように、切り花にもしおれを回復させる暗黒の時間が必要。切り花が老化すると気孔を開閉する力が弱り、やがて気孔が開きっぱなしになり、完全にしおれる。

　風　切り花に風が大敵なのは水分を奪うからである。エアコン、ファンヒーターなどの吹き出し口に注意。

　エチレン　エチレンは排気ガス、石油ストーブ、たばこの煙に含まれているので、清浄な空気が必要。また、果物からも多量のエチレンがでるので、花びんを果物のそばに置かないことも肝心。

＊気孔：2個の細胞に囲まれた孔。葉の裏に多く、水蒸気（水分）、炭酸ガス、酸素の通り道。

● 花びんに何を入れたら切り花の日持ちがのびる？

テレビや雑誌で好まれるのが、花びんに身近にあるものを入れて切り花の日持ちをのばすことである。よく話題になるのは、塩、砂糖、酢、シャンプー、台所用除菌剤、十円玉などである。

塩　切り口にすり込むと浸透圧が高まり、水を吸いやすくなると考えられている。しかし、塩そのものの傷害でしおれる。

砂糖　後処理剤の主成分で、切り花に必要な栄養源であるが、単独では細菌やかびのえさになり、花びんの水がすぐに腐る。

酢　健康食品のイメージだが切り花には多くの場合障害がでるので使ってはならない。

シャンプー・台所用洗剤　主成分は界面活性剤で水あげをよくする。市販後処理剤の重要な成分であるが、界面活性剤には何万もの種類があり、働きはさまざま。傷害がでるものもあり、あえて使う必要はない。

塩素系台所殺菌剤　塩素は強力な殺菌剤。生け水*の殺菌には有効。しかし、塩素は漂白剤。赤い花の色があせる。

アルコール　生け水の抗菌には有効。

*生け水と切り水：生け花がさかんな日本だが、意外なことに「花びんの水」を表わす言葉がない。英語では「Vase water」、まさに「花びんの水」である。日本語では園芸学会で学術的な用語として認められている「生け水」が適当であろう。同時に、農家が切り花を収穫後の水あげする水は、英語では hydration water で、「切り水」と呼ぶ。

10円玉　銅が溶けでて抗菌作用を期待。しかし、細菌の繁殖をおさえるだけも溶けだすことはない。

これらは話のタネに留めるべきで、切り花には専用の品質保持剤（後処理剤）を使い、消費者にもすすめることが、花の消費拡大に不可欠である。

● 科学の力を活用
① 品質保持剤を使おう

生け花の伝統技術・秘伝、花屋さんが長年培ってきた匠の技は花を商品として取扱ううえで、おろそかにしてはならない。それらの技に加えて、科学の力、すなわち品質保持剤を活用しよう。品質保持剤は切り花栄養剤、鮮度保持剤、切り花延命剤、水あげ剤、品質保持剤などさまざまな名前で呼ばれ、多くの商品がある。

② 前処理剤と後処理剤

生産者が切り花を収穫したあと、市

表29　品質保持剤の種類と特性

種類	使用者	使用期間	主な成分	主な商品
前処理剤	生産者	出荷前短時間	STS、STS+糖・界面活性剤など	クリザールK-20C、ハイフローラ/20、美ターナルなど
後処理剤	花店、消費者	生け花中連続	糖、殺菌剤、界面活性剤など	クリザール・プロ、美咲、華の精、リピート、フロラライフ、美ターナルなど多数
瞬間水あげ剤	花店、消費者	しおれたとき数秒	界面活性剤など	クイックディップ、華の精ルンなど

表30　後処理剤の主な成分と役割

成　分	役　割	効　果
砂糖	切り花の栄養	日持ちを延ばす 花を大きく咲かせる つぼみを確実に咲かせる 花の色をよくする
抗菌剤	花びん・おけの水の殺菌	花びん・おけの水の腐り、悪臭を防ぐ
界面活性剤	水あげをよくする	しおれを防ぐ

写真12　STSの効果（スイートピー）
（左：STS処理、右：STSなし）

場へ出荷する前に短い時間使うのが前処理剤。花屋さんや消費者が花びんの水に加えて連続して使うのが後処理剤（表29）。

前処理剤の代表がＳＴＳ剤で、通常、花店や消費者は目にすることがない。後処理剤はクリザールプロ、美咲などの商品が花店で売られている。それらの主な成分は砂糖、殺菌剤、界面活性剤である。それぞれの役割は表30のとおりである。

③瞬間水あげ剤

しおれた花を回復させる薬剤が瞬間水あげ剤。しおれた切り花の茎を切りもどし、数秒つけるだけで水があがり、しおれが回復する。いそがしい花屋さんにはうってつけで、伝統の技とともに、瞬間水あげ剤を上手に利用しよう。

④STS剤とはなに？

花産業において、前処理剤の代表であるSTS剤の功績はあまりにも大きい。カーネーションの日持ちがのび、スイートピーやデルフィニウムの花が落ちないようになったのはＳＴＳ剤のおかげである（写真12）。

STS剤の成分は銀、金銀銅の銀である。銀は切り花に老化をもたらすエチレンの働きをおさえることは古くからわかっていたが、銀の水溶液（硝酸銀水溶液）では切り花は吸いあげることができなかった。それを水道水の塩素を中和して金魚の水に使うハイポ（チオ硫酸ナトリウム）を硝酸銀に加えると切り花はかんたんに銀を吸いあげることが1978年に発見された。この化合物はチオ硫酸銀錯塩（SilverThioSulfate complex）で、頭文字をとってSTSと呼ばれている。

STSの効果はエチレンの働きをおさえ、老化を遅らせ、日持ちをのばす。STS剤の効果があるのは表27のような花である。エチレンの働きをおさえるには収穫直後にSTSを吸わせなければならない。そのため、STSは前処理剤で、生産者が吸わせてから出荷しているので、花店が使う必要はない。

⑤STSは安全である

産地で使っているSTSの安全性について、市場や花店は心配である。STS剤の成分である銀は食器、入れ歯、口中清涼剤や身の回りの多くの商品に使われており、安全性に問題がない。STS剤を吸わせた切り花で、手がかぶれることもない。

第2章 各花の特徴

[脚注]

学名の横にある（　）内：おおよその日本語での意味
流通名・別名：花市場や花店で使用されている名前やほかの呼び名
平均的卸売価格：「花き品種別流通動向分析調査（花普及センター 2010）」に基づいたおおよその市場価格
年間流通量・年間の入荷量の推移：「花き品種別流通動向分析調査（花普及センター 2010）」の全国主な花の市場24社の取扱い数量から全国の流通量を推定
輸入：植物検疫統計（2011）を参考に推定
主な産地：主な農協、出荷団体、生産者を北から南に配列
つくり方：産地の標準的なつくり方
品質のめやすと規格：産地の出荷規格を参考に、高品質な花の条件と花市場に入荷する標準的な切り花長
お店での管理：花店で特に気をつけること
消費者が知っておきたいこと：家庭で花を飾るときの注意点
品質保持剤の効果
　A：効果がきわめて大きい
　B：効果があるので使ったほうがよい
　C：特に必要としない
　D：障害などがでることがあるので注意
　（　）は具体的な効果の内容
日持ち：家庭環境でのおおよその日持ち
　（　）は観賞価値を失った時の症状

キク科 / 宿根草

輪ギク

[学名] *Chrysanthemum*（黄色い花）
[原産地] 日本、中国

増やし方●さし芽
流通名・別名●菊
こんな花●キク科の花は多くの花の集合体。花びら1枚がひとつの花（舌状花）で雌しべだけをもち、中心のへその部分は雌しべと雄しべがある花（筒状花）。自然に咲く時期により夏ギク（4～6月咲き）、夏秋ギク（7～9月咲き）、秋ギク（10～11月咲き）、寒ギク（12月咲き）に分かれる。形態により輪ギク、小ギク、スプレーギクがあり、入荷割合は55%、29%、16%。輪ギクは切り花全体でもっとも多く消費されている花で、葬儀、仏花、生け花の主役

平均的卸売価格● 60円
花言葉●追悼
花の日● 9月9日
年間流通量● 9.8億本
輸入● 1.1億本（11%：中国、マーレーシア）

売れ筋の品種と特徴 上位5位はすべて白で60%のシェア。流通品種はすべて国産。
神馬（白）：秋ギク、長年のトップ品種「秋芳の力」にかわる代表品種「新神」は神馬の枝変わり*でわき芽がでない「芽なしギク*」
精興の誠（白）：秋ギク、花の中心部は緑色で新鮮感
岩の白扇（白）：夏秋ギク、自然開花期は6月、「精雲」にかわり夏のトップ品種
フローラル優香（白）：夏秋ギク、自然開花期は6月、切り前のつぼみが大きい

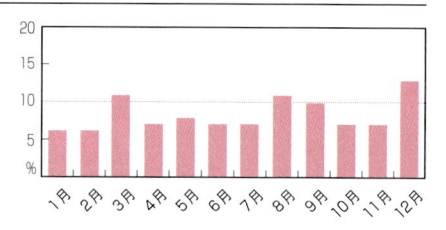

年間の入荷量の推移
周年入荷があるが、彼岸、盆、年末が多い

精の一世（白）：夏秋ギク、自然開花期は9月下旬、「芽なしギク」で近年増加

主な産地 長野県（佐久浅間）、静岡県（とぴあ浜松）、愛知県（愛知みなみ）、福岡県（ふくおか八女）、大分県（おおいた）、沖縄県（おきなわ、沖縄県花卉園芸）

つくり方 葬儀用の白輪ギクはハウス、生け花用は露地栽培。10～6月出荷は秋ギクを電照と暖房、6～10月出荷は夏秋ギクを電照して、同じハウスで1年間に3回栽培する。さし芽に用いる穂はコスト削減のため、ブラジルなど海外に生産委託。摘心*をせずに苗をそのまま成長させ、1本の苗から1本の切り花を取る無摘心栽培が多い。花首を締めるためにわい化剤*のB-9（ビーナイン）を散布する。

品質のめやすと規格 切り前が適切で、茎がまっすぐで、花首が長すぎず、葉が均一についていること。切り花長は80～90cm。規格については総論21ページ参照。

出荷までの取扱い 規格で決められた

神馬

夏は3分咲き、冬は4分咲きのつぼみで収穫。選花機・結束機で長さ、重さで仕分け、下葉を取り、10本束に束ねてから水あげ。乾式輸送。

お店での管理　キクの切り戻しは「手折る」といわれているが、ハサミで切ってなんの問題もない。

消費者が知っておきたいこと　水あげがよく、日持ちも長い。

品質保持剤の効果　A（花が盛り上がるように大きく、長く咲き、葉の黄変を遅らせる）。

日持ち　2週間（葉の黄変しおれ、花びらの褐変）。

＊**枝変わり**：植物体の一部が突然変異で本来の色や形とかわってしまうこと。この変異がおきた部分をさし芽や接ぎ木をすると新品種になる。キク、バラ、カーネーションでは枝変わりでできた品種が多い。

＊**芽なしギク**：各節からでるわき芽が、突然変異で伸びなくなったキク。岩の白扇が最初の芽なし品種。わき芽を取る労力が省けるので農家に好評。学術的には「無側枝性ギク」と呼ばれる。

＊**摘心**：ピンチともいう。茎の先端を折り取り、数本のわき芽を成長させ花を咲かせること。

＊**わい化剤**：わい化とは草丈や花首が短くなること。植物に散布してわい化させる植物ホルモン剤をわい化剤と呼ぶ。ジベレリンは植物を大きく成長させるが、わい化剤のB-9は縮めるわい化剤。輪ギクは自然の状態では花首が長く、バランスが悪いので、わい化剤で花首を縮めている。

ハウスの生育状況（大分JA杵築）

●キク科 / 宿根草

スプレーギク

[学名] *Chrysanthemum*（黄色い花）
[原産地] 日本

増やし方●さし芽
流通名・別名●スプレーマム
こんな花●欧米で日本の観賞ギクなどを親に品種改良され、日本には1974年に導入された。輪ギクは1本の茎に花がひとつだが、スプレーギクと小ギクは花が多数。スプレーギクの花は6〜10cmで3〜4cmの小ギクより花が大きく、花首が長く、しなやかで、花色が豊富。しかし最近では花が5cm以下のスプレーもあり、小ギクとの区別はむずかしい。小ギクは仏花だが、仏花と洋花の両方に使える。欧米でのキクの名称は学名と同じ*Chrysanthemum*（クリサンセマム）、略してマム。それで、キクのイメージを払拭するために、スプレーマムと呼ばれる

平均的卸売価格●50円
花言葉●思慕
花の日●11月9日
年間流通量●4.5億本
輸入●1.9億本（42%：マレーシア、ベトナム）

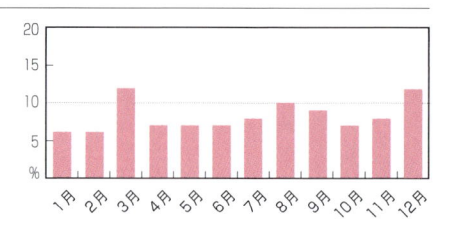

年間の入荷量の推移
周年入荷があるが、彼岸、盆、年末が多い

売れ筋の品種と特徴 輪ギクと同じように秋ギクタイプ、夏秋ギクタイプがある。白25%、黄20%、ピンク35%、赤その他15%。

上位品種（シリーズ）は精興園育成。
レミダス：（黄）：秋ギク、大輪一重、芯が緑
セイ・シリーズ：セイプリンス（白）、セイエルザ（白）
風車シリーズ：舞風車（ピンク）、鞠風車（ピンク）、巴風車（複色）、金風車（複色）、琴風車（複色）
モナリザシリーズ：モナリザイエロー、モナリザ・ピンク、モナリザ・ダーク

主な産地 栃木県（しおのや）、群馬県（あがつま）、静岡県（とぴあ浜松）、愛知県（愛知みなみ、ひまわり）、和歌山県（和歌山県農）、福岡県（ふくおか八女）、鹿児島県（沖永良部花き専門）、沖縄県（沖縄県花卉園芸）

つくり方 ハウス栽培。電照とシェード、暖房により同じハウスで年間3回栽培する。摘心をして1株から2〜3本の切り花を取る。

品質のめやすと規格 茎が硬く、ボ

セイエルザ

ハウス内シェード

リュームがあるものが好まれる。4輪以上の花がつき、切り花長80cm。
出荷までの取扱い 一番上の花が咲き、まわりが5分咲きで収穫。選花機・結束機で長さと重さで仕分け、下葉を取り、10本または25本に束ねてから水あげ。乾式輸送。
お店での管理 高温や風があたる場所では葉がしおれやすい。
消費者が知っておきたいこと 水が下がり、葉がしおれやすいので品質保持剤を使うか、ひんぱんに水かえと茎の切り戻し。
品質保持剤の効果 A（花びらの張りがよく、葉のしおれと黄変を防ぐ）。
日持ち 10日間（葉のしおれ、黄変）。

レミダス

●キク科／宿根草

小ギク

[学名] *Chrysanthemum*（黄色い花）
[原産地] 日本、中国

増やし方●さし芽、冬至芽*
こんな花●一重で、白、黄、赤と花の色が限られ、仏花に特化。すべての都道府県でつくられている。市場出荷だけでなく、直売所や道の駅での販売も多い

平均的卸売価格● 30 円
花言葉●長寿
花の日● 3 月 17 日
年間流通量● 4.8 億本
輸入●ほとんどなし

＊冬至芽：キクは冬には地上部が枯れるが、株を掘りあげると先に芽がついた白い根が多数ある。これを苗として利用。冬至のころにできるので冬至芽。

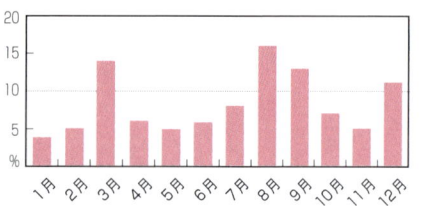

年間の入荷量の推移
輪ギクより彼岸、盆の仏事での入荷割合が高い

売れ筋の品種と特徴 品種改良しやすいので産地ごとに多くの品種がある。品種数が多いのは花が咲く時期の調節を品種でするため。白 30％、黄 35％、赤 25％。産地規模が大きい沖縄の品種が上位を占める。
沖縄県花卉育成：つばさ（白）、沖の乙女（赤）、花まつり（赤）
その他：秋芳（黄）、金秀（黄）

主な産地 福島県（新ふくしま、会津みどり）、茨城県（ひたち野、茨城中央、北つくば）、静岡県（とぴあ浜松）、福井県（テラル越前）、愛知県（あいち経済連、ひまわり）、奈良県（ならけん平群共撰）、大分県（全農おおいた）、沖縄県（おきなわ、沖縄県花卉園芸）

つくり方 露地栽培。秋ギク、夏秋ギク、寒ギクの多くの品種による季咲きを組み合わせて彼岸、盆、年末の需要期に対応。春の彼岸は沖縄産が独占。人為的な開花期の調整は沖縄以外にはほとんどない。

品質のめやすと規格 専門店は枝に分割して花束にするために側枝が長くボリュームがあるものを、花束加工業者は側枝がでず、花が頂点に 7 〜 8 輪咲く小ぶりなものを好む。下葉が黄変していないこと。切り花長は 60 〜 80cm。

出荷までの取扱い 収穫後、規格に応じて 10 本に束ね、下葉を取り、水あげ。雨の日の出荷は乾燥させてから箱詰めしないと輸送中にむれる。乾式輸送。

お店での管理 おけに大量につけると、内側がむれて葉が黄変し、下葉が枯れあがる。

消費者が知っておきたいこと 水あげ、日持ちが長く扱いやすい。

品質保持剤の効果 A（つぼみが確実に咲き、下葉の枯れあがりを防ぐ）。

日持ち 2 週間（葉の黄変、下葉の枯れ）。

●キク科 / 宿根草

ピンポンマム、アナスタシアなどの洋ギク

[**学名**] Chrysanthemum（黄色い花）
[**原産地**] 日本、中国

増やし方●さし芽

こんな花●葬祭や生け花などつぼみで流通する和風の輪ギクに対して、満開を楽しむ洋風のキク。入荷量はキク全体の2％弱にすぎないが、ピンポン咲き、スパーダー咲き、デコラ咲きなど今までのキクになかった花形や花色が強烈なインパクトを与え、キクのイメージを一新。最初から満開なので動きが少なく、やや人工的

平均的卸売価格●70円
花言葉●財産
花の日●12月23日
年間流通量●3,400万本
輸入●500万本（15％：オランダ、南アフリカ、コロンビア）

売れ筋の品種と特徴

ピンポン系（50％）：ゴールデン（黄）、スーパー（白）、フィーリング（緑）、ロリポップ（ピンク）、ロリポップパープル（紫）

アナスタシア系（15％）：アナスタシア（白）、グリーン（緑）、サニー（黄）、ダークライム（緑）、ピンク（ピンク）

主な産地　千葉県（九朝園芸）、愛知県（愛知みなみ、ひまわり、Jフラワードリーム）、香川県（ホワイトマム）

つくり方　輪ギクに準じる。

品質のめやすと規格　輪ギクに準じるが、切り前がほぼ満開。

出荷までの取扱い　ほぼ満開で収穫。選花機・結束機で長さと重さで仕分け、下葉をとり10本束に束ねてから水あげ。花を傷めないようバケットか縦箱で輸送。

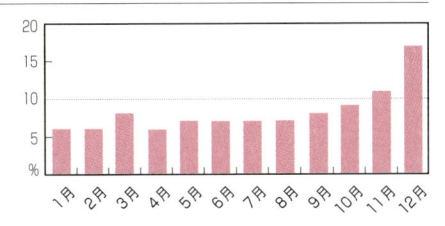

お店での管理　満開なので花びらを傷めないようにする。

消費者が知っておきたいこと　水あげがよく満開でも日持ちが長い。

品質保持剤の効果　A（葉の黄変を防ぐ）。

日持ち　2週間（葉のしおれ、黄変、花びらの褐変）。

年間の入荷量の推移

アナスタシア

ピンポンマム

●ナデシコ科／宿根草

カーネーション

[学名] Dianthus caryophyllus（ギリシャ神話の神ゼウスのナデシコの花）
[原産地] 地中海沿岸

増やし方●さし芽
こんな花●母の日の定番。母の日の印象が強すぎるが、花の色は変化に富み、水あげがよく取扱いやすい花で、洋花としてのアレンジや仏花など用途は広く、一年中使われる。1茎1花のスタンダードに、1970年代にはスプレーが加わり、今では生産量が半々。スプレーより花が小さいダイアンサス（ハイブリッド）タイプはナデシコとの区別はむずかしい。老化ホルモンであるエチレンにもっとも弱い花であったが、STS剤の前処理で飛躍的に日持ちがのびた

平均的卸売価格●45円
花言葉●愛情
花の日●5月8日
年間流通量●6億本（スタンダード3億本、スプレー2.8億本、ダイアンサス0.2億本）
輸入●2.9億本（48％：コロンビア、中国）

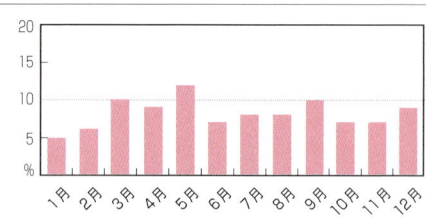

年間の入荷量の推移

売れ筋の品種と特徴
スタンダード
品種が多く、花の色が豊富だが、上位品種はすべて赤で仏花用。
マスター（赤）：中国からの輸入
ネルソン（赤）、ドンペドロ（赤）：コロンビアからの輸入
エクセリア（赤）、フランセスコ（赤）、アメリカ（赤）：国産
　その他の花色はプラドミント（グリーン）、シルクロード（白）、コマチ（複色）、マーロ（ピンク）

スプレー
テッシノ系とバーバラ系品種が多い
テッシノ系：チェリーテッシノ（ローズ色覆輪）、ライトピンクテッシノ（ピンク）、トレンディテッシノ（紫覆輪）、スターチェリーテッシノ（小輪で独特の星形の花びら）
バーバラ系：ライトピンクバーバラ（ピンク）、バーバラ（ローズ色）、レッドバーバラ（赤）

その他
アメリ（オレンジ）、ウエストダイアモンド（ピンク）、ロニー（赤）、スカーレットクイーン（赤白覆輪）

ダイアンサス（ハイブッリド）タイプ
ダイアンサスタイプ＝ソネット＝ナデシコと考えてよい。1995年に長野県の中曽根和雄氏が育成した小輪一重で

スタンダード・カーネーション（フランセスコ）

スプレーカーネーション（ライトピンクバーバラ）　スターチェリーテッシノ

四季咲きの品種グループ。ソネットフレーズ（ローズ色複色）、ソネットハーティ（ピンク）、ソネットセーラ（ピンク）、ソネットマリア（ピンク蛇の目）、ソネットブラボー（赤紫）、ほかに楊貴妃（ピンク）

主な産地　一産地で周年出荷することはできない。11～5月は暖地、6～10月は寒冷地。
北海道（新はこだて）、千葉県（ちばみどり）、長野県（南信ハウスカーネーション組合、松本ハイランド、佐久浅間、信州諏訪）、静岡県（伊豆太陽）、愛知県（あいち経済連、西三河）、兵庫県（淡路日の出）、香川県（香花園）、長崎県（長崎高原、諫早、黒髪）

つくり方　ハウスで暖房。宿根草だが毎年植えかえ。暖地は6月、寒冷地は秋に購入した苗を植える。茎が弱く、自立できないので10cm角のネットを5段張り、茎が曲がらないようにする。植えつけ後、摘心をして1株に4本の芽を伸ばし、咲いた花から順次切り花をする。花を切ったあと、新たに芽が伸びて再び花が咲く。冬は10～15℃に暖房。

品質のめやすと規格　茎は硬すぎて節折れしてはならないが、花の重みで垂れてもいけない。切り花長は65cm。スプレーの秀は4輪以上。切り前は仏花用の赤は固いが、ほかは5分咲き以上で収穫。

出荷までの取扱い　収穫後、水あげを兼ねてSTS剤を吸わせる。水あげはよいので乾式輸送。満開で出荷する場合には輸送中の傷みをさけるためにバケットか縦箱が有効。

お店での管理　STS剤の効果は大きいが、産地ですでに処理をしているので、花店で処理しないこと。

消費者が知っておきたいこと　水あげがよく、取扱いやすい花。

品質保持剤の効果　A（花が大きく咲き、花色が鮮やかになり、日持ちが大幅にのびる）。

日持ち　10日間（花びらのしおれ）。

● バラ科 / 花木

バラ

[学名] *Rosa*（バラ）
[原産地] ヨーロッパ、アジア

増やし方● 接ぎ木（台木は野生のバラ）、さし木

こんな花● 誰でもが知っている花の女王。キクやカーネーションと同じようにスタンダード（キクでは輪ギク）とスプレーがある。以前は固いつぼみが好まれたが、今はよく開いた切り前になり、花首の垂れ（ベントネック*）が減った。花の形は定番の高心剣弁*だけでなく、丸弁や波状弁のカップ咲き、平咲き、ロゼット咲き、シャクヤク咲きなど変化に富んでいる。水あげと取扱いがむずかしい花の代表。湿度が高いと灰色かび病が発生

平均的卸売価格● 75円
花言葉● 熱烈な恋（赤） 白（美しさが唯一の魅力）
花の日● 12月12日
年間流通量● 4.1億本（スタンダード3.2億本、スプレー0.9億本）
輸入● 0.9億本（22％：インド、韓国、ケニア、コロンビア）

* ベントネック：水が下がり、花首がしおれて垂れること。
* 高心剣弁：心が高く花びらの先がとがっているバラの花形。ローテローゼが代表。ほかに、カップ咲き、平咲きなどの咲き方、丸弁、フリル弁などの花びらの形がある。

売れ筋の品種と特徴

スタンダード

ローテローゼ（赤：浅見均氏が1980年代に育成した赤の高心剣弁咲き。ヨーロッパでの名称は「アサミレッド」。20年以上トップ品種でピーク時にはシェアが20％以上あったが、年々減少）。かわってレッドスター（赤）、サムライ08（赤）が増えている。

スタンダード各種

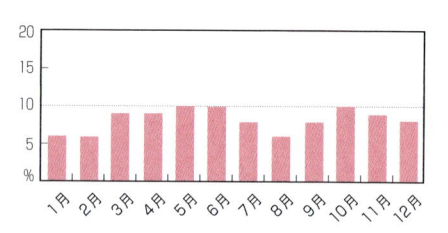

年間の入荷量の推移
1年中均等に入荷があるが、自然開花期の5〜6月、10月にやや多い

アバランチェ+（白：品種名の+はオランダLEX社の品種表示）

ティネケ（白：ローテローゼ、ノブレス（ピンク）とともに長年にわたり赤、白、ピンクの代表品種）

テレサ（サーモンピンク）、ゴールドストライク（黄）、スイートアバランチェ+（ピンク）、デュカット（黄）

スプレー

ラブリーリディア（ローズピンク）：クラッシクリディア（サーモンピンク）、グラシア（ピンク）と同じようにリディア（ピンク）の枝変わり*（48頁参照）

ファンファール（赤）：海外での名称はルビコン

ベイブ（オレンジ）：サニーベイブ（濃黄）、イエローベイブ（黄）などの枝

スプレー（レイラ）

変わりがある
パリ！（ピンク）：品種名の「！」はオランダスクルールスホランド社の品種表示

主な産地　山形県（オキツローズ、熊谷園芸）、群馬県（前橋バラ組合）、静岡県（しみず、掛川市）、愛知県（ひまわり）、奈良県（平群温室バラ）、和歌山県（紀州中央、興里農場）、山口県（柳井ダイヤモンドローズ）、愛媛県（東予園芸、たんばら園）、大分県（メルヘンローズ）

つくり方　ハウスで暖房。ヒートポンプで夏には冷房、梅雨時には除湿。温度さえあれば日長に関係なく花が咲く中性植物。土に植える土耕栽培に対して1985年に始まったロックウール栽培が50％以上を占め、現在では主流。プランターでの栽培も品種の更新がかんたんなので増えている。栽培方法はどんどん変化しており、従来の土耕栽培の切り上げ法からアーチング法と両者の中間のハイラック法がある。

　1988年に高須賀朝三氏らが開発したアーチング栽培は、光合成をさせて養分をためる枝と切り花にする枝を分けて、長くてボリュームがある切り花が切れる画期的な栽培方法で、世界に普及。気温が5℃以下になると葉が落ちて休眠する。

　冬に花を咲かせるために夜温18℃以上に暖房。

品質のめやすと規格　つぼみが大きく、茎が長いこと。高心剣弁品種の切り前はやや固め、カップ咲き、オールドローズ系品種はかなり咲いた切り前。切り花長は40〜80cm。

出荷までの取扱い　切り前をそろえるために、高温期には1日に2回収穫する。収穫したらすぐに冷蔵庫内で水あげ。鮮度保持には水をきらさないことが重要で、バケットや水入り縦箱で輸送する。

　冷蔵庫や低温輸送のトラックとの温度差が大きいと結露し花びらに水滴がつき灰色かび病が発生するので、コールドチェーンが必須。

お店での管理　キーパー内で灰色かび病に感染しないように定期的に殺菌をする。おけの水に繁殖した細菌が道管を詰まらせるので、品質保持剤を使うか、おけを毎日洗浄する。

消費者が知っておきたいこと　水あげがむずかしい花の代表。しおれた花の回復には湯あげ。

品質保持剤の効果　A（水あげがよく、ベントネックを防ぐ。花が大きくなり、日持ちがのびる）。

日持ち　1週間（ベントネック、花びらのしおれ、葉の黄変）。

●ユリ科／球根

オリエンタル系ユリ

[学名] *Lillium*（白い花）
[原産地] 日本

増やし方●球根
流通名・別名●オリエンタルハイブリッド、オリエンタル、OH
こんな花●日本に自生するカノコユリ、ヤマユリ、オトメユリ、タモトユリなどが欧米に渡り、複雑に種間交雑*され、人工的に育成された大輪のユリ。1984年にカサブランカが登場し、巨大さ、豪華さ、受け咲き（上を向いて咲く）、香りの強さで大きなインパクトを与えた。カサブランカはオリエンタル系ユリの一品種にすぎないが、オリエンタル系ユリ＝カサブランカといわれるほどブランド名として定着。新しく登場したのが、バイオテクノロジー技術による自然界にはないオリエンペット・ハイブリッド（OT）。オリエンタルにはない黄、オレンジ色品種がOT。OTも取扱い上はオリエンタル系に含まれる。栽培しやすいので今後はOTが増える見込み。両者ともブライダル、アレンジ、花束、葬儀など多くの用途に使える。球根はオランダ、ニュージーランド、チリからの輸入

平均的卸売価格●220円（上下差が大きい）
花言葉●自尊心
花の日●6月23日
年間流通量●オリエンタル系1.1億本、OT1,200万本
輸入●1,300万本（韓国）

売れ筋の品種と特徴

オリエンタル

品種の数は多いが、この3品種で50%以上のシェア。
シベリア（白中輪）：葬儀用が多い
ソルボンヌ（ピンク大輪）：ピンクの定番品種
カサブランカ（白大輪）：切り花で最も高価な最高級品種

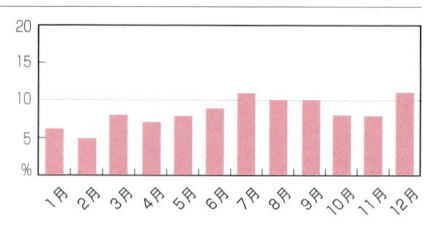

年間の入荷量の推移
季咲きは6〜7月。寒冷地からは6〜11月、他の季節は暖地から入荷

＊**種間交雑（種間雑種）**：植物の分類は科、属、種、品種に分けられる（表2-1）。品種どうしを掛けあわせ新品種をつくるが、一段上の種を掛けあわせ新しい種をつくるのが種間交雑。ヒョウとライオンから新しい動物レオポンをつくるのは種間交雑。

その他　リアルト（白）、クリスタルブランカ（白）。八重の品種も登場。

OT

イエローウイン（黄中輪）OTの50%、ロビナ（ピンク）、ベラドンナ（黄）

クリスタルブランカ

ソルボンヌ 　　　　　　　　　　シベリア

主な産地　北海道（北いしかり、大西ゆり園）、山形県（庄内みどり）、埼玉県（ふかや）、新潟県（北魚沼、津南町、新津さつき、にいがた岩船）、高知県（土佐市、高知市、高知春野、南国土佐）

つくり方　ハウスまたは露地栽培。自然開花期は6～7月。11月に掘りあげた球根は休眠しており低温にあわないと発芽しない。輸入球根は低温処理をすませ、－1.5℃で氷温貯蔵されているので、解凍して芽をださせてからハウスに植えると一年中いつでも花を咲かせることができる。秋に植え、春に花を咲かせるにはニュージーランド、チリの南半球産球根を使う。冬には10～15℃に暖房する。

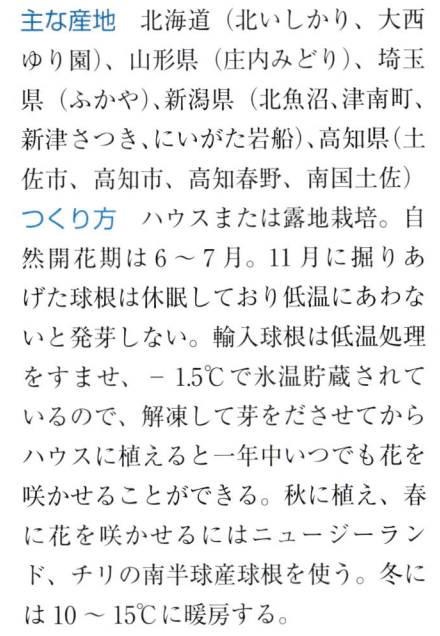

品質のめやすと規格　茎が硬いこと。つぼみの輪数（2～8輪）を表示。切り花の長さは60～100cm。

出荷までの取扱い　早朝に切り花をしてすぐに水あげ。輸送中には開かずに、花店についてから最初のつぼみが咲き始める程度の切り前で収穫し、乾式輸送。

お店での管理　花に水滴がつくと花しみがでやすいので、冷蔵庫からの出庫後の温度差に注意。花粉がでる前に取り除く。葉の黄変が早いので、下葉はできるだけ取り除く。

消費者が知っておきたいこと　ユリ類は水あげがよい。花店で咲いている花の花粉は取ってあるが、つぼみは取っていないので、花が咲くと花粉が落ちる。衣服につくと取れないので注意。

品質保持剤の効果　A（小さなつぼみまで確実に咲き、葉の黄変を防ぐ）。

日持ち　ひとつの花が5日間。輪数が多いほど観賞期間が長い。下のつぼみから上へ順番に咲きあがるが、上の花ほど日持ちが短い（花びらの褐変、落下、葉の黄変）。

● ユリ科 / 球根

スカシユリ

[学名] *Lillium*（白い花）
[原産地] 日本

増やし方●球根
流通名・別名●透百合、アジアティック・ハイブリッド、ＬＡハイブリッド
こんな花●江戸時代につくられたスカシユリがヨーロッパに渡り、オニユリ、ヒメユリやヨーロッパ原産のユリと複雑に交雑してできたのがアジアティックハイブリッドで、スカシユリ系と呼ばれる。バイオテクノロジーの技術によるアジアティック系とテッポウユリの雑種がＬＡ（ロンギフロナム・アジアティック）ハイブリッド。ＬＡは小さな球根で大きな花が咲き、ボリューム感があり、花の色が豊富で、生産性がよいので、アジアティック系にかわり生産が急増している。斑点がない品種や花粉がでない品種もある。アレンジや花束だけでなく、仏花や生け花材料としての利用も多い。オリエンタル系のような強い香りがない

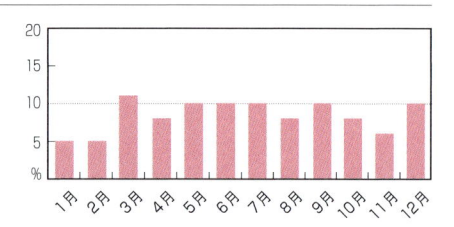

年間の入荷量の推移
6～11月は寒冷地、それ以外は暖地からの入荷

平均的卸売価格●アジアティック系60円、LA系75円
花言葉●孝心
花の日●7月4日
年間流通量●アジアティック系1,000万本、ＬＡ 4,000万本
輸入●ごく少量

売れ筋の品種と特徴

アジアティック
モナ（黄）、ギロンデ（黄）、ベンフィカ（オレンジ）、トレソー（オレンジ）、ブルネロ（オレンジ）

ＬＡ
ロイヤルトリニティ（オレンジ）、アラジンズダズル（黄）、セラダ（黄）の上位3品種で50％のシェア。その他、カプレット（ピンク）、パビア（黄）

アイスダイヤモンド（LA）

メルーサ（LA）

スカシユリ栽培温室（中村農園）

など

主な産地　北海道（北空知）、栃木県（なす南）、埼玉県（ふかや）、千葉県（丸朝園芸）、新潟県（北魚沼）、長野県（信州うえだ）、高知県（高知はた、土佐れいほく）

つくり方　ハウスまたは露地栽培。自然開花期は5〜6月。秋に球根を掘りあげたときには休眠をしているので、低温にあわせてからハウスに植える。低温処理と－1.5℃で冷凍した球根を組み合わせると1年中花を咲かせることができる。

品質のめやすと規格　茎がまっすぐで硬く、4〜5輪以上で切り花長70〜80cm。

出荷までの取扱い　つぼみが数輪色づいたときに収穫をして、下葉を取り、結束後、8℃の冷蔵庫で予冷をかねて水あげ。湿式ではつぼみが開くので乾式輸送。

お店での管理　2℃以下の冷蔵庫では低温障害を受ける。花粉がでる前に取り除く。

消費者が知っておきたいこと　水あげがよい。花店で咲いている花の花粉は取ってあるが、つぼみは取っていないので、花が咲くと花粉が落ちる。衣服につくと取れないので注意。

品質保持剤の効果　A（小さなつぼみまで確実に咲き、葉の黄変を防ぐ）。

日持ち　ひとつの花が5日間。輪数が多いほど観賞期間が長い。下のつぼみから上へ順番に咲きあがるが、上の花ほど日持ちが短い（花びらの褐変、落下、葉の黄変）。

●ユリ科／球根

テッポウユリ

[学名] *Lilium longiflorum*（長い筒状の白い花）
[原産地] 日本

増やし方●球根（鹿児島県沖永良部島で生産）、たね（新テッポウユリ）
流通名・別名●鉄砲百合
こんな花●純白トランペット咲き。高潔、清楚で、ほかの百合では代替できない魅力がある。日本に自生しており、戦前までイースターリリーとして球根を欧米に輸出した。たねで増やす新テッポウユリは1951年に長野県の西村進氏がタカサゴユリとテッポウユリを交配して育成した。花の豪華さを誇るオリエンタル系とちがい、つぼみを見せる花。タカサゴユリの血が入っているので当初は葉が細く、花が下を向いたが、今では広葉になり、花もかなり上を向く。生け花と葬儀の利用が多い。新テッポウユリはリンドウとともにお盆と彼岸の主役

平均的卸売価格●90円
花言葉●淑女
花の日●7月15日
年間流通量●テッポウユリ2,200万本、新テッポウユリ1,300万本
輸入●韓国産が少量

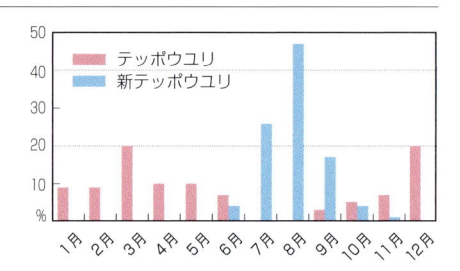

年間の入荷量の推移
10〜6月はテッポウユリ、7〜9月は新テッポウユリ

売れ筋の品種と特徴

テッポウユリ
ひのもと：福岡県の中原喜右ヱ門氏と松川時晴氏が育成し1962年に命名。70％のシェア
ホワイトフォックス：外形はひのもとと同じだがオランダの品種で冷凍球を輸入

新テッポウユリ
雷山シリーズ：40％のシェア、1号、2号、3号、さきがけなど
ミス淡河、プリンセス淡河：兵庫県神戸市淡河地区で育成。オリエンタル系のような大きく開いた花が上向きに咲く

主な産地 テッポウユリ：千葉県（安房）、高知県（高知はた、高知春野）、鹿児島県（沖永良部花き専門）
新テッポウユリ：秋田県（かづの）、長野県（上伊那）、兵庫県（兵庫六甲）、香川県（三豊）

つくり方

テッポウユリ
ハウス栽培で自然開花期は6月。球根は沖永良部島で6月に掘りあげられたときには休眠しているので、45℃のお湯につけて目覚めさせる（温湯処理）。その後、低温にあわせて花芽分化をさせた球根を8〜9月に植えると年末から春に花が咲く。

新テッポウユリ
露地栽培で自然開花期は夏。12月にたねをまき、春に苗を植えると夏に花が咲く。花を切ったあと球根ができるので、そのままおいておくと来年も

テッポウユリ

切り花することができる。
品質のめやすと規格 つぼみの形がよく、下を向いていないこと。葉の形がよく、均等についていること。輪数は3～5輪、切り花の長さは70～90cm。
出荷までの取扱い つぼみが白みを帯びたときに収穫をして水あげ。つぼみが横を向いているので、傷がつかないようにていねいに箱詰めし、乾式輸送。
お店での管理 オリエンタル系のように葉の黄変が花のしおれに先行することはないが、できるだけ下葉は取り除く。
消費者が知っておきたいこと 水あげはよい。つぼみの状態で購入するので花が開いた後の花粉で衣服を汚さないように注意。
品質保持剤の効果 B（花びらが大きく展開する）。
日持ち 1週間（花の褐変としおれ）。

●ラン科 / 宿根草

デンドロビウム（デンファレ）

[学名] *Dendrobium*（樹の上で育つ）
[原産地] 熱帯アジア

増やし方●メリクロン
流通名・別名●デンファレ
こんな花●ノビル系とファレノプシス系があり前者は鉢もの、後者は切り花で、デンドロビウム・ファレノプシスを略したデンファレの名前で流通。ほとんどタイから輸入。1年中いつでも入荷があり、仏花にはなくてはならない花

平均的卸売価格● 45 円
花言葉●上品な色気
花の日● 2 月 19 日
年間流通量● 1.3 億本
輸入● 1.2 億本（99％：タイ）

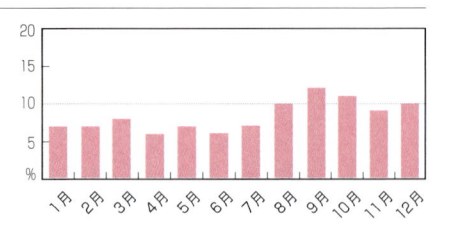

年間の入荷量の推移
一年中いつでも入荷

売れ筋の品種と特徴　アンナ（紫ピンク）、ソニア（薄赤紫）、ビッグホワイト（白）の上位3品種で70％以上のシェア。

主な産地　沖縄県（おきなわ、沖縄県花卉、石垣オーキッド）で少量。

つくり方　沖縄ではハウス栽培。光が強すぎると日焼けをするので遮光。株が成熟すると順次、花が咲く。

品質のめやすと規格　開いた花が3〜5輪、つぼみが5〜6輪、切り花長は30cm。国産は輸入より長い。

出荷までの取扱い　切り口にウォーターピックルをつけて乾式輸送。

お店での管理　平たく箱詰めされているので、花びらが折れて傷んでいることがある。

消費者が知っておきたいこと　咲いている花は長持ちするが、先端のつぼみは咲くことはなく、黄変して落ちることがある。

品質保持剤の効果　C
日持ち　2週間（花びらのしおれと落花、花茎の黄変）。

ピックルつき
（品種：ソニア）

アンナ

● ラン科 / 宿根草

オンシジウム

[学名] *Oncidium*（こぶがある花）
[原産地] ブラジル

増やし方 ● メリクロン
流通名・別名 ● オンシ
こんな花 ● 樹の上で育つ着生ラン。鉢ものは少なく、ほとんどが切り花。細い枝に小さな黄色い花が群がるように咲く。花束、アレンジ、添え花など用途が広い

平均的卸売価格 ● 80円
花言葉 ● 印象的な瞳　可憐
花の日 ● 1月15日
年間流通量 ● 3,800万本(別に鉢ものとして60万鉢)
輸入 ● 2,500万本(65%：台湾)

売れ筋の品種と特徴　黄色主体だがピンク、赤褐色も少量。
ゴワーラムゼイ(黄色：80%のシェア)
ハニードロップ(虎斑が入らない純黄色：沖縄県花卉園芸育成。花が落ちにくい。ハニーエンジェルはハニードロップの海外での品種名)
ゴールデンシャワー(黄：小輪タイプ)、シャリーベイビー(赤茶系：チョコレートのような甘い香り)
主な産地　静岡県(しみず、大井川)、徳島県(板野郡・土成)、福岡県(ふくおか八女、糸島)、沖縄県(おきなわ、沖縄県花卉園芸)
つくり方　ハウス栽培。購入したメリクロン苗を春に鉢植えすると翌年の11月から花が咲く。夜間10℃以上の暖房が必要。
品質のめやすと規格　花の数が多く、枝張りがよいこと。切り口が腐敗して

ゴワーラムゼイ

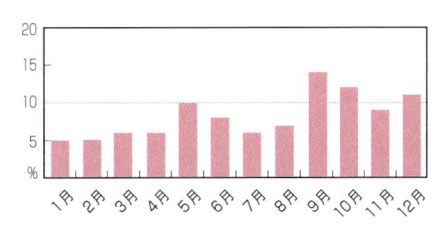

年間の入荷量の推移
国産と輸入で1年中入荷がある

いないこと。切り花長80cm。
出荷までの取扱い　半分以上の花が咲いたときに収穫し、水あげをする。ウオーターピックルをつけて箱詰めにし、乾式輸送。
お店での管理　低温に弱いので冷蔵庫には入れないこと。
消費者が知っておきたいこと　高温では日持ちが短くなる。下の花からしおれ、落ちるので花がらを取り除く。
品質保持剤の効果　B(つぼみが咲く)。
日持ち　1週間(花のしおれ、落花)。

● ラン科 / 宿根草

カトレア

[学名] *Cattleya*（英国の園芸家 Cattley 氏）
[原産地] 中央アフリカ、南アメリカ

増やし方 株分け、メリクロン
こんな花 花の美しさから蘭の女王と呼ばれている。原産地では樹や岩の上で育つ着生ラン。熱帯の標高1,000〜2,000mの高地に自生しているので涼しい気温を好み、強い光で葉焼けする。鉢ものより葬儀用の切り花として関東での需要が多い

平均的卸売価格 320円
花言葉 優美
花の日 9月15日
年間流通量 650万本（鉢ものは70万鉢）
輸入 なし

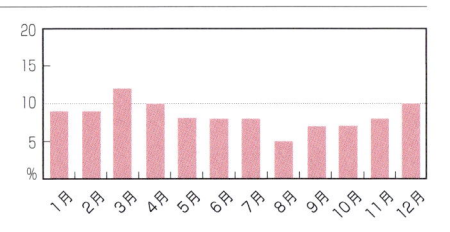

年間の入荷量の推移
一年中安定して入荷

売れ筋の品種と特徴 花の色（ピンク、白など）だけで品種名を表示しないことが多い。関東での利用が多く主に業務需要分野での装飾に利用され、ほとんどがピンク。品種はアイリーンシフィニー（ピンク）、ドラムビート（ピンク）

主な産地 栃木県（日向野洋蘭園、AZ）、群馬県（榛名洋蘭園）、千葉県（蘭佳舎）

つくり方 温室で鉢栽培。木の上で育っているので水はけのよい水ゴケ、軽石、バークなどに植える。

品質のめやすと規格 花びらに傷がないこと。

出荷までの取扱い 満開になってから花だけを収穫。水あげをしてウォーターピックルをつけて出荷。エチレンに弱い花だが、STS剤は使われていない。和紙で1輪ずつくるむこともある。輸送中の高温、振動のストレスで日持ちが短くなる。

お店での管理 日常的に店においている花ではない。注文により取りよせ。10℃前後の低温で保管。

消費者が知っておきたいこと 古い花は香りが弱い。

品質保持剤の効果 C

日持ち 鉢ものでは1か月もつが、切り花では5日（花びらの退色、茎の黄化）。

●ラン科 / 宿根草

シンビジウム

[学名] *Cymbidium*（小舟の形をした花）
[原産地] 熱帯アジア

増やし方●メリクロン
流通名・別名●シンピジウム、シンビ
こんな花●樹の上で育つ着生ラン。消費はカトレアと逆で西高東低、関西が多い。鉢ものはお歳暮用として11～12月に集中するが、切り花は一年中入荷があり、花束から葬儀までなんにでも利用できる

平均的卸売価格● 400円
花の日● 1月17日
年間流通量● 700万本
輸入● 200万本（30%：ニュージーランド）

売れ筋の品種と特徴　徳島県の河野メリクロン社が品種改良や苗生産。花の大きさで大輪（10cm）、中輪（8cm）、小輪（7cm）、中型、小型に分かれる。花色が異なる3～4品種をミックスした出荷が多い。
グリーンサワー（緑、中輪）、エルフィンビューティ（白、中輪）、メロディーフェアエリザベス（ピンク、大輪）、オリエンタルクイーン（ピンク、中輪）
主な産地　群馬県（たのふじ、上州の蘭）、山梨県（羽衣洋蘭園）、長野県（松山洋蘭園）、徳島県（板野郡・土成、徳島県洋蘭連合会）

つくり方　鉢に植えた苗を温室で栽培。フラスコに入ったメリクロン苗を植えて3年目に1株に3本の花が咲く。6～8月にできた花芽は高温にあうと枯れて「花飛び」になるので、夏の間だけ鉢を涼しい山の上に移動させ（山上げ栽培）年末に花を咲かせる。つぼ

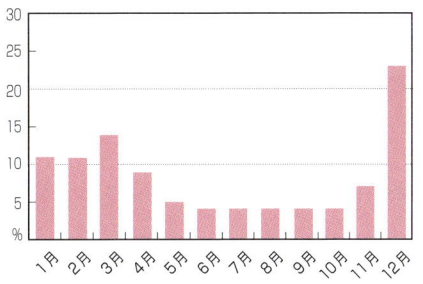

年間の入荷量の推移
11～5月は国産、6～10月は輸入主体

みがでるとまっすぐ伸びるように上から吊る。冬は10℃以上に暖房。
品質のめやすと規格　花に傷がついていないこと。花がついている部分の長さが30～45cmで、茎の長さはその2分の1でまっすぐ。
出荷までの取扱い　先端の数輪がつぼみで、ほかの花が咲いたときに花茎だけを収穫し、水あげ。ラップをして箱詰め。
お店での管理　ほかの洋ランに比べて低温で障害を受けないので低温管理。
消費者が知っておきたいこと　水あげがよく日持ちが長い。
品質保持剤の効果　C
日持ち　4週間（花の変色、落花）。

●ラン科 / 宿根草

コチョウラン（胡蝶蘭）

[学名] *Phalaenopsis*（蛾に似た花）
[原産地] 東南アジア

増やし方●メリクロン
流通名・別名●ファレノプシス
こんな花●原産地では樹や岩の上で育つ着生ラン。日本人はこの花を蝶に見立てたが、学名や英名は蛾。鉢ものは高級なお祝いや贈答用の定番だが、切り花は葬儀用が主体

平均的卸売価格● 450 円
花言葉●あなたを愛します
花の日● 12 月 3 日
年間流通量● 600 万本（鉢ものは 500 万鉢）
輸入● 130 万本（22％：台湾、ベトナム）

売れ筋の品種と特徴　80％は花の色表示だけ。ほとんどは白だが、ピンク、赤、クリームも少量ある。
品種名での流通上位はジョインエンジェル、白雪姫、ウエディングプロムナード、ソーゴユキディアン V3

主な産地　栃木県（はが野）、千葉県（香取洋蘭園）、佐賀県（徳永洋蘭園）

つくり方　台湾などの業者から苗を買い、それを育て、咲かせて出荷するリレー栽培。夏に昼 25℃、夜 18℃に冷房をすると花が早く咲き、秋に昼夜を 28℃の高温で管理すると花が咲くのを遅らせることができる。この冷房栽培と高温抑制栽培を組み合わせると計画的に一年中花を咲かせることができる。2 年間花を切った後、株を更新。

品質のめやすと規格　ケース当たりの花の数を表示。切り花 5 本で 30 ～ 40 輪が標準。切り花長は 60 ～ 100cm 超までである。

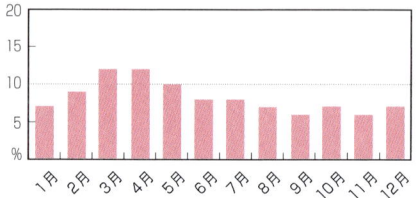

年間の入荷量の推移

出荷までの取扱い　全部満開で切る産地と、つぼみが 1 輪、5 分咲きが 1 輪、残りが満開で切る産地がある。1 本ずつ切り口をウオーターピックルにさして、花を和紙でつつんで箱詰め。切り花するハサミは病気が移らないように消毒をする。

お店での管理　他のランと同様に受粉すると老化が進むので強い振動をさける。5℃以下の保管は低温障害を受ける。湿度が高いと灰色かび病による斑点がつく。

消費者が知っておきたいこと　家庭用に飾ることは少ないが、水あげがよく日持ちが長い。

品質保持剤の効果　C

日持ち　品種により 2 週間から 1 か月（花びらの脈の浮きあがり、水浸状、しおれ、落花）。

●ラン科 / 宿根草

モカラ・アランダ・アランセラ

[学名] Mokara・Aranda・Aranthera
[原産地] 人工交配種

こんな花●身近に目にすることが多いにもかかわらず、全量輸入ということもあって名前が知られていない花。モカラはアラクニス属（Arachnis）、アスコケントルム属（Ascocentrum）、バンダ属（Vanda）、アランダはバンダ属とアラニクス属、アランセラはアラクニス属とレナンセラ属（Renanthera）の交配で人工的につくられた自然界には存在しない新しいラン。3者の区別はむずかしい。デンファレと同じトロピカルで、1年中入荷があり、なんにでも使え重宝な花

平均的卸売価格●モカラ50円、アランダ・アランセラ65円
花言葉●人生は楽しい
花の日●7月26日
年間流通量●モカラ1,000万本、アランダ120万本、アランセラ120万本
輸入●ほぼ全量輸入（タイ、マレーシア）

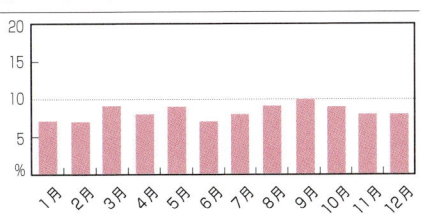

売れ筋の品種と特徴 品種の数は多いが、花の色だけの表示も。
モカラ：カリプソが60％のシェア
アランダ：チャクワンシリーズが

年間の入荷量の推移
一年中安定した入荷

60％のシェア
アランセラ：アンブラックが80％、ジェームスストーリーが20％のシェア
主な産地 沖縄県（おきなわ）が少量。
つくり方 デンファレと同じ。
品質のめやすと規格 切り花長30～50cm。
出荷までの取扱い デンファレと同じ。
お店での管理 デンファレと同じ。
消費者が知っておきたいこと 水あげがよく、日持ちが長い。
品質保持剤の効果 C
日持ち 2週間（花びらのしおれと落花、花茎の黄変）。

モカラ 　　　アランダ 　　　アランセラ

● キク科 / 宿根草

ガーベラ

[学名] Gerbera（ドイツの科学者の名前）
[原産地] 南アフリカ

増やし方 ● 株わけ、メリクロン
流通名・別名 ● せんぼんやり
こんな花 ● 品種数が多く、花の色が華やかな洋花の代表。八重、スパイダー咲き、ポンポン咲き、花粉のでない品種などバラエティに富む。ミニ（小輪）と大輪があるが、ミニが90％以上で圧倒的に多い。4～5品種（色）ミックスの人気が高い

平均的卸売価格 ● 30円
花言葉 ● 神秘
花の日 ● 4月18日（ガーベラ記念日）
年間流通量 ● 1.9億本
輸入 ● ほとんどなし

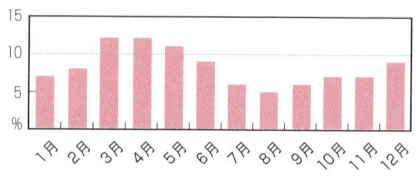

年間の入荷量の推移
年間を通して出荷量は安定している

売れ筋の品種と特徴 バナナ（黄：小輪）、キムシー（ピンク：小輪 ピンクの定番）、チェレキ（赤：小輪 深紅の代表品種）、ブラーバ（ピンク：小輪）、ミノウ（オレンジ：小輪）、マリブ（黄：中輪）、ソープ（ピンク：大輪）

主な産地 宮城県（いしのまき）、静岡県（大井川、ハイナン、とぴあ浜松）、和歌山県（紀州中央、紀南）、愛知県（愛知みなみ）、福岡県（ふくおか八女・広川）

つくり方 ハウス栽培、冬は暖房。夏にはエアコンで冷房することも。ロックウールなど土を使わない栽培やポットでの栽培が増えている。母の日後に苗を植え、2～3年は植えかえなしで花が咲き続ける。

品質のめやすと規格 茎がまっすぐで硬いこと。軟弱な茎はベントネックをおこしやすい。切り花長は50cm前後。

出荷までの取扱い 満開に近い切り前で収穫。ハサミを使わずに手で引き抜くので、切り口は鋭利ではなく、ひげ状の繊維がついたまま。抗菌剤入りの水で水あげ後、キャップをつけ、輸送中の傷みを防ぐ。バケットの産地と乾式輸送の産地がある。

お店での管理 キャップをつけたままでは過湿になり灰色かび病が発生するので、すぐにはずす。急激に水を吸わせると花びらが反ることがある。茎が空洞で切り口が腐りやすいので、おけには品質保持剤を入れ、水の量は5cm程度の浅水。

消費者が知っておきたいこと 茎が腐りやすいので、浅水にし、ひんぱんに水をかえるか、品質保持剤を使う。

品質保持剤の効果 A（花びらが大きく展開し、茎の腐りを防ぐ）。

日持ち 5日（ベントネック、かびの発生）。

● イソマツ科 / 宿根草

スターチス・シヌアータ

[学名] *Limonium sinuatum*（草原に咲く茎に波状のひだをもった花）
[原産地] 地中海沿岸

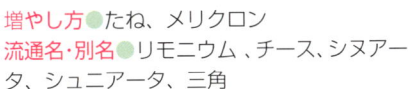

●

増やし方● たね、メリクロン
流通名・別名● リモニウム、チース、シヌアータ、シュニアータ、三角
こんな花● 今の学名はリモニウム（*Limonium*）だが、昔の学名のスターチス（*Statice*）で流通。茎に三角形の翼があるので古くは「三角」と呼ばれた。花に見えるのは葉が変形した萼（がく）。本当の花は小さい白い花びら5枚で、すぐにしおれる。横ならびの花のかたまりを「ブラシ」と呼んでいる。アレンジ、花束、添え花、仏花など用途が広い

●

平均的卸売価格● 35円
花言葉● 変わらぬ愛
花の日● 4月29日
年間流通量● 1.3億本
輸入● 少量（中国）

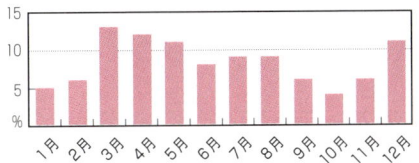

年間の入荷量の推移

売れ筋の品種と特徴 もともとは紫だけだったが、ピンク、黄色、白も加わる。サンデーバイオレット（紫）、サンデーラベンダー（薄紫）、ラムセスバイオレット（紫）、エターナルピンク（ピンク）、アラビアンブルー（紫）

主な産地 北海道（北空知）、長野県（信州諏訪）、和歌山県（紀州中央、紀南）

つくり方 ハウス栽培。自然開花期は春。購入したメリクロン苗を秋に植える。苗はタンポポの葉のようにロゼット*状で、低温を受けた後、茎が伸びて春に花が咲く。あらかじめ低温を受けた苗を夏に植え、冬は暖房をすると11月から春まで咲き続ける。寒冷地では春に苗を植えると夏に咲く。

品質のめやすと規格 茎が硬く、ブラシが大きく、多いこと。切り花長は70〜80cm。

出荷までの取扱い 萼は切ってからは咲かないため、かさかさに音がするまで開いてから収穫。収穫後、低温の部屋で水あげして箱詰め、乾式輸送。

お店での管理 雨が続く時期には灰色かび病が多い。枝がからまり、折れやすいので取扱いはていねいに。

消費者が知っておきたいこと 本当の花が見えるものが新しい。萼（がく）はかさかさしており、ドライフラワーになるが、湿度が高いとかびが生える。

品質保持剤の効果 B（茎の黄変を防ぐ）。

日持ち 10日間（萼の黄変、腐敗、茎の黄変）。

＊ロゼット：節間が極端に短くなり、タンポポの葉のように地面にはりついた状態になること。ロゼットになると生育が止るので、生産性が悪くなる。トルコギキョウやスターチスでは夏の高温でロゼットになり、冬の低温で解消する。

● イソマツ科 / 宿根草

ハイブリッド（HB）スターチス

[学名] Limonium（草原に咲く花）
[原産地] 地中海沿岸

増やし方 ● メリクロン
流通名・別名 ● 宿根スターチス、シネンシス
こんな花 ● カスミソウタイプのスターチスの総称で、スターチス・シネンシスおよびアルタイカ、デュモサ、ラティフォリアなどさまざまな種類とそれらの交雑により新しく人工的に生まれたハイブリッド（雑種）。涼しげな花の色、スタイルから夏の添え花としての利用が多い。シヌアータと同じで、花は葉が変形した萼（がく）

平均的卸売価格 ● 60 円
花言葉 ● 驚き
花の日 ● 8 月 29 日
年間流通量 ● 2,500 万本
輸入 ● ほとんどない

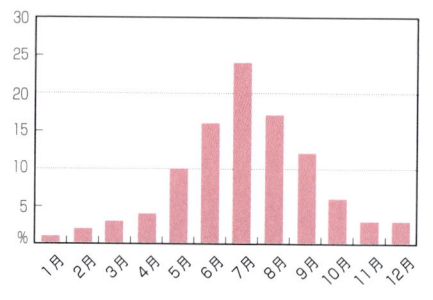

年間の入荷量の推移
周年入荷があるが、メインは夏

売れ筋の品種と特徴
キノブラン（白）：シリーズでルージュ（赤）、ピンキー（濃桃）、ホイップ（白）
ブルーファンタジア 100（薄紫）：シリーズでウエーブ（200）（薄紫）、500（薄紫）

主な産地 北海道（北空知、いわみざわ）、長野県（上伊那）、和歌山県（紀州中央）、高知県（土佐あき）、福岡県（ふくおか八女）、熊本県（やつしろ）、大分県（おおいた・杵築）

つくり方 ハウス栽培。春に購入した苗を植えると夏に花が咲く。暖地では 5 月や 9 月に植え、暖房をすると 11 月から翌年の春に花が咲く。2 年目は 1 年目より多くの花を収穫できる。

品質のめやすと規格 茎が硬く、花が一斉に咲き、花の色が鮮明なこと。切り花長はシネンシス系（キノブラン）が 80cm、ブルーファンタジア系が 100cm 前後。

出荷までの取扱い 成分が STS 剤と砂糖の HB スターチス専用の前処理剤を吸わせる。切り口にはエコゼリーなど給水材をつけて輸送。

お店での管理 冷蔵庫から高温の場所にいきなり出すと花に水滴がつき、灰色かび病が発生しやすくなる。

消費者が知っておきたいこと 生け花が終わった後はドライフラワーになる。

品質保持剤の効果 A（つぼみまで咲く）。

日持ち 1 週間（花の色の変色、落花）。

●ヒガンバナ科 / 球根

日本スイセン

[学名] Narcissus（ギリシャ神話の美少年ナルシサス）
[原産地] スペイン、ポルトガル

増やし方●球根
こんな花●日本の名前がつき、各地に自生しているが、原産地はスペインとポルトガル。地中海から、中東、インド北部、中国を経て、室町時代に日本へ渡来した。千葉県安房郡や大阪泉州桑原では江戸時代から切り花としてつくられていた。香りがよく、楚々としたスタイルは生け花の原点

平均的卸売価格●30円
花言葉●自己愛
花の日●1月13日
年間流通量●950万本
輸入●なし

年間の入荷量の推移
圧倒的に迎春用

売れ筋の品種と特徴　産地によりわずかに形質がちがうだけで、品種はない。たまに八重が咲くが、一重より価値が劣る。猫のおしっこのようなにおいがする猫水仙が彼岸用に入荷。

主な産地　福井県（越前水仙出荷協議会）、千葉県（安房）、兵庫県（あわじ島）、愛媛県（えひめ中央）、長崎県（雲仙、長崎せいひ）

つくり方　水仙郷と同じように露地で育ち、あまり手がかからない。球根を秋に植えると低温を感じて1月に花を咲かせる。掘りあげた球根を30℃の高温に2週間貯蔵したあと、煙でいぶす（くん煙処理）と10月に花が咲く。これは大阪府和泉市桑原で100年以上前に発見された技術。球根は自然に増える。

品質のめやすと規格　「はかま」と呼ばれる茎の白い部分が4cm以上あり、切り花長40〜50cm、葉が4枚、葉と茎が硬く、垂れないこと。

出荷までの取扱い　はかまを長く残すために、土の中にハサミを入れて切り取る。水あげをして、切り口からの汁液を洗い流す。

お店での管理　切り口からでる汁液がほかの花にはよくないので日本スイセンだけを別の容器に入れ、毎日水かえ。

消費者が知っておきたいこと　切り口からの汁液で水が腐りやすいので、品質保持剤を使うか、こまめに水かえをする。汁液が手についたらよく洗う。球根はアルカロイドを含み、有毒。タマネギとまちがうことがあるので注意。

品質保持剤の効果　B（水の腐敗は防ぐが、日持ちは期待できない）。

日持ち　1週間（花の枯れ）。

●リンドウ科 / 宿根草

トルコギキョウ

[学名] *Eustoma grandiflorum*（美しく大きく咲く花）
[原産地] 北アメリカ

増やし方●たね
流通名・別名●ユーストマ（今の学名）、リシアンサス（昔の学名）、トルコ
こんな花●トルコ共和国ともキキョウとも無関係。「トルコ帽に似た花形のキキョウのような花」からトルコギキョウと名づけられた。キキョウではなくリンドウの仲間。本来は宿根草だが一年草扱い。近年もっとも品種改良と栽培技術が進歩した花。以前は紫の一重だけだったが、今では大輪八重がフリルになり、バラ、ラナンキュラスと区別がつかなくなった。夏でも水あげ、日持ちがよい。ブライダル、葬儀、花束すべてに対応

平均的卸売価格● 130 円
花言葉●優美
花の日● 7 月 10 日
年間流通量● 1.4 億本
輸入● 600 万本 (4%：台湾)

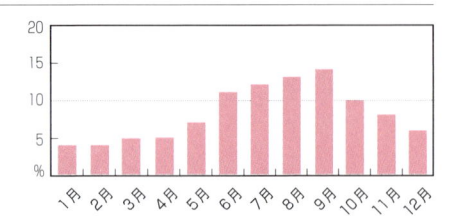

年間の入荷量の推移
年間安定して入荷。12 〜 3 月に輸入が増加

売れ筋の品種と特徴 日本品種が世界を席巻。長野県中曽根健氏、千葉県佐瀬農園、正花園など個人育種家が健闘。

ボレロホワイト（白）、パレオピンク（サーモンピンク）、ピッコローサスノー（白）、海ほのか：（複色）、クラリスピンク：（サーモンピンク）

主な産地 北海道（そらち南、新はこだて）、岩手県（遠野花卉研究会、いわて花巻）、山形県（庄内たがわ）、秋田県（秋田おばこ）、福島県（あいづ、会津いいで）、茨城県（かしまなだ、北つくば）、千葉県（安房、佐瀬農園、

ピッコローサスノー

メープルキッズブルー

74

トルコギキョウの野生種　　トルコギキョウ品種展示ハウス（福岡県JA直鞍）

正花園）、長野県（上伊那、信州諏訪、ちくま、信州うえだ、フラワースピリット）、静岡県（静岡市、ハイナン）、愛知県（愛知みなみ）、高知県（土佐あき、土佐香美）、福岡県（たがわ、糸島、直鞍）、大分県（おおいた・杵築）

つくり方　ハウス栽培。高温でロゼットや花が枯死するなど、つくるのがむずかしい花の代表。たねをまいて苗をつくるか、セル苗＊を買って植える。秋から初冬に植え、暖房すれば4〜6月、暖房と電照で3〜4月に花が咲く。寒冷地で3月に植えると夏に、5月に植えると秋に花が咲く。大きな花を咲かせるには、1枝につぼみをひとつに制限する。

品質のめやすと規格　用途により、つぼみを取り除き1枝1花にするか、つぼみも残したままにするかなどでスタイルが異なる。ブライダル用には3枝3花以上で、切り花長が80cm。

＊セル苗：小さな穴（セル）を連結したトレイに土を詰め、たねまき、またはさし芽をしてつくった苗。プラグ苗ともいう。

出荷までの取扱い　エチレンに弱いので、収穫後トルコギキョウ用前処理剤（STS剤＋砂糖）を吸わせる。しおれやすいのでバケットか水入り縦箱で輸送。

お店での管理　10℃以下の低温ではかえって水あげが悪くなる。受粉するとエチレンが発生し、日持ちが短くなり、湿度が高く、花に水滴がつくと灰色かび病が発生。

消費者が知っておきたいこと　花首が垂れてきたら湯あげで回復。

品質保持剤の効果　A（つぼみが確実に咲き、花の色が鮮やか。日持ちものびる）。

日持ち　1週間（花と葉がしおれ、花首が垂れる）。

75

● リンドウ科 / 宿根草

リンドウ

[学名] *Gentiana*（古代の国王ゲンティアナが強壮剤としてリンドウを服用したことから）
[原産地] 日本

増やし方●たね、メリクロン
流通名・別名●竜胆（根が熊の胆よりも苦いので龍の胆。「りんどう」は「りゅうたん」の音読み）
こんな花●本来は薬草。今ではお盆、秋の彼岸になくてはならない切り花。昭和初期から切り花栽培が始まり、当初は山から取ってきたエゾリンドウ、ササリンドウの株を畑に植えた。昭和52年に岩手県の吉池貞蔵氏が「F_1 いわて」を育成してから一気に品種改良が盛んになった。青だけでなくピンク、白、花が大きい3倍体＊もある

平均的卸売価格● 40円
花言葉●正義
花の日● 8月15日
年間流通量● 1億本
輸入●ごく少量（ニュージーランド）

＊3倍体：遺伝子（DNA）が入っている染色体は雄と雌から受け継いだ2倍体だが、ホルモン剤で処理をして数が倍の4倍体にすることができる。この4倍体と通常の2倍体を交配すると3倍体ができる。3倍体はたねができないので、たねなしスイカに応用されている。3倍体のリンドウもたねができないので、メリクロンで増やす。

安代の夏

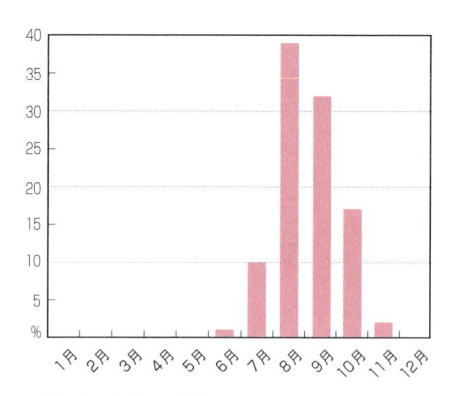

年間の入荷量の推移
夏〜秋の季節商品

売れ筋の品種と特徴　流通しているすべての品種は国内で品種改良。エゾリンドウ系とササリンドウ系があるが、上位品種はエゾリンドウ系。エゾリンドウ系は早生だが、つぼみが開きにくい。
安代の夏：（薄紫）八幡平市（安代町）育成
安代の秋：（薄紫）安代農協育成
ジョバンニ：（薄紫）岩手県育成
さわ風：（空色）岩手県西和賀農業振興センター育成
スカイブルーながの2号：（空色）瀬

リンドウの3倍体、4品種（㈲スカイブルー・セト育成）

戸苅穂氏育成

主な産地　岩手県産が70％以上のシェア。北海道（北空知）、岩手県（新いわて、岩手ふるさと、いわて花巻）、秋田県（秋田おばこ）、福島県（会津みなみ）、栃木県（なすの）、長野県（信州諏訪、信州うえだ、信州深山会）

つくり方　露地栽培。たねをまいて苗をつくり、畑に植える。苗に植物ホルモン剤ジベレリンをかけておくと2年目に花が咲き、1株から5本以上の切り花が収穫できる。秋には葉が枯れ、休眠する。冬の低温にあたり、翌春に再び芽をだす。植えた後4〜5年は栽培できるが、連作を嫌うので、栽培が終わったあと2〜3年は水田に戻す。

品質のめやすと規格　つぼみに傷みがなく、茎がまっすぐなこと。花が5段以上につき、切り花長は80cm。

出荷までの取扱い　朝夕の涼しい時期に、先端のつぼみが色づいたものを収穫し、下葉を取り、水あげ。箱詰め後の温度が高いとむれやすい。特に、雨の日に収穫した花はむれやすいので、葉を乾かしてから箱詰め。乾式輸送。

お店での管理　むれに弱いので、涼しい場所で保管。

消費者が知っておきたいこと　水あげがよい。むれるとつぼみが腐る。

品質保持剤の効果　B（つぼみの褐変を防ぐ）。

日持ち　1週間（つぼみが褐変）。

● マメ科／一年草

スイートピー

[学名] *Lathyrus odoratus*（催淫性がある香りがよい花）
[原産地] イタリア（シシリー島）

増やし方●たね
流通名・別名●ピー
こんな花●欧米では春の花壇の花で、切り花として楽しむのはイタリアや日本など限られた国だけ。最近の切り花輸出事業に関連して北米・ヨーロッパ・アジア各地で高い評価を得、国内でも再評価が進んでいる。わが国では大正時代から本格的につくられていた古い切り花。エチレンに弱く、つぼみや花が落ちるので、限られた消費であったが、1980年代後半にSTS剤の処理が実用化してから日持ちが長くなり、急激に消費が増えた。冬咲き品種、春咲き品種、夏咲き品種がある。多くはボリュームがある春咲き品種のたねを低温にあわせて冬に咲かせている（春化：総論18ページ）。宿根スイートピー（サマースイートピー：*L. latifolium*）は夏咲き

平均的卸売価格● 35円
花言葉●門出
花の日● 3月15日
年間流通量●スイートピー 9,600万本、宿根スイートピー 250万本
輸入●なし、輸出が50万本（アメリカ）

売れ筋の品種と特徴 生産者個人で品種改良、たね取りがかんたんにできるので個々に命名した品種が多い。黄色、オレンジなど染色品種もある。
ステラ（クリーム：春咲き）、ファーストレディ（ピンク：春咲き）、ダイアナ（濃ピンク：春咲き）、グレース（薄紫：春咲き）、スーパーローズ：（ピンク：春咲き）、ミセス・ダグラス・マッカーサー（サーモンピンク：冬咲きを代表する古い品種）

出荷は50本を束ねる

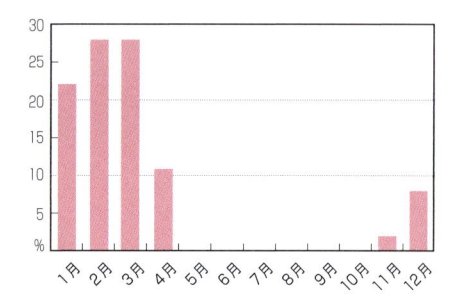

年間の入荷量の推移
スイートピーは4月まで、宿根スイートピーは一年中入荷がある

主な産地 スイートピー：神奈川県（寒川）、静岡県（とぴあ浜松）、和歌山県（紀州中央、ありだ）、兵庫県（淡路日の出）、岡山県（岡山西）、宮崎県（はまゆう、尾鈴）
宿根スイートピー：愛知県（豊橋）

つくり方 ハウス栽培。夏にたねをまき、茎を1本だけにして伸ばすと12月から花が咲く。4月までに茎は4m以上に伸びるので、巻下げる。雨や曇りの日が続くとつぼみが激しく落ちる。4月になると花は受精してサヤエ

スイートピーハウス（宮崎県 JA 尾鈴）

宮崎県育成の式部

ンドウ状のたねになり、株が枯れるので、茎の先端を切り取り出荷（枝切り）。宿根スイートピーは数年続けて栽培できる。

品質のめやすと規格　ステム＊がまっすぐで、花しみ（灰色かび病）がない

＊ステム：英語で「茎」の意味だが、スイートピーでは花がついている花梗をステムと呼ぶ。

こと。秀の 2L は花が 4 輪（4P、P は Petal の頭文字）以上つき、長さは 45 cm以上。

出荷までの取扱い　通常はわき芽から伸びるステムを切り花にする。つぼみが全部咲いてから収穫し、すぐに STS 剤を吸わせる。扇型に 50 本束にして乾式横箱で出荷。湿度が高いと花しみがでるのでバケットや水つけ輸送は不可。

お店での管理　花びらに水滴がつくと花しみの原因になる。

消費者が知っておきたいこと　低温には強いが高温には弱い。4 月以降は日持ちが短くなる。

品質保持剤の効果　A（花びらに張りがあり、大きく開く）。

日持ち　1 週間（花びらのしおれ、落下）。

●ナデシコ科／宿根草

宿根カスミソウ

[学名] *Gypsophila paniculata*（石灰岩に育つスプレー状の花）
[原産地] 地中海沿岸、中央アジア

増やし方●さし芽、メリクロン
流通名・別名●カスミ、カスミソウ
こんな花●無数の小花が白い霞のように広がり、ほかの花を引き立たせる。宿根とついているのは、一年草のカスミソウがあるから。夏の高温による黒花やだんご花は品種がかわりかなり克服。独特のにおいを低減する方法が開発されている

平均的卸売価格● 70円
花言葉●夢見心地
花の日● 7月7日・11月22日
年間流通量● 8,600万本、一年草のカスミソウが120万本
輸入● 120万本（ケニア、コロンビア、エクアドル、イスラエル）

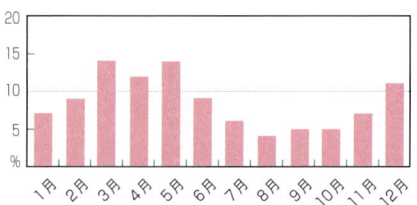

年間の入荷量の推移
一年中入荷、7月～10月は寒冷地、11月～6月は暖地

売れ筋の品種と特徴　一世を風靡したブリストロフェアリーは今では1％以下。赤系はごく少量で、ほとんどは白八重。染色花も人気。
アルタイル：50％以上を占める主力品種。ボリュームがある。
マリーベール・ホワイトベール・スノーベール：花首が伸びず枝がからみにくい
ビッグミスター：花が大きい
雪ん子・雪ん子360・ユキンコクリスタル：かつての主力品種
主な産地　北海道（オホーツク網走）、福島県（会津みなみ、昭和花き研究会）、静岡県（ハイナン）、和歌山県（紀州中央、紀南）、熊本県（菊池）
つくり方　ハウス栽培。種苗会社から苗を買う。寒冷地では春に苗を植えると8～10月に花が咲き、株を残し越年させると無加温で翌年7月に再び花が咲く。暖地では秋に苗を植え、電照と暖房で冬から春に花が咲く。
品質のめやすと規格　花首が伸びず、未開花のつぼみが目立たないもの。だんご花、黒花がないこと。切り花長は80cmが基準。
出荷までの取扱い　収穫後すぐにカスミソウ用のSTS剤で前処理。葉はすぐにしおれるので出荷前に取りさる。しおれやすいのでバケットか水入り縦箱で輸送。
お店での管理　枝がからまないようにていねいに取扱う。
消費者が知っておきたいこと　小さな葉は花よりも先に枯れる。乾燥させると純白さは失われるが、ドライフラワーになる。
品質保持剤の効果　A（つぼみが開き、花がしおれにくい）。
日持ち　10日間（花の変色、枯れ）。

● アルストロメリア科 / 宿根草

アルストロメリア

[学名] Alstroemeria（スエーデンの植物学者の名前）
[原産地] 南アメリカ

増やし方●株わけ
流通名・別名●ユリズイセン
こんな花●以前はヒガンバナ科であったが、現在はアルストロメリア科として独立。英名はインカのユリ（Lily of the Inca）。花色が豊富で、花が放射状についているのでボリューム感がある。それぞれの花を切り分けてアレンジに使うこともできる。オランダで品種改良されたので、冷涼な気候を好み、高温には弱い。新品種は花びらが厚く、輸送の傷みも減り、日持ちがよくなった。葉がねじれて表面が下を向く特性がある

平均的卸売価格● 75 円
花言葉●持続
花の日● 3 月 25 日
年間流通量● 6,500 万本
輸入● 200 万本（3％：コロンビア）

売れ筋の品種と特徴　さまざまな原種が交雑されて現在の四季咲き性品種になった。品種改良、苗生産はすべてオランダ。多くの新品種が毎年登場。別に、原種に近いリグツ系などがある。レベッカ（ピンク）、オルガ（白）、アバランジェ（白）、エベレスト（白）、プリマドンナ（ピンク）

主な産地　北海道（むかわ）、山形県（山形おきたま）、長野県（上伊那）、愛知県（愛知みなみ、シーサイド渥美）

つくり方　ハウス栽培。苗はオランダの種苗会社からの 4 年契約リース。リース代が 1 本 2,500 円、10a では 500 万円かかり、花のなかでは最高。土の温度が高いと花が咲かないので、

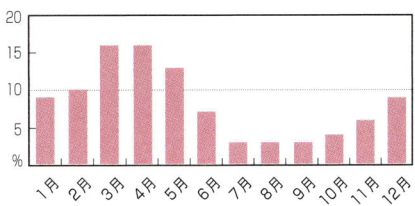

年間の入荷量の推移

夏には土の中のパイプに冷水を流し（地中冷却）、土の温度を 20℃ 以下に冷やす。冬は気温 10℃ に暖房。土の中から、次つぎと芽が伸びて、ほぼ一年中花を咲かせる。

品質のめやすと規格　花茎が太く、硬く、花の色が鮮やかなこと。秀 2L は輪数 5 輪以上で切り花長 80～90cm。

出荷までの取扱い　エチレンに弱いので出荷前にアルストロメリア用の STS 剤を吸わせる。バケットまたは水入り縦箱輸送。

お店での管理　水あげはよい。葉が黄変しやすいので、下葉は取り除く。アルカロイドを含むので、手が荒れることがある。

消費者が知っておきたいこと　高温時には花びらや雄しべが落ちるが、散ったあとも、つぼみが次つぎと咲いてくる。

品質保持剤の効果　A（つぼみが咲き、葉の黄変を防ぐ）。

日持ち　1 週間（花びらの落下、葉の黄変）。

● アブラナ科 / 一年草

ストック

[学名] Matthiola incana（イタリアの植物学者の名前＋灰色の毛で覆われた植物）
[原産地] ヨーロッパ南部

増やし方 ● たね
こんな花 ● 菜の花や大根の仲間。遺伝的に一重と八重が半分ずつ咲く、不思議な植物。価値が高いのは八重。1本立ち（1株に1本、ノンブランチング）、スプレー、分枝系（1株に3〜4本の枝）の3タイプがある。強い香りがあり、仏花にも花束にも用いられる冬の代名詞のような花

平均的卸売価格 ● 八重70円（一重は3分の1程度）
花言葉 ● 永遠の恋
花の日 ● 2月8日
年間流通量 ● 1本立ち3,300万本、スプレー2,800万本、分枝系500万本
輸入 ● なし

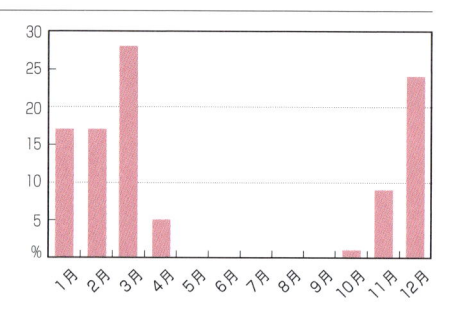

年間の入荷量の推移
冬〜早春の花。分枝系は晩生で春の彼岸用

売れ筋の品種と特徴 ほとんどの品種は千葉県の育種家黒川治・幹父子が育成。

1本立ち：アイアンシリーズで60％のシェア。上位3品種ホワイトアイアン、ピンクアイアン、チェリーアイアンで50％。その他雪波（白）、朝波（ピンク）
スプレー：カルテットシリーズが70％のシェア
分枝系：彼岸王（赤）、新彼岸王（赤）で80％

主な産地 山形県（庄内たがわ、庄内みどり）、千葉県（安房）、長野県（中信ストック、上伊那）、和歌山県（紀南、紀の里）、鳥取県（鳥取中央）

つくり方 ハウス栽培。房州など暖かい地域では春の彼岸用に分枝系を露地でつくることがある。寒さに強いので無暖房。一重からとれたたねをまいて、苗の双葉の形、色の濃淡などで八重と一重を区別し、一重の苗を抜き捨てる（八重鑑別）高度な技術で八重と判断した苗だけを育てる。花芽分化には低

1本立ち（スーパーホワイトアイアン）

スプレーストック（チェリーカルテット）

＊**屈地性**：花穂や茎が重力に逆らって曲がる性質。ストック、キンギョソウ、グラジオラスは屈地性が強く、花穂が曲がりやすい。光のほうへ曲がるのは屈光性。

温が必要で、夏〜秋にたねをまき、年末から春に花が咲く。
品質のめやすと規格　茎が硬く、花（花穂）が詰まったものが好まれる。冬は7〜8輪、秋と春は5〜6輪が咲いたときに収穫。切り花長は60〜80 cm。乾式輸送だが、横箱出荷では花穂の先が上向きに曲がりやすい（屈地性＊）。
出荷までの取扱い　収穫後の水あげは花穂が伸びるので短時間。縦箱で出荷する場合でも水は入れない。
お店での管理　水が下がりやすい代表的な花。木化した切り口では水があがらないので、緑の部分まで切り戻す。水が下がったら、新聞紙でまいて湯あげ。
消費者が知っておきたいこと　暖かいところに飾ると水が腐りキャベツの漬物臭がする。よく水を吸い、花びんの水が減りやすいのでひんぱんに水かえをして水を補給。
品質保持剤の効果　A（つぼみが咲き、花も大きく咲く。花びんの水の腐りを防ぐ）。
日持ち　1週間（花の枯れ、葉のしおれ、黄変）。

● ユリ科 / 球根

チューリップ

[学名] *Tulipa gesneriana*（Gesner 氏のターバンのような花）
[原産地] 中央アジア

増やし方●球根
こんな花●早春の代表的な切り花、花壇の花。オランダのイメージが強いが原産地は中央アジア。オランダでは 17 世紀にチューリップ狂時代が出現し、球根が投機の対象になった。日本でも球根生産が盛んで、かつては輸出の花形であったが、現在は切り花に使う球根の 95％がオランダからの輸入。花は気温の影響で朝に開いて夕方閉じる。生け花中に花首が伸びるので、形が決めにくいのが難点

平均的卸売価格● 60 円
花言葉●愛の告白
花の日● 1 月 31 日（愛妻の日）
年間流通量● 6,000 万本、花壇用球根は 1.5 億球（国産 0.4 億球＋輸入 1.1 億球）
輸入● 70 万本（オランダ）

売れ筋の品種と特徴 一重だけでなく八重、ユリ咲き、フリンジ咲き、花びらに切れ込みやねじれが入るパーロット咲きなど多彩。
クリスマスドリーム（ピンク）、イルデフランス（赤）、ピンクダイヤモンド（パステルピンク）、ストロングゴールド（黄色）、アンジェリケ（ピンク、八重）

主な産地 埼玉県（ふかや）、新潟県（新潟みらい、中条町、北越後、越後中央）、富山県（高岡）、兵庫県（兵庫六甲）

つくり方 ハウス栽培。4 月に花が咲いたあと新しい球根が太る。葉が黄色くなる 6 月に掘りあげると、球根貯蔵中に花芽分化する。その後、冬の低温にあたって花が咲く。

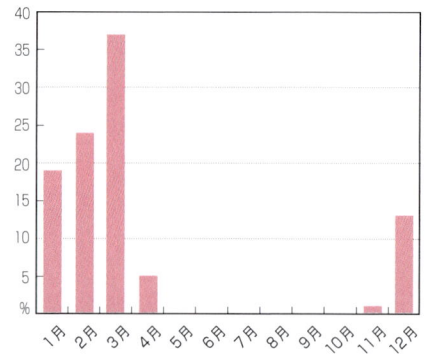

年間の入荷量の推移

品質のめやすと規格 花首が伸びすぎず、止め葉に埋もれず、葉が垂れず、茎が硬いこと。切り花長 40 〜 50㎝。

出荷までの取扱い 収穫は球根をつけたまま引き抜く。球根を取り除き、結束。花が開き、花首が伸びるので水あげはしない。出荷までは茎が曲がらないように立てておく。乾式輸送。

お店での管理 横向きで保管すると首が曲がるので立てて保管する。高温を嫌う花の代表。

消費者が知っておきたいこと できるだけ低温の場所に飾る。花の開閉をくりかえしながら徐々に老化。

品質保持剤の効果 B（花が少し長持ち）。

日持ち 5 日（花びらの落下、花首の伸び、葉の黄変）。

●キク科／宿根草

ソリダゴ・ソリダスター

[学名] Solidago（傷をなおす植物）・Solidaster（Solidago+Aster）
[原産地] 北アメリカ

増やし方●株わけ、さし芽
こんな花●外観からわかるように雑草のセイタカアワダチソウ（S.altissima）の仲間。ソリダスター（Solidaster）はソリダゴとアスターの雑種でソリダゴ＋アスターでソリダスター。ソリダゴはソリダスターより小さな花がふさふさと無数につく。販売では両者の区別はほとんどない。上の枝から下へ咲き、花粉はほとんど落ちない。花が黒くなりやすい宿根カスミソウにかわって夏にはなくてはならない添え花

平均的卸売価格●35円
花言葉●願望
花の日●10月28日
年間流通量●ソリダゴ6,500万本、ソリダスター500万本
輸入●230万本（マレーシア、イスラエル）

ソリダゴ

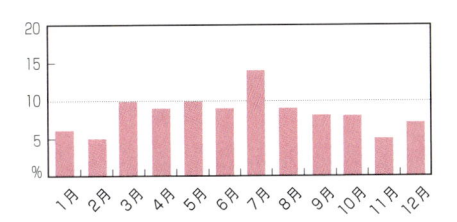

年間の入荷量の推移
一年中入荷がある

売れ筋の品種と特徴　セイタカアワダチソウの仲間だけあって黄色が主体だったが最近、白色系が登場した。ソリダゴはタラが90％、ソリダスターはゴールドエンゼルが90％

主な産地　ソリダゴ：鹿児島県（沖永良部花き専門）、ソリダスター：高知県（土佐市・北原）

つくり方　寒さに強いので露地またはハウスに数年植えっぱなし。毎年、春に株を刈り込み、新しい芽を伸ばして花を咲かせる。10℃以上の温度があり、電照すると一年中花を咲かせることができる。

品質のめやすと規格　茎の太さ、ボリュームでこまかな規格がある。切り花長は80cm。

出荷までの取扱い　つぼみが十分黄色くなってから収穫。下葉を取り水あげ。長時間の乾式輸送では水あげが悪くなるので、切り口に給水材をつけるか、バケット、水入り縦箱輸送をする。夏の輸送はむれに注意。

お店での管理　葉が多いとしおれやすいので下葉を取る。風にあたるとしおれる。

消費者が知っておきたいこと　しおれたら不要な葉は取り除き、茎を切り戻して新聞紙でつつみ、深水。

品質保持剤の効果　D（葉が黄変することがあるので使わないほうが無難）。

日持ち　1週間（花びらのしおれ、褐変、葉の黄変）。

● キク科 / 一年草

ヒマワリ

[学名] Helianthus annus（太陽の花）
[原産地] 北アメリカ

増やし方 ● たね
流通名・別名 ● 向日葵
こんな花 ● 学名でも英名でも太陽の花。父の日の定番商品。ダリアやラナンキュラスは花が巨大化して、ヒマワリは小さくなって人気。タキイ種苗が品種改良をしたサンリッチ系品種が圧倒的な人気。1本の茎に花が1輪しかつかず、花粉がでないので、衣服を汚す心配がない。花の色はうすい黄色からオレンジ色。そのほか中心部のへそが見えない八重咲きやチョコレート色もある。花が太陽の動きを追って扇風機のように首を振るというのは俗説

平均的卸売価格 ● 50円
花言葉 ● 敬慕
花の日 ● 6月19日
年間流通量 ● 5,000万本
輸入 ● なし（サンリッチ系品種のたねは海外へ輸出）

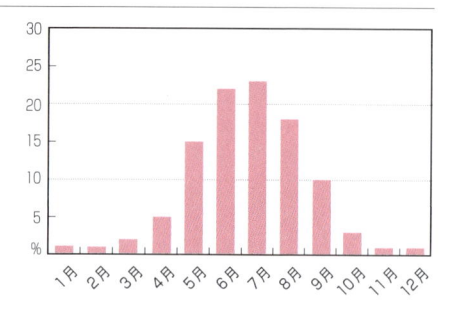

年間の入荷量の推移
一年中入荷があるが、やはり夏の花

サンリッチ・オレンジ

売れ筋の品種と特徴 サンリッチ系品種で75％を占めるが、サカタのタネのビンセント系品種が猛追。姫ヒマワリ（品種：旭）として流通しているのは、同じキク科の宿根草ヘリオプシス（*Heliopsis helianthoides*）で、ヒマワリではない。

サンリッチシリーズ（レモン色〜オレンジ色：ヒマワリの定番）
ビンセント® シリーズ（オレンジ：花びらが丸い）
東北八重（黄：完全八重、季咲きのみ）
モネのひまわり®（黄：八重、花びらの先がとがる）
ゴッホのひまわり®（オレンジ：一重〜八重、花びらが波打つ）
チョコフレーク（茶：芯〈へそ〉も花びらもチョコレート色）

主な産地 北海道から沖縄まで全国でつくられ、暖かい産地から始まり、北海道に移る。
北海道（北空知、いわみざわ、新すながわ）、青森県（津軽みらい、）千葉県

ゴッホのヒマワリ®　　モネのヒマワリ®

（西岬）、愛知県（豊橋）、香川県（三豊）
つくり方　露地とハウス栽培。露地でつくると土の水分をコントロールできないので大きくなるが、ハウスでは小さくつくることができる。品種改良により、いつたねをまいても温度さえあれば45〜60日で花が咲く。
品質のめやすと規格　花の大きさは6〜15cm。直径で規格を表示することがある。切り花長は80cm前後。葉は花の下4〜5枚だけを残して取りさる。花は横に向くより上向きが使いやすい。
出荷までの取扱い　ほぼ満開で収穫し、花首を残して葉を取って、水あげ。切り口が腐りやすいので、2〜3cmつかる程度の浅水で水あげ。

お店での管理　出回り時期は高温期で花が傷みやすいので、品質保持剤が欠かせない。風のあたらない場所で管理する。
消費者が知っておきたいこと　用途に応じて花の大きさで選ぶ。茎が硬く、しまった花は水あげがよい。しおれた花の回復は湯あげ。品質保持剤で葉の黄変を防ぎ、花びらのしおれを遅らせる。
品質保持剤の効果　A（葉の黄変を防ぎ、花びらのしおれを遅らせる）。
日持ち　1週間（花びらのしおれ、切り口の腐敗）。

● ヒユ科／一年草

ケイトウ（鶏頭）

[学名] *Celosia*（燃えるような赤い花）
[原産地] 熱帯・亜熱帯

久留米

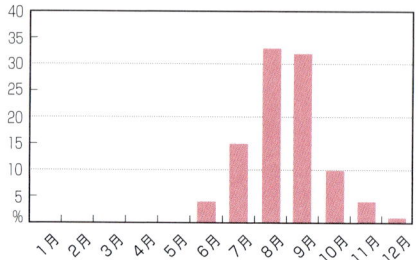

増やし方● たね
流通名・別名● セロシア、久留米、八千代
こんな花● 暑さに強く、寒さに弱い春まき一年草。お盆のイメージが強いが、品種改良でトロピカルな洋風切り花としても人気。花がとさか（鶏冠）のようなトサカケイトウと、羽毛のような羽毛ケイトウ（フサケイトウ）がある。トサカを久留米、羽毛を八千代と表記することがある。別に茎が枝分かれし、槍状の花をつけるノゲイトウがある。とさかや羽毛状の花は変形した茎。本当の花は、とさかや羽毛の基部に小さく密生していて目立たない

年間の入荷量の推移
年間入荷量の80％が7～9月の夏の花

平均的卸売価格● 35円
花言葉● 色褪せぬ恋
花の日● 9月5日
年間流通量● 5,000万本
輸入● なし

売れ筋の品種と特徴　入荷量の77％がトサカケトウ（久留米）、15％が羽毛ケトウ（八千代）、8％がノゲイトウ。
トサカケイトウ　久留米ケイトウ（赤、緋、オレンジ、ピンクなど）が35％、
その他　麗炎（赤）、サカタプライド（赤）
羽毛ケトウ　センチュリーシリーズ、キャッスルシリーズ
ノゲイトウ　ローズベリーパフェ（濃ピンク）、ルビーパフェ（紫）
主な産地　山形県（そでうら）、埼玉県（ふかや）、新潟県（北越後、越後中央）、長野県（みなみ信州）、愛知県（あいち経済連、あいち知多）、和歌山県（紀南）、徳島県（あなん）、福岡県（ふくおか八女）

つくり方　露地または無加温ハウス。お盆や9月の彼岸に出荷する場合はたねを5～6月に直まきし、発芽した苗を間引く。
品質のめやすと規格　花が大きく硬くしまったものが好まれる。切り花長は50～70cm。
出荷までの取扱い　早切りをすると茎がやわらかく、水あげが悪い。
お店での管理　熱帯の花だが葉は高温に弱く、しおれやすいので、25℃以下で管理。
消費者が知っておきたいこと　花びんの水につかった茎が腐りやすいので、品質保持剤を使うか、茎を切り戻し、こまめに水をかえる。
品質保持剤の効果　B（葉のしおれ、黄変を遅らせる）。
日持ち　1週間（花は長持ちするが、葉がしおれ、黄変）。

● キキョウ科 / 宿根草

ユウギリソウ（夕霧草）

[学名] *Trachelium*（のどの病気に効く植物）
[原産地] 地中海沿岸

増やし方●たね
流通名・別名●トラチェリウム
こんな花●キキョウをごく小さくしたような花がたくさん集まって霧のように咲く。花の中心から雌しべが針のように長く伸びる

平均的卸売価格● 65円
花言葉● 誠実
花の日● 6月21日
年間流通量● 80万本
輸入● 40万本（50％：エクアドル）

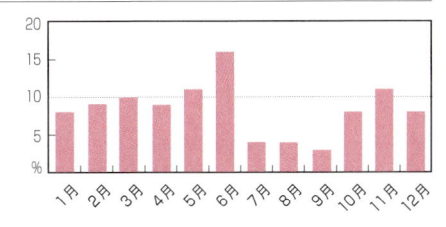

年間の入荷量の推移
年中入荷があるが、国産は6〜7月の季咲き主体、それ以外の時期はエクアドルからの輸入

売れ筋の品種と特徴 紫か白の花の色を表示。

主な産地 千葉県（マルサンフラワー）、香川県（FU・KAGAWA）、福岡県（ふくおか八女）、長崎県（ワイルドプランツ吉村）

つくり方 ハウス栽培。秋にたねをまき、11月に植えると翌年の6〜7月に咲く。電照をすると秋から春に花が咲く。宿根草だが毎年植えかえる。

品質のめやすと規格 茎が太すぎず、枝がでないこと。切り花長70〜80cm。

出荷までの取扱い 房全体の3分の1程度の花が咲いたときに収穫し、STS剤を吸わせる。輸送中にむれると灰色かび病が発生。乾式輸送。

お店での管理 茎を切ると白い液がでるので、洗い流す。

消費者が知っておきたいこと 茎が太すぎるものは水あげが悪い。

ユウギリソウ各種

品質保持剤の効果 B（花の寿命をのばす）。

日持ち 1週間（花のしおれ、水下がり）。

●キンポウゲ科 / 宿根草

デルフィニウム

[学名] *Delphinium*（イルカのような花）
[原産地] ヨーロッパ

増やし方●たね
流通名・別名●飛燕草(ひえんそう)（花の形が燕(つばめ)に似ていることから。仲間のラークスパーは千鳥草）
こんな花●もともとは花壇の花。花が落ちるので切り花に使われることはなかったが、STS剤で落花しなくなり、1980年代後半から人気切り花になった。1本立ちで巨大な花穂の豪華な八重系（ジャイアント系、リトル系）、一重でスプレーのベラドンナ系、花に距(きょ)*がないシネンシス系がある。いずれも花の色は涼しげな青系が中心

　＊距：デルフィニウム、ラン、スミレなど花びらの一部が突出している部分のこと。

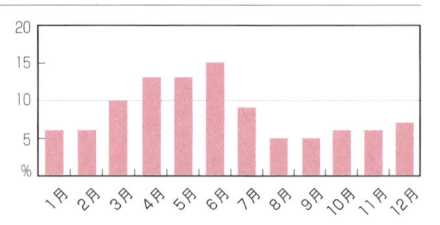

年間の入荷量の推移
一年中入荷、7月～10月は寒冷地、11月～6月は暖地

平均的卸売価格●90円
花言葉●清明
花の日●5月30日
年間流通量●八重系1,300万本、ベラドンナ系400万本、シネンシス系1,800万本、合計3,500万本
輸入●なし

売れ筋の品種と特徴　一年中入荷があるが、自然開花の6月に多い。距があると花がからみやすいが、シネンシス系には距がなくすっきりした花形で人気。
八重系　オーロラブルーインプ（濃青）、トリトンライトブルー（淡青）、ブルーキャンドル（青紫）、上位3品種で45％のシェア。
ベラドンナ系　フォルカフリーデン（濃青）、水のワルツ（水色）、トリック（ラベンダー）、上位3品種で45％。
シネンシス系　スーパーグランブルー（濃青）、スーパープラチナブルー（水色）、スーパーマリンブルー（濃青）、上位3品種で70％。

八重系

主な産地　冬～春は暖地、夏～秋は寒冷地から入荷。
北海道（北空知、北いしかり、たきかわ、とまこまい、いわみざわ、びほろ、みついし）、愛知県（豊橋）、高知県（土

シネンシス系

佐あき、土佐香美)、香川県（三豊）、愛媛県（ひがしうわ）

つくり方　ハウス栽培。秋にたねをまいてハウスに植えると暖房しなければ4～5月、暖房すれば3月に咲く。冷房して苗を育てると12月に咲く。八重系は毎年、ベラドンナ・シネンシス系は2～3年ごとに植えかえる。

品質のめやすと規格　八重系は花飛びがなく、茎がまっすぐで硬いこと。切り花長80～120cm、花穂の長さ60cm以上。ベラドンナ系、シネンシス系は5輪以上の花がついた枝が4本以上あること。切り花長は70～80cm。

出荷までの取扱い　収穫後すぐにSTS剤を吸わせるとエチレンによる落花は防ぐことができるが、花の咲きすぎ、輸送中のむれや傷みによる落花は止めることができない。花がからみやすく、枝が折れやすいのでていねいに取扱う。ベラドンナ・シネンシス系は水が下がりやすいのでバケットか水入り縦箱で輸送。

お店での管理　切り戻しで十分水は上がるが、水が下がったら湯あげ。軟弱に育った切り花は茎の空洞が大きく、生け花中に折れやすい。灰色かび病に弱いので、スリーブをはずし、むれないように保管。

消費者が知っておきたいこと　高温期には花がしおれやすいので、品質保持剤は不可欠。

品質保持剤の効果　A（つぼみが咲き、花の色がよくなる）。

日持ち　1週間（花とつぼみの枯れ）。

●アヤメ科／球根

フリージア

[学名] *Freesia*（ドイツ人医師の名前）
[原産地] 南アフリカ

増やし方●球根
こんな花●香りがよい早春の花。花の色は黄、白、淡い紫で少ない。アイリス、グラジオラスの仲間。品種はすべてオランダ生まれで、球根は沖永良部、種子島など暖かい島でつくっているが、オランダからの輸入が急増している。葉がついた株切り（抜き）が主流だが、葉がつかない枝切りでの出荷もある

平均的卸売価格● 45円
花言葉●純潔
花の日● 2月2日
年間流通量● 4,300万本
輸入● 260万本（韓国、オランダ）

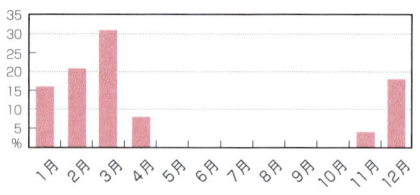

年間の入荷量の推移

売れ筋の品種と特徴　アラジン（黄：シェア45％の代表的人気品種）、ラピッドイエロー（黄）、エレガンス（白）、ラインベルトゴールデンイエロー（黄）、アンバサダー（白）

主な産地　茨城県（竜ケ崎花卉組合）、静岡県（とぴあ浜松）、大阪府（いずみの）、徳島県（徳島市、あなん）

つくり方　ハウス栽培。寒さに強いので暖房はしない。季咲きは4月。秋に花を咲かせるためには球根を30℃の高温にあてたあと、10℃の低温にあて、秋がきたと錯覚させる。さらにモミガラなどの煙でいぶす（くん煙処理）と煙にふくまれるエチレンの働きで花が早く咲く（日本スイセン73ページ参照）。今では高温やくん煙処理済みの球根が売られている。これらの球根を植えつけても土の温度が25℃以上あると、最初の花が低い位置に咲く「花下がり」や「グラジオラス咲き」になり、品質低下。

品質のめやすと規格　茎と葉がしまり、第1花が第2花の付け根より上にあり、茎が曲がっていないこと。切り花長50～80cm、花の数5～6輪以上。花びらの色むらはウイルス感染。

出荷までの取扱い　最初の花が咲いたときに球根ごと抜き取り、球根をはずし水あげ。乾式輸送。

お店での管理　水あげがよく、特別な管理は不要。

消費者が知っておきたいこと　つぼみが次つぎと咲く。水あげがよく、日持ちも長い。部屋中、さわやかな春の香りにつつまれる。

品質保持剤の効果　A（先端の小さなつぼみまで咲き切る）。

日持ち　10日（花のしおれ、褐変）。

● アヤメ科 / 球根

グラジオラス

[学名] *Gladiolus*（葉が剣のような花）
[原産地] 南アフリカ、地中海沿岸

増やし方● 球根
こんな花● 季咲きは7月で、夏の花であるが、一年中入荷がある。業務用が中心で、長さをそのまま生かしたり、長い穂だけを用いたりいろいろな使い方がある。最近は草丈の短い小輪タイプも登場し、ホームユース用として新たな展開が期待される。球根はチューリップ、ユリと同じようにほとんどオランダからの輸入

平均的卸売価格● 60円
花言葉● 情熱
花の日● 6月14日
年間流通量● 4,000万本
輸入● なし

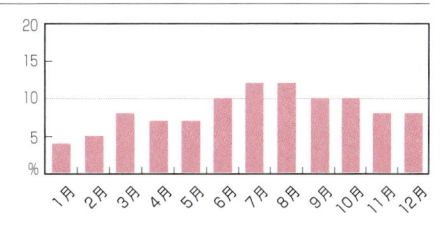

年間の入荷量の推移
晩秋〜春は暖地、夏〜秋は寒冷地から出荷

売れ筋の品種と特徴 ソフィ（白）、冨士の雪（白）、マスカニ（赤）、ジェシカ（サーモンピンク）、トラベラ（サーモンピンク）

主な産地 茨城県（ひたち野）、長野県（信州うえだ、松本ハイランド）、鹿児島県（あまみ、沖永良部花き専門農協）

つくり方 露地栽培が多い。強い光を好み、連作を嫌う。花芽分化に特別な環境条件がないため、冷蔵貯蔵しておいた球根を植えつけると、順次花が咲く。第1〜2花のつぼみが見えはじめたら、球根ごと引き抜く。

品質のめやすと規格 ボリュームがあり、葉先が枯れていないこと。輪数10輪前後、切り花長80〜100cm。

出荷までの取扱い 花を切った後、横に寝かしておくと花穂が上を向いて曲がるので、立てておく。乾式輸送。

お店での管理 水あげはよい。穂の先が折れやすい。

消費者が知っておきたいこと 下から咲く。終わった花は取り除く。

品質保持剤の効果 A（小さなつぼみも咲く）。

日持ち 1週間。1花の寿命は2〜3日（花のしおれ、葉の黄変）。

●ゴマノハグサ科／宿根草

キンギョソウ

[学名] *Antirrhinum majus*（獣の鼻に似た大きな花）
[原産地] ヨーロッパ南部，北アフリカ

増やし方●たね
流通名・別名●スナップ（英名スナップドラゴンの略称）
こんな花●花の姿形から日本人は金魚、欧米人は竜の口（スナップドラゴン）、学名では獣の鼻を思い浮かべた。花の形は、従来からの金魚の尾の形をした普通咲きと一重のペンステモン咲き（バタフライ咲き）がある

平均的卸売価格● 55 円
花言葉●清純
花の日● 2 月 18 日
年間流通量● 3,500 万本
輸入●ほとんどない

ペンステモン咲き
（ライトピンクバタフライ）

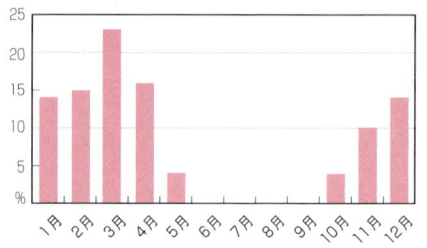

年間の入荷量の推移

売れ筋の品種と特徴　関東では洋花としてペンステモン咲き、関西では仏花として普通咲きを多く消費。
ホワイトバタフライ（白：ペンステモン咲き）、雪姫（白：普通咲き）、ライトピンクバタフライ（ピンク：ペンステモン咲き）、アスリートイエロー（黄：普通咲き）、カリヨンピンク（ピンク：ペンステモン咲き）
主な産地　福島県（あいづ・北会津）、埼玉県（いるま野・川越）、千葉県（安房）、静岡県（伊豆太陽）、和歌山県（紀州中央、ありだ）、香川県（三豊）
つくり方　ハウスで暖房。7 月にたねをまき、8 月下旬〜9 月に定植。摘心をして、母の日ごろまで収穫を続ける。1 株から 10 本程度収穫する。
品質のめやすと規格　茎が太く、曲がりがなく硬いこと。切り花長は 80 〜 90cm、切り前は秋と春は 3 〜 4 輪、冬は 7 〜 8 輪開花。数十輪の長大な花穂の出荷もある。バケットや縦箱で穂先の曲がりが減った。
出荷までの取扱い　横に寝かせると穂先が曲がる。エチレンに弱く、落花するので、出荷前に STS 剤を吸わせる。
お店での管理　水あげはよい。葉がしおれたら新聞紙でまいて深水。軟弱に育つと生け花中に茎が折れる。
消費者が知っておきたいこと　飾っているうちに穂先が伸びる。水につかった茎が腐りやすいので、品質保持剤を使うか切り戻しと水かえ。高温は苦手。
品質保持剤の効果　A（つぼみが咲く。茎の腐りを防ぐ）。
日持ち　1 週間（花のしおれ、落下、葉の黄変）。

● サトイモ科 / 球根

カラー

ウエディングマーチ

[学名] *Zantedeschia*（イタリアの植物学者の名前）
[原産地] 南アフリカ

増やし方 ● 球根（地下茎）
流通名・別名 ● 和名はカイウ（海芋）、海外からきた里芋の意味。英名のカラーは花がワイシャツのカラー（襟）に似ているから
こんな花 ● 水芭蕉やアンスリウムの仲間で、花びらに見えるのは「仏炎苞」と呼ばれる葉が変形したもの。本当の花は苞の中にある棒状の芯。田に水を張って育てる湿地性と畑で育てる畑地性の2タイプがある。湿地性は大型で白が中心、畑地性は小型でカラフル

平均的卸売価格 ● 85円
花言葉 ● 清純
花の日 ● 6月19日、3月14日（ホワイトデー）
年間流通量 ● 湿地性1,200万本、畑地性1,800万本、合計3,000万本
輸入 ● 300万本（ニュージーランドから畑地性）

売れ筋の品種と特徴

湿地性 ウエディングマーチ（白：大型、80％のシェア）、グリーンゴッデス（グリーン）
畑地性 クリスタルブラッシュ（白：ウエディングマーチより小ぶり）、ブラックアイビューティー（花は白だが芯のつけねが黒）、ガーネットグロー（濃ピンク）、マジェスティックレッド（濃赤）
主な産地 湿地性：千葉県（きみつ、きみつブルームネット）、愛知県（あいち海部）、京都府（京都やましろ）、熊本県（やつしろ・金剛）
畑地性：北海道（北空知、北いしかり・当別）、福島県（あいづ・猪苗代）、千葉県（丸朝園芸農協）

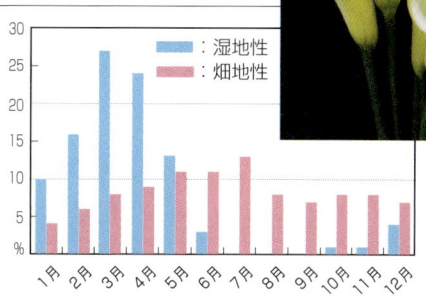

年間の入荷量の推移
畑地性では輸入は一年中あるが国産は6～9月

つくり方 湿地性は植えっぱなしで年々株が大きくなる。花が咲く12月から5月まではビニールをかける。畑地性は春から夏に生育して花を咲かせ、秋には葉が枯れる。花が終わると球根を掘りあげて、春まで貯蔵。
品質のめやすと規格 花茎のみで葉はつけない。湿地性は切り花長60～90cm、花の長さ10～15cm。畑地性は切り花長40～60cm。茎が太すぎないこと。
出荷までの取扱い 苞が色づき、中心にある棒状の花に花粉がでる前に、葉は残して花茎を引き抜く。花茎が曲がらないので縦箱が適している。
お店での管理 水が多すぎると切り口が腐るので浅水。
消費者が知っておきたいこと 水が腐りやすいので、品質保持剤を使うか、こまめに水をかえ、茎を切り戻す。
品質保持剤の効果 B（切り口の腐りを防ぐ）。
日持ち 1週間（苞が反りかえり、しおれ、縁から褐変、退色）。

● ナデシコ科／一年草

アスター

[学名] *Callistephus*（美しい冠のような花）
[原産地] 中国北部

増やし方●たね
流通名・別名●エゾギク、アレンジメントアスター（ミヨシ種苗の登録商標）
こんな花●代表的なお盆の花だが、今では小輪のアレンジメントアスター（マイクロアスター）の入荷が一年中あり、洋花としてアレンジや花束に使われている。連作をすると夏に立枯病で枯れるので、生産が増えない。アスター（*Aster*）属ではなく、カリステフス（*Callistephus*）属。クジャクアスター、ミヤコワスレ、友禅菊がアスター属

平均的卸売価格●松本シリーズ 40 円、アレンジメントアスター 55 円
花言葉●追想
花の日● 4月3日
年間流通量●松本シリーズなど盆用 750 万本、アレンジメントアスター 1,200 万本
輸入●なし

売れ筋の品種と特徴　お盆用の八重咲きの松本シリーズ（スカーレット、パープル、ローズ、ピンクなど）とアレンジメントアスターの半八重のステラシリーズ（トップブルー、スカーレットなど）がアスター全体の 40％のシェア。そのほか、一重のハナシリーズ、半八重のプチシリーズ、大分県育成のヤマジノギク。

主な産地　松本シリーズ：茨城県（北つくば、ひたち野）、長野県（あづみ、中野市）

アレンジメントアスター：北海道（みついし）、福島県（あいづ）、新潟県（越後中央）、徳島県（徳島市）、大分県（おおいた）、福岡県（たがわ、直鞍）

松本シリーズ（クリアスカーレット）

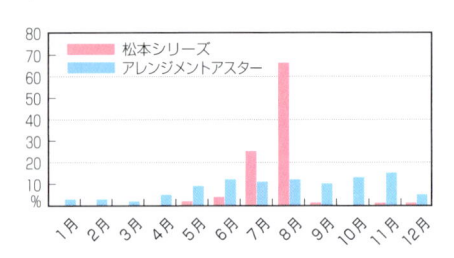

年間の入荷量の推移

つくり方　ハウス栽培または露地。冬にたねをまき、4月に植えると 8月のお盆に花が咲く。アレンジメントアスターは電照と暖房を組み合わせると冬に花を咲かせることができる。

品質のめやすと規格　枝、花の数が多いこと。切り花長は 50 ～ 80cm。

出荷までの取扱い　つぼみは咲いても色がつかないので、5 ～ 6 輪咲いてから収穫。乾式輸送。水滴がついたまま箱詰めすると一晩で葉が黄変する。

お店での管理　むれやすいので冷蔵庫で保管。

消費者が知っておきたいこと　松本系は水あげが悪いので、下葉を取る。茎が腐りやすいので、品質保持剤を使う。室内で咲いたつぼみには色がつかない。

品質保持剤の効果　B（葉の黄変を防ぐ）。

日持ち　1週間（葉の黄変）。

●キク科 / 宿根草

宿根アスター

[学名] *Aster*（星のような花）
[原産地] 北アメリカ

増やし方●株わけ
流通名・別名●孔雀アスター、クジャクソウ
こんな花●北アメリカ原産で、戦後渡来したシロクジャクは、姿形が似ていた宿根カスミソウの秋の代用品として注目され、クジャクアスター、クジャクソウの名前が定着。ミケルマスデージーなどと交配され、青、紫、ピンクなどの品種ができあがった。ソリダスターは黄色の宿根アスターと思えばよい。友禅菊も仲間

平均的卸売価格● 40円
花言葉●ひとめぼれ
花の日● 11月20日
年間流通量● 3,000万本
輸入●なし

クジャクホワイト

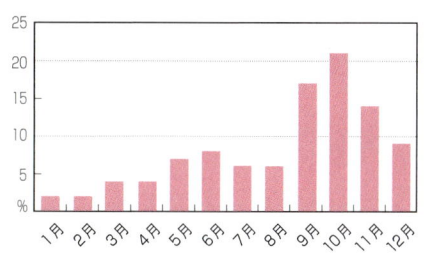

年間の入荷量の推移

売れ筋の品種と特徴 花の大きさはソリダスター程度の小輪から小ギクのような大輪まである。ホワイトスター、ブルースターなど他の品目と同名の品種があるので注意。
白小蝶（白：旧名ニューピーコック、長野県矢野輝夫氏育成）とホワイトクイーン（白）がそれぞれ18％のシェア、その他、ローズスター（ピンク）、ブルーマジック（ブルースターマーク3：青）、プラスベリー（白）
主な産地 埼玉県（埼玉ひびきの）、長野県（長野八ヶ岳、ちくま）、高知県（土佐くろしお）、福岡県（ふくおか八女）
つくり方 ハウス栽培。6月に苗を植えると10月に花が咲く。キクと同じ短日植物で、電照とシェードにより日長を調節することで、一年中花を咲かせることができる。
品質のめやすと規格 輪数が多く、草姿が整っていること。切り花長は60～90cm。
出荷までの取扱い 6～8輪咲いたときに収穫し、水あげ。乾式輸送。高温期の輸送では葉がむれやすい。
お店での管理 水あげはよい。低温で保管。
消費者が知っておきたいこと 水あげはよい。下葉が黄変したら取り除く。
品質保持剤の効果 B（花の寿命がのび、葉の黄変を防ぐ）。
日持ち 1週間（花のしおれ、枯れ、葉の黄変）。

● キク科 / 一年草

キンセンカ

[学名] *Calendula*（カレンダー；1か月咲く花）
[原産地] 南ヨーロッパ

増やし方●たね
流通名・別名●金盞花、カレンジュラ
こんな花●ハナナとともに暖地の露地で冬に咲く代表的な花。寒さに負けず、花が咲き続ける。春の彼岸にはなくてはならない花。小輪の一重は学名のカレンジュラまたはカレンの名前で洋花として使われている

平均的卸売価格● 30 円
花言葉● 歓喜
花の日● 1 月 12 日
年間流通量● 2,300 万本
輸入● なし

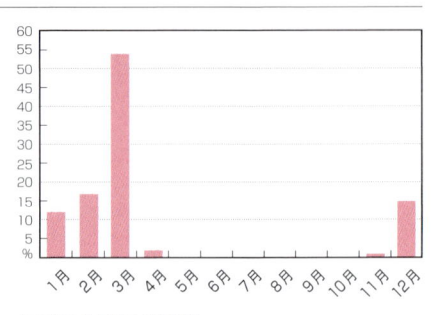

年間の入荷量の推移
3 月彼岸用がメイン

売れ筋の品種と特徴 オレンジ色一色。オレンジスターが40％、むらじ（連）が9％、中安が2％。
主な産地 千葉県（安房）、兵庫県（淡路日の出）、大分県（おおいた・国東）

つくり方 露地栽培。8月下旬にたねをまき、9月下旬に植えると12月から花が咲く。
品質のめやすと規格 花色が鮮明で、花びらの重ねが厚く、茎が太すぎないこと。切り花長は30〜45cm。寒さのため、葉の先が傷んでいることがある。
出荷までの取扱い 花びらのオレンジ色が見えるようになったつぼみで収穫する。水あげをせずに、乾式輸送。
お店での管理 丈夫な花で、低温で数日保管できる。
消費者が知っておきたいこと 水あげがよく、つぼみもよく咲く。茎が中空で腐りやすい。
品質保持剤の効果 B（つぼみが大きく咲き、発色がよい）。
日持ち 10日間（花のまわりからのしおれ、葉の黄変）。

●アヤメ科 / 球根

アイリス

[学名] Iris（虹の女神）
[原産地] 地中海沿岸

増やし方●球根（オランダからの輸入球根を使用）
流通名・別名●球根アイリス、ダッチアイリス
こんな花●宿根草であるハナショウブ（花菖蒲）、カキツバタ（杜若）、アヤメ（菖蒲）の仲間で、球根アイリスまたはダッチアイリスと呼ばれている。楚々とした印象の生け花やお正月、春の彼岸に欠かせない花。黄色や白もあるが紫系が圧倒的に多い

平均的卸売価格● 40円
花言葉●恋文
花の日● 3月18日
年間流通量● 1,200万本
輸入● 120万本（韓国、オランダ）

売れ筋の品種と特徴　品種数は少なく、花形、花色の変化も小さい。ブルーマジック（紫）が75％、ブルーダイヤモンド（紫）が20％
主な産地　千葉県（武田農園）、新潟県（越後中央、新潟みらい）、大阪府（大阪泉州、和泉花卉組合）、兵庫県（佐曽利園芸組合）、福岡県（糸島）
つくり方　ハウス栽培。6月に掘りあげた球根を煙でいぶした（くん煙処理／日本スイセン73ページ参照）あと、8℃で冷蔵すると花が早く咲く。植えつけ時期をずらすことで10月から5月に咲く。
品質のめやすと規格　出荷前に枯れた葉先を切り取る。そのため、極端に葉が短いものがあり、バランスが悪い。切り花長は40〜70cm。

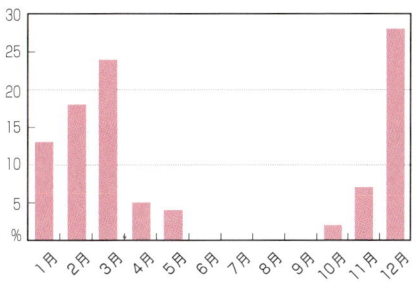

年間の入荷量の推移

出荷までの取扱い　花が咲くと価値がなくなるので、つぼみが色づいたときに、球根ごと引き抜いて収穫する。切り前が固くても開花する。
お店での管理　水あげはよいが、日持ちは短い。
消費者が知っておきたいこと　水あげはよいが、日持ちは短い。もうひとつつぼみが中に隠れているので2回咲く。
品質保持剤の効果　C
日持ち　5日（花のしおれ、葉の黄変）。

● ヒガンバナ科 / 球根

スイセン

[**学名**] Narcissus（ギリシャ神話の美少年ナルシサス）
[**原産地**] 地中海沿岸、北アフリカ

増やし方● 球根
こんな花● 早春の花壇の代表的な花。切り花として流通しているのは1本の茎に花がひとつのラッパスイセン、大杯スイセンと1本の茎に多くの花が咲く房咲きスイセン。ラッパと大杯とは花の中心にあるカップが長いか短いかだけの違い。切り花では大杯が多い

平均的卸売価格● 30円
花言葉● 崇高
花の日● 1月13日
年間流通量● 650万本
輸入● 18万本（オランダ）

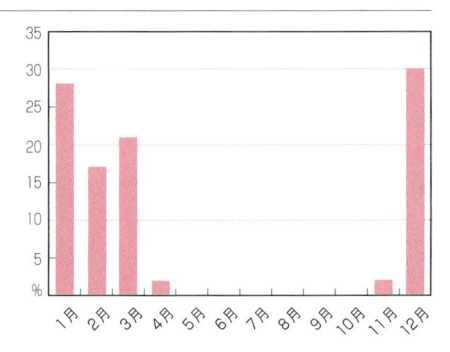

売れ筋の品種と特徴 フォーチュン（黄：大杯）、ガーデンジャイアント（黄色にカップがオレンジ：大杯）、アイスフォーリス（白にカップが黄：大杯）、黄房水仙（黄）
主な産地 群馬県（あがつま）、千葉県（小森谷ナーセリー）
つくり方 ハウス栽培。秋に低温にあわせた球根を植えると冬がすぎ、春がきたと錯覚して1月に花が咲く。
品質のめやすと規格 通常は満開で切るが、つぼみでの出荷もある。切り花長は40〜50cm。
出荷までの取扱い 収穫後、水あげをして乾式輸送。
お店での管理 日本スイセンと同じ。
消費者が知っておきたいこと 水あげはよい。

年間の入荷量の推移

大杯スイセン（ガーデンジャイアント）

品質保持剤の効果 C
日持ち 1週間（花の枯れ）。

● セリ科／一年草

ホワイトレースフラワー

[学名] *Ammi*（セリ）
[原産地] 地中海沿岸

増やし方●たね
流通名・別名●レースフラワー
こんな花●地中海原産だが、北米や南米で野生化。日本には1980年代に導入された新しい切り花。5枚の花びらと5本の雄しべ、2本の雌しべをもつ小さな花がレース状に咲く清楚で可憐な花。和名のドクゼリモドキ（*A. majus*）のイメージとはかけ離れている。ブルーレースフラワーはホワイトレースフラワーの青花ではなく、まったく別の花でディディスカス（*Didiscus*）のこと。ややこしいことにホワイトレースフラワーは白のみだが。ブルーレースフラワーには白とピンクがある

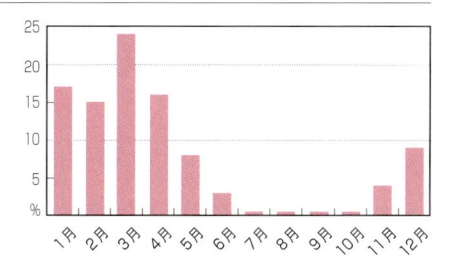

年間の入荷量の推移

平均的卸売価格●30円
花言葉●可憐
花の日●3月30日
年間流通量●1,300万本
輸入●なし

売れ筋の品種と特徴 品種はなくホワイトレースフラワーで流通。

主な産地 福島県（会津みなみ）、千葉県（折原園芸、早坂園芸、青木園芸）、和歌山県（ありだ）

つくり方 ハウス栽培。寒さに弱く、露地では越冬することができない。長日植物で、秋にたねをまき、短い期間電照をした苗をハウスに植え、10℃に暖房すると1～4月に花が咲く。

品質のめやすと規格 80％程度の花が開き、落花がないこと。株元からの収穫と花だけの枝切りがある。切り花長は30～60cm。

出荷までの取扱い 若切りすると水あげが悪い。デルフィニウムやスイートピーのようにSTS剤で落花を防ぐことはできない。

お店での管理 古くなると落花する。水が下がったら湯あげ。

消費者が知っておきたいこと 花が落ち、テーブルを汚す。実際に落ちているのは花びらではなく雄しべ。温度が高いと急に花首が垂れることがある。

品質保持剤の効果 C

日持ち 5日間（落花、ベントネック、葉の黄変）。

● ボタン科 / 宿根草

シャクヤク（芍薬）

[学名] *Paeonia lacitiflora*（医術の神 Peon ＋白い花）
[原産地] 中国

増やし方● 株わけ
流通名・別名● 芍薬、ピオニー
こんな花● 「立てば芍薬、座れば牡丹」といわれるように美しいものの代表。ボタンが花の王（花王）に対してシャクヤクは花の宰相（花相）と呼ばれる。なお、ボタンは落葉低木だがシャクヤクは宿根草。ボタンはシャクヤクに接ぎ木をして苗をつくる。薬草として中国から平安時代に渡来したのが一重の和シャク。一方、ヨーロッパを経て明治時代に渡来したのが八重で豪華な洋シャク。これらが交雑されたハイブリッド品種が現在の切り花品種。最近の巨大輪ブームにのりブライダルなどで人気。シャクヤクの花形をピオニー咲きといい、バラ、トルコギキョウ、ラナンキュラスに影響を及ぼしている

平均的卸売価格● 80 円
花言葉● はにかみ
花の日● 5 月 26 日
年間流通量● 180 万本
輸入● 16 万本（ニュージーランドなど）

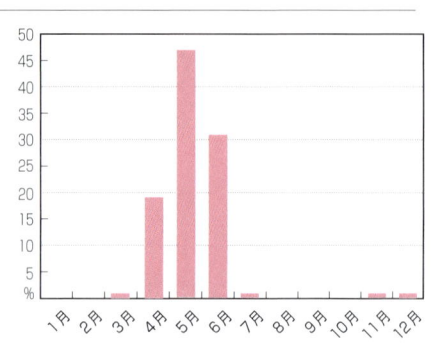

年間の入荷量の推移

売れ筋の品種と特徴

さつき（赤：新潟県・吉沢武夫氏育成）、サラベルナール（ピンク）、滝の粧（ピンク：新潟県・滝沢久寛氏育成）、ミセスルーズベルト（ピンク）、夕映（赤）、華燭の典（赤）、春の粧（ピンク）、冨士（ピンク）、ラテンドール（白）

主な産地 新潟県（北魚沼）、長野県（中野市、信州うえだ）、福井県（テラル越前）、和歌山県（和歌山しゃくやく部会）、徳島県（あなん）

つくり方 露地とハウス栽培。古くなり芽が込みあった株を9月に2～3芽をつけて分割し、植える。植えつけ1～2年は株を養成し、3年目から切り花にする。9月には葉が枯れ始め、休眠し、新芽で越冬。寒さには強く、－10℃にも耐えられる。低温で休眠から覚め、春の高温で芽が伸び、花が咲く。

品質のめやすと規格 花首が硬く、つぼみがふくらんでいること。切り花長は 70 ～ 80cm。

シャクヤクは固いつぼみで出荷

華燭の典

ピロートーク

さつき

出荷までの取扱い　切り前がむずかしい。固いと咲かずに終わり、ゆるいと輸送中に咲いてしまう。収穫後、つぼみの蜜を拭き取る。放置するとかびが生える。冷蔵庫で水あげ後、乾式輸送。
お店での管理　つぼみが蜜でべとべとしていたら水で洗い流すとよく咲く。水を吸わせるとすぐに花が咲いてくる。しおれないようにするため、できるだけ葉を取る。
消費者が知っておきたいこと　水あげはよいが、固いつぼみでは咲かないことがある。つぼみをいじると花びらがくっついて咲きにくくなる。
品質保持剤の効果　A（つぼみが確実に大きく咲き、花の色が鮮やか）。
日持ち　5日（花びらのしおれと落下）。

● キク科／球根

ダリア

[学名] *Dahlia*（スエーデンの植物学者の名前）
[原産地] メキシコ

増やし方● 球根、さし芽、たね（花壇苗品種）
流通名・別名● ダリヤ
こんな花● 豪華で、強烈なインパクトがある花。もともとは花壇の花であったが、品種改良で一気に新しい洋花に生まれ変わった。今ではブライダルの主役。生け花には「祝杯」などの小輪（10cm前後）が使われる。どんどん巨大化し、人気の「黒蝶」でも中大輪（21cm前後）、その上にまだ大輪（24cm前後）、巨大輪（28cm前後）、超巨大輪（30cm以上）まである。注目の品目だが、取扱いがむずかしい花の代表でもある。人気品種の多くは秋田国際ダリア園の鷲沢幸治氏の育成

平均的卸売価格● 125円
花言葉● 栄華
花の日● 9月24日
年間流通量● 1,600万本
輸入● なし

花の大きさ、形、色が豊富なダリア

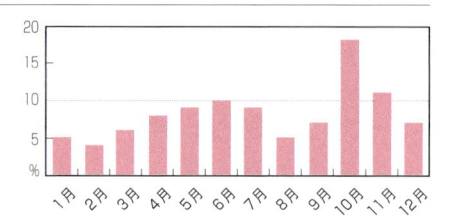

年間の入荷量の推移
昔は6月と秋の花であったが、今では一年中入荷

売れ筋の品種と特徴　上位品種は鷲沢幸治氏育成。

黒蝶（黒赤：中大輪、この品種でダリアの人気が急上昇）、熱唱（赤：中輪）、かまくら（白：中輪）、ムーンワルツ（ピンク複色：中輪）、桜娘（ピンク：中輪）

主な産地　球根生産（400万球）は奈良県と兵庫県で90％を占めるが、切り花は全国でつくられている。

北海道（北空知、みついし）、山形県（山形おきたま）、福島県（新ふくしま）、長野県（みなみ信州、信州うえだ）、千葉県（フルール・セゾン）、愛知県（シーサイド渥美）、和歌山（紀の里、紀州中央）、高知県（土佐あき）

つくり方　露地またはハウス栽培。4月に球根を露地に植えると6～7月に咲き、夏は休んで、9～10月に再び咲く。短日植物なので、ハウスに植え、電照と暖房で冬に出荷。地上部が枯れると球根を掘りあげ、次の年に利用。

品質のめやすと規格　キクとちがい茎の太さはそろわず、切り花長も短い。花の色が鮮やかで、傷みがないこと、

黒　蝶

熱　昌

最近育成された青いダリア（千葉大学）

茎の空洞がないか小さいこと。切り花長は40～80cm。

出荷までの取扱い　バケットや縦箱を利用する場合は、ほぼ満開の花を収穫し、すぐに水あげをする。中大輪では花が傷まないようにネットをかける。葉は上2対を残して取る。

お店での管理　大輪、巨大輪ダリアは本来花壇用として発達してきたので、切り花にすると水あげが悪く、日持ちも短い。輸送中に外側の花びらが傷んでいたら取り除く。できるだけ涼しい環境で保管。生け花用の小輪は茎に空洞がなく水あげがよい。

消費者が知っておきたいこと　大輪は茎が空洞で腐りやすいので、品質保持剤は必ず使う。しおれたら湯あげ。

品質保持剤の効果　B（砂糖が花を大きく咲かせ、抗菌剤が切り口の腐りを防ぐ）。

日持ち　3～5日（外側の花びらから枯れ、変色。葉が黄色くなり、切り口が腐る）。

●ヒユ科／一年草

センニチコウ（千日紅）

[学名] *Gomphrena*（苞に色がついた花）
[原産地] インド

増やし方●たね
流通名・別名●千日紅、ゴンフレナ
こんな花●かつてはお盆、彼岸の定番であったが、今ではアレンジに一年中使われる。縦長の球状の花は葉が変形した苞で、本当の花は苞の中から頭をだすように咲き、目立たない。長く咲く紅い花で千日紅だが、ピンク、白、黄もある

平均的卸売価格●20円
花言葉●変わらぬ愛
花の日●8月14日
年間流通量●1,600万本
輸入●なし

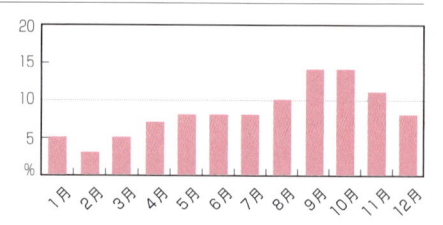

年間の入荷量の推移
お盆などの仏花のイメージだが一年中入荷がある

売れ筋の品種と特徴　千日紅だけあって赤が主力。
ストロベリーフィールド（赤：50％）、ローズネオン（ピンク：20％）、クイズカーマイン（赤：10％）
主な産地　長野県（上伊那）、千葉県（安房）、徳島県（あなん）、福岡県（ふくおか八女）、宮崎県（宮崎中央、日高農園）
つくり方　露地またはハウス栽培。3月にたねをまき5月に植えるとお盆、彼岸に花が咲く。たねまきを遅らせ、ハウスでつくると冬に咲く。
品質のめやすと規格　花が球状で茎が硬いこと。咲いてから日がたっている花は縦長。切り花長は40～60cm。
出荷までの取扱い　若切りすると水があがらないので、本当の花が中段まで咲いたときに収穫、水あげ。乾式輸送。

クイズカーマイン

お店での管理　ハウス栽培が増え、一年中入荷があるが、軟弱で水あげが悪くなった。
消費者が知っておきたいこと　かさかさした花は長持ちし、ドライフラワーになるが、葉は水が下がりしおれやすい。水が下がったら湯あげ。
品質保持剤の効果　C
日持ち　5日間（ベントネック、葉のしおれ、褐変）。

● ナデシコ科 / 宿根草

ラナンキュラス

[学名] *Ranunculus asiaticus*（蛙が住むようなアジアの湿地に育つ花）
[原産地] 中近東、アフリカ北部

増やし方 ● たね、球根、メリクロン
こんな花 ● ダリアの球根を小さくしたような球根植物だが、たねでも増やせる。宮崎県の綾園芸（草野修一氏）の品種改良によりシャクヤクと見まちがうように巨大化し、近年一挙に人気の切り花になった。秋から春に生育し、暑くなると地上部が枯れる寒い季節の花

平均的卸売価格 ● 60円
花言葉 ● 魅惑
花の日 ● 1月27日
年間流通量 ● 1,600万本
輸入 ● なし

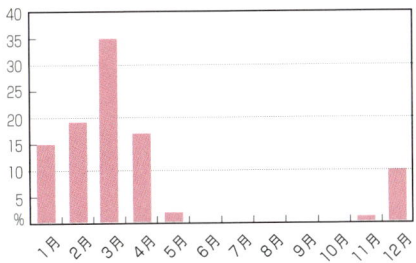

年間の入荷量の推移

売れ筋の品種と特徴　「エム」、「コート」は綾園芸育成品種で大輪、花びらの重ねが厚い。ピンクや白など花の色だけで流通している品種もある。「ロ一ヌ」は高度な栽培技術で超巨大輪にしたブランド名。雪てまり（白）は香川農試育成。

主な産地　山形県（そでうら）、群馬県（あがつま）、長野県（フラワースピリット）、千葉県（斉藤園芸）、香川県（三豊）、宮崎県（高千穂地区）

つくり方　ハウス栽培。球根を植える方法とたねから育てた苗を植える方法がある。3～5℃の低温にあわせた球根を秋に植えると年末から花が咲く。球根はメリクロンでつくられている。

品質のめやすと規格　花にしみがなく、花首が硬いこと。切り花長40～50cm。

出荷までの取扱い　花の開閉をくりかえしながら花が大きくなり、花首が硬くなる。茎が曲がりやすいので収穫後は立てたまま管理をし、バケットや水入り縦箱で出荷。

お店での管理　湿度が高く、花に水滴がつくと灰色かび病が発生して、花にしみがでる。

消費者が知っておきたいこと　花びらがやわらかく頼りないが、水が下がっているのではない。切り口が腐りやすいので、品質保持剤を使うか、こまめな茎の切り戻し、水かえ。

品質保持剤の効果　A（花がいっそう大きく咲き、花びらに張りがでる。切り口の腐りを防ぐ）。

日持ち　1週間（花びらの褐変と落下、葉の黄変）。

● サトイモ科 / 宿根草

アンスリウム

[学名] *Anthurium*（しっぽのような花）
[原産地] 熱帯アメリカ

増やし方 ● メリクロン
こんな花 ● 代表的な熱帯植物。真っ赤なハート形の花びらは葉が変形した仏炎苞。学名の意味のとおり、本当の花は中心にあるしっぽのような棒。葉は縦長のハート形で、葉ものとしての利用があるが、ガーベラと同じように花茎だけを切り取り出荷。カラーやミズバショウの仲間

平均的卸売価格 ● 70 円
花言葉 ● 情熱
花の日 ● 8 月 7 日
年間流通量 ● 2,000 万本
輸入 ● ほぼ全量(台湾、モーリシャス、ハワイ)

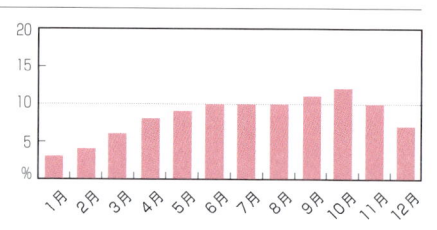

売れ筋の品種と特徴　トロピカルな赤のイメージだが、ピンク、白、グリーン、暗赤などソフトな色が多い。
トロピカル（赤）、ピスターチ（緑）、マキシマ（淡いピンク）、ファンタジア（クリーム地に赤ふちどり）、トリニダード（赤）

年間の入荷量の推移
一年中安定して入荷

主な産地　特殊な品種を千葉県（有・大佐和花卉園、小森谷ナーセリー）で生産。
つくり方　熱帯植物で、寒さには弱い。夜温20℃以上が必要で、国内で生産するには暖房経費がかかるが、巨大輪、婚礼用白、葉などを生産。
品質のめやすと規格　花の大きさは9〜15cm、切り花長は35〜50cm。
出荷までの取扱い　切り口にウォーターピックルをつけて乾式輸送。
お店での管理　熱帯植物であり、10℃以下の低温で管理すると寒さの害を受ける。
消費者が知っておきたいこと　水あげはよく、取扱いはかんたん。花（苞）の向きを正面に向けて観賞する。
品質保持剤の効果　C
日持ち　2 週間（苞のしおれと棒状の本当の花が先端から黒く変色）。

トロピカル

●ナデシコ科／宿根草

ナデシコ

[学名] Dianthus（ギリシャ神話の神ゼウスの花）
[原産地] 地中海沿岸

増やし方●たね、さし芽
流通名・別名●ダイアンサス、撫子
こんな花●カーネーションのソネットなどのダイアンサス（ハイブリッド）タイプとの区別はむずかしいが、市場ではヒゲナデシコ（美女撫子：D. barbatus）、セキチク（石竹：D. chinensis）、カワラナデシコ（ヤマトナデシコ：D. superbus）、フジナデシコ（ハマナデシコ：D. japonicus）およびそれらの雑種をナデシコ（ダイアンサス）として取扱う。現在、流通量の40％はヒゲナデシコの枝変わりで茎の先端に小さな芽がマリモ状に密集するテマリソウ

平均的卸売価格● 35 円
花言葉●初恋
花の日● 6 月 11 日
年間流通量● 1,400 万本
輸入●なし

ミーティア・ピンク 　　テマリソウ

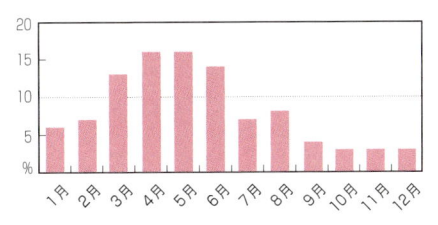

年間の入荷量の推移
自然開花期の 3 〜 6 月に多い

売れ筋の品種と特徴　テマリソウは和歌山県の古田裏治氏育成。新緋車（ヒゲナデシコ：赤）、ミーティア（カワラナデシコ：ピンク、ローズ、白）、玉手鞠（雑種：紅）などのほか、ヒゲナデシコなどと植物名だけでも流通。

主な産地　北海道（北空知、みついし、月形、いわみざわ）、千葉県（安房、早坂園芸）、京都府（京都やましろ）、和歌山県（古田裏治）

つくり方　ハウスで暖房。宿根草だが毎年植えかえ。テマリソウは購入した苗、その他はたねをまいて苗をつくる。暖地では秋、寒冷地では春に苗を植え、摘心をして1株から10本程度の芽を伸ばす。

品質のめやすと規格　テマリソウは球状の頭の大きいこと、ほかは花数が多いこと。切り花長は 50 〜 70cm。

出荷までの取扱い　つぼみからの開花が早いので、つぼみで収穫。エチレンで老化が早まるので、収穫後、水あげを兼ねて STS 剤を吸わせ、乾式輸送。

お店での管理　葉はしおれて黄変しやすいので、涼しく、風があたらない環境で保管。

消費者が知っておきたいこと　水あげはよい。水につかった茎が腐りやすいので、品質保持剤を使うか、花びんの水をひんぱんにかえる。

品質保持剤の効果　A（つぼみまで開き、花が大きく咲く）。

日持ち　1週間（花びらと葉のしおれ）。

● イネ科／一年草

ムギ（麦）

[学名] *Hordeum*（オオムギ）
[原産地] 中東

●

増やし方● たね
流通名・別名● 花麦
こんな花● 鮮やかな緑が美しい早春の生け花材料。花麦には食用と同じオオムギ（大麦）、ドライフラワーにはコムギ（小麦）やビール麦が使われる。どちらも穂に長いひげ（芒）がなければならない。桃の節句の花束にナノハナと合わせて用いられる。赤いバラと麦の穂を贈るとされるサンジョルディの日（4月23日）にはあまり出荷されていない

●

平均的卸売価格● 10円
花言葉● 協定
花の日● 2月22日
年間流通量● 1,300万本
輸入● なし

売れ筋の品種と特徴　冬に穂がでる寒咲早生麦が流通。笹の雪は葉に白い覆輪が入る。
主な産地　静岡県（伊豆太陽）、和歌山県（グリーン日高、紀州中央）
つくり方　露地栽培。食用麦と同じつくり方で、たねを9月に直まきすると1月には穂がでる。
品質のめやすと規格　花麦は葉が垂れないこと。切り花長は70～90cm、ドライフラワー用は茎が長く硬いもの、切り花長は70～100cm。
出荷までの取扱い　穂が出始めたら順次刈り取り、乾式輸送。ドライフラワー用は穂がでて花が咲き終わってから刈り取り、軒下で風乾。
お店での管理　特別な管理は不要。

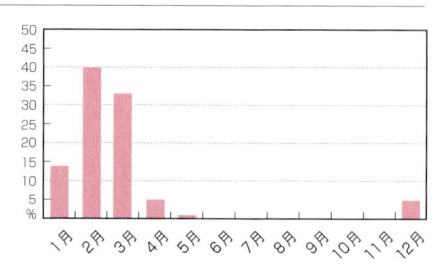

年間の入荷量の推移
早春の花材

消費者が知っておきたいこと　茎は空洞で剣山やスポンジにさすときに折れやすいので注意。
品質保持剤の効果　C
日持ち　1週間（葉の黄変）。

● アブラナ科／一年草

ハナナ（花菜）

[学名] *Brassica*（キャベツ）
[原産地] ヨーロッパ

増やし方 ● たね
流通名・別名 ● ナタネ、菜の花
こんな花 ● 切り花用の菜の花。菜の花という植物はなく、4枚の花びらが十字形に並んだ黄色い花をつけるアブラナ科アブラナ属の総称。切り花用はアブラナやハクサイから改良されたもの。葉には強い縮み（ちりめん）がある。油をしぼるナタネ（菜種）、花を食用にするナバナ（菜花）は同じ仲間。関西ではナタネの呼び名が一般的。肥料の油かすは菜種油をしぼった残りかす。早春の景観用としても人気

平均的卸売価格 ● 25円
花言葉 ● 快活
花の日 ● 3月2日
年間流通量 ● 1,300万本
輸入 ● なし

黒川寒咲き

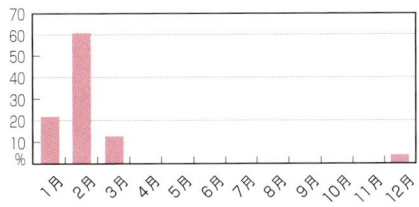

年間の入荷量の推移
節分、桃の節句（ひな祭り）が二大需要期

売れ筋の品種と特徴 品種名が表示されることは少ないが、黒川寒咲きちりめんがほとんど。そのほかには江月。

主な産地 千葉県（安房）、愛知県（あいち知多）、大阪府（いずみの）、兵庫県（淡路日の出）、和歌山県（紀南、印南町花卉園芸）

つくり方 露地栽培。移植を嫌うので直まきして発芽した苗を間引く。省力的な花で粗放栽培だが、肥料が多いと茎が太くなり、葉の緑色が濃く、頃合いのボリュームにそろえるのは意外とむずかしい。寒さには強いが、気温が高いと一気に花が咲き、黄色いお花畑になる。

品質のめやすと規格 切り前は12〜2月は1〜2輪開花、3月は開花直前、菜の花状態にまで咲くと価値がない。茎の太さは小指程度。切り花長は50〜60cm。

出荷までの取扱い 横に寝かせると花穂が曲がりやすい。

お店での管理 下葉を取り、涼しい場所に立てて保管。

消費者が知っておきたいこと 茎が中空で腐りやすいので、品質保持剤を使うか花びんの水をこまめに取りかえる。よく水を吸い上げるので花びんの水の量にも注意。

品質保持剤の効果 B（水の腐りを防ぎ、つぼみがよく開く）。

日持ち 1週間（一つひとつの花は2〜3日でしおれるが、順次、下から上へ開花。花のしおれ、葉の黄変）。

● キク科 / 宿根草

マーガレット

[学名] Argyranthemum frutescens（低木状の銀白色の花）
[原産地] カナリー諸島

増やし方 ● さし芽
流通名・別名 ● マグ
こんな花 ● 白い清楚な一重の花は日本人好み。マーガレットという英語名も人気の秘密。水が下がりやすい花の代表でもある

平均的卸売価格 ● 40円
花言葉 ● 清純
花の日 ● 2月1日
年間流通量 ● 1,300万本
輸入 ● なし

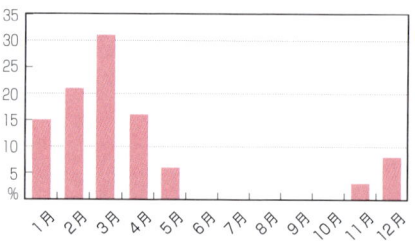

年間の入荷量の推移

売れ筋の品種と特徴 黄色、ピンク、八重、丁字咲きもあるが圧倒的に白一重が多い。

マーガレット（白）：入荷量の80％は来歴がわからない昔からの品種で、「在来白」、たんに「白」とだけ表示されることもある。産地により姿と形が異なる。静岡県伊豆農業研究センターの育成品種には、プリンセスリトルホワイト（白）、フェアリーライトピンク（ピンク）、伊豆マグ（白）、プリンセスレモネード（クリーム）。

主な産地 静岡県（伊豆太陽）、香川県（三豊）、長崎県（ワイルドプランツ吉村）

つくり方 ハウス栽培。自然開花期は5月。砂地で水はけがよく、やせた土地が適している。キクと同じようにさし芽で増やした苗を植える。宿根草だが、毎年6～9月に植えかえる。

品質のめやすと規格 太すぎて茎が木化したものや剛直すぎるものは嫌われ、切り花を横にしてわずかにしなる程度のやわらかさが必要。下葉が黄色くなっていないこと。つぼみが5輪で1輪開花、切り花長は40～60cm。

出荷までの取扱い しおれやすいので収穫後すぐに水あげをし、下葉を取り、段ボールケース横詰めで出荷。横に長く置くと花首が上を向き、曲がる。バケットや縦箱が適する花。

お店での管理 風にあたるとすぐにしおれる。水が下がったら下葉を取り、湯あげ。最近は瞬間「水あげ剤」が市販され、効果があるのでおすすめ。

消費者が知っておきたいこと 水が下がりやすい花の代表。葉が多いとしおれやすいので、下葉の3分の2を取って生ける。水が下がれば湯あげ。

品質保持剤の効果 A（つぼみが確実に咲く）。

日持ち 5日（花首、葉のしおれ）。

●キク科／宿根草（球根）

リアトリス

[学名] *Liatris*（不明）
[原産地] 北アメリカ

増やし方●球根、株分け（分球）
流通名・別名●やり、リヤトリス
こんな花●古くから春〜夏の稽古花や仏花に利用される。直線的なするどいスタイルはアレンジに魅力的。小さい花が棒のように咲くやり咲きと玉のようにかたまって咲く玉咲きがあるが、多いのはやり咲き。花は上から下へ咲くが、同時に上から枯れていくので、穂全体の花が咲いていることはない

平均的卸売価格● 35 円
花言葉●向上心
花の日● 7 月 13 日
年間流通量● 1,200 万本
輸入●ごく少量

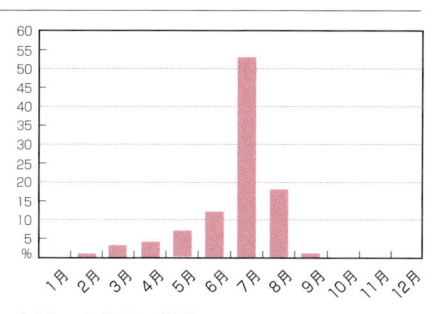

年間の入荷量の推移

まっすぐな花穂が槍のような鍾馗

売れ筋の品種と特徴 品種名が表示されているのは、やり咲きで赤紫色の鍾馗（しょうき）のみ。リアトリス＝鍾馗と思ってよい。お盆用の消費が多い。

主な産地 新潟県（新津さつき）、長野県（みなみ信州）、大阪府（大阪泉州）

つくり方 露地で栽培。暖かい地域では早春に芽をだし、4月中旬ごろから茎が伸び始めるとともに花芽をつくり、7月に花が咲く。秋には地上部が枯れ、休眠する。休眠は低温で覚める。株は2〜3年据置きで栽培できる。

品質のめやすと規格 先端の花が老化せず、花の下につく葉の先が枯れていないこと。切り花長は 60〜90cm。

出荷までの取扱い 上から 20〜30％咲いたときに収穫し、葉を取り、水あげ。穂の先を折らないように注意。乾式輸送。

お店での管理 水あげはよい。下葉を取り除いてから水あげ。

消費者が知っておきたいこと 生けてから咲いてくる花の色は淡くなる。

品質保持剤の効果 D（品質保持剤に含まれる砂糖の過剰で葉の先が枯れることがある）。

日持ち 10 日（花のしおれ、茎葉の黄変）。

● マツムシソウ科／一年草・宿根草

スカビオサ

[学名] *Scabiosa*（皮膚病に効く花）
[原産地] 西洋マツムシソウはヨーロッパ南部、コーカシカは中央アジア

増やし方● たね
流通名・別名● 松虫草
こんな花● 一年草の西洋マツムシソウ（*S. atropurpurea*）、宿根草のコーカシカ（コーカサスマツムシソウ（*S. caucasica*）や、花が球状のステラータ（*S. stellata*）、その萼を観賞するステルンクーゲル、それらの交雑種とそれらの品種が混在してスカビオサかマツムシソウの名前で流通。秋の初め、松虫が鳴き始めるころに花が咲くので名づけられた。花びらに見えるのが花で、雌しべ、雄しべがある。茎は細く、葉は貧弱で、楚々とした自然風味が魅力

平均的卸売価格● 30円
花言葉● 風情
花の日● 6月30日
年間流通量● 1,000万本
輸入● 5万本（ケニア）

売れ筋の品種と特徴
西洋マツムシソウ：スノーメイデン（白）、クイズ・シリーズ（ピンク、赤、青）
コーカシカ：パーフェクタアルバ（白）、トールダブル（ミックス）、ファーマ（青）
ステラータ：ゴールドフィンガー（黄）
主な産地　北海道（月形町、トミナガフラワー）、長崎県（NODA フラワー）など
つくり方　ハウス栽培。暖地では春にたねをまき、秋に花が咲く。寒冷地では秋にたねをまき、春～夏に花が咲く。
品質のめやすと規格　茎がまっすぐで葉の先が傷んでいないこと。切り花長

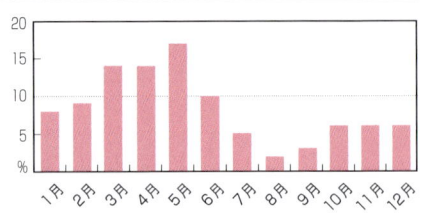

年間の入荷量の推移

コーカシカ（コンプリメント）

40～60cm。
出荷までの取扱い　収穫後STS剤を吸わせると日持ちがのびる。満開で収穫するので、輸送中に花びらが傷みやすい。バケットか水入り縦箱輸送。
お店での管理　キーパー内の湿度が高いと灰色かび病が発生。
消費者が知っておきたいこと　茎が細く、生け花中に花の重みで折れることがある。葉の先が枯れるので、取り除くほうがよい。
品質保持剤の効果　A（花が大きく咲き、花の色が鮮やか）。
日持ち　1週間（花びらの枯れ、ベントネック）。

● キク科 / 宿根草

マトリカリア

[学名] *Tanacetum parthenium*（不老長寿の白い花）
[原産地] 南東ヨーロッパ

増やし方●たね
流通名・別名●フィーバーヒュー、タナケツム、シングルペグモ
こんな花●ハーブでは英名のフィーバーヒュー、園芸では旧学名のマトリカリア(*Matricaria*)と呼ばれ、二つの名をもつ。今の学名はタナケツム(*Tanacetum*)。80%のシェアがある品種のシングルペグモを独立した品目として取扱うこともある。小さな花の小ギクの趣だが茎はやわらかく繊細。葉はキクと同じだが緑色がうすく、厚みがない。ハーブだけに独特のにおいがある

平均的卸売価格● 40 円
花言葉●恋路
花の日● 3 月 23 日
年間流通量● 1,000 万本
輸入●なし

売れ筋の品種と特徴　シングルペグモ（白一重）とそのグループでシェア80%、マトリカリア＝シングルペグモと考えてよい。黄色やライムグリーン、ポンポン咲きもある。
主な産地　北海道（みついし、さっぽろ）、千葉県（フルール・セゾン、嶋田園芸、斉藤園芸）、高知県（土佐くろしお）、長崎県（ワイルドプランツ吉村）
つくり方　ハウスで暖房と電照。季咲きは 6 ～ 7 月。たねをまくかセル苗を購入していつでも植えることができる。キクとは反対の長日植物で、短日では花芽分化をしないが、電照すると、いつでも花が咲く。高温ほど花が早く咲くが草丈が短くなる。
品質のめやすと規格　花数が多く、ボリュームがあること。花首がやわらかすぎないこと。切り花長は 60 ～ 70cm。
出荷までの取扱い　5 輪程度咲いたときに収穫をしてすぐに水あげ。しおれないようにバケットか水入り縦箱輸送。
お店での管理　葉は黄変するのでとる。水が下がりやすいので風にあてないようにする。水が下がったら湯あげ。
消費者が知っておきたいこと　花が咲くにしたがい外側の筒状花（へそ）から順に花粉がでて落ちる。
品質保持剤の効果　D（つぼみの開花には効果的だが、砂糖の影響で葉が黄変。葉を取り除いてから使用）。
日持ち　5 日（花びらの反りかえり、しおれ、花首のしおれ、葉のしおれと黄変）。

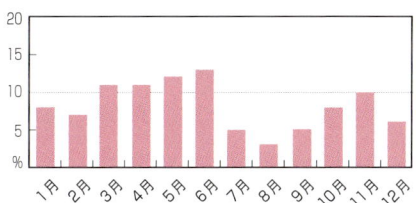

年間の入荷量の推移
暖地と寒冷地、電照の組み合わで、一年中入荷がある

アカネ科 / 低木
ブバルディア

[学名] *Bouvardia*（ルイ13世に仕えていた庭園技師の名前）
[原産地] 中央アメリカ、メキシコ

増やし方●さし木
流通名・別名●ブバリア
こんな花●つぼみは独特の四角。花びら4枚で、長い筒がある2cm前後の清楚な花がほのかに香る。白が多いがピンク、赤、八重の品種もある。水あげがむずかしく、しおれやすい

平均的卸売価格●50円
花言葉●清楚
花の日●11月10日
年間流通量●900万本
輸入●なし

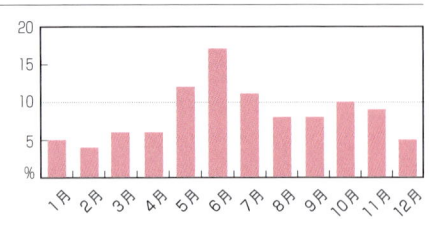

年間の入荷量の推移

ロイヤルダフネ・ホワイトシュープリーム

売れ筋の品種と特徴　一重のロイヤルシリーズ：ダフネ（ピンク）、ダフネ・ホワイトシュープリーム（白）、ジュリア（複色）、レッド（赤）が60％、その他、八重のダイヤモンドシリーズが10％。

主な産地　東京都（大島）、福岡県（糸島）

つくり方　ハウス栽培。苗を植えて2～3年栽培を続ける。短日植物で日が短くなると花を咲かせる。電照とシェード（1章19ページ参照）と暖房で1年に3～4回花が咲く。強い光で葉が焼けるので夏は遮光をする。

品質のめやすと規格　花数が多く、茎が硬いこと。切り花長50～70cm。

出荷までの取扱い　エチレンにより花が落ちるので、収穫後STS剤やブバルディア用前処理剤を吸わせる。水をきらないようバケットか水入り縦箱輸送。

お店での管理　高温性の花で、10℃以下で保管すると低温障害を受ける。高温で風があたる場所ではしおれやすい。切り口から汁液がでるのでこまめに水かえ。しおれないように下葉はできるだけ取り除く。

消費者が知っておきたいこと　花や葉がしおれやすいので、品質保持剤を使うか毎日水をかえ、茎を切り戻す。

品質保持剤の効果　A（つぼみが咲き、しおれを防ぐ）。

日持ち　5日（花や葉のしおれ）。

● イヌサフラン科（以前はユリ科）/ 球根

グロリオサ

[学名] *Gloriosa*（栄光）
[原産地] 熱帯アフリカ、熱帯アジア

増やし方●球根（細い棒状）、たね
流通名・別名●グロリオーサ
こんな花●花びらが反りかえる独特な花形で、鮮やかな花色の個性が強い新しい洋花。花は下から上のつぼみへと咲いていく。業務装飾用や花束に人気。原産地では薬用植物。球根は有毒だが、花や葉は安全

平均的卸売価格● 170 円
花言葉●栄光
花の日● 12月21日
年間流通量● 1,000万本
輸入●なし（日本からの人気輸出品目）

年間の入荷量の推移

売れ筋の品種と特徴　品種数は少ない。「赤」、「オレンジ」など色の表示だけもある。

ミサトレッド（赤：流通量の半数近くを占める代表品種。高知市三里農協育成。）、ルテア（黄）、ロスチャイルディアーナ（赤）、カルソニー（黄色）、サザンウィンド（赤：高知市三里農協育成）

主な産地　愛知県（愛知みなみ、豊橋）、高知県（高知市・三里）

つくり方　ハウス栽培。温度が15℃以上あれば、いつでも花を咲かせることができる。キュウリのように縦に張ったネットにつるがからみつく。花が咲いた後には新しい球根が育っているので、掘りあげ、次の栽培に用いる。寒さには弱く、冬に咲かせるためには10℃以上に暖房する。

品質のめやすと規格　産地により、茎がしっかりとしたものとしなやかなものがあり、用途によって使いわける。輸送中に花に傷がつくと黒く変色する。頂花から最下位までが30cm以内で、5輪以上、内1〜2輪が咲き、切り花長90cm。

出荷までの取扱い　つぼみが4輪でたら心を止め、2〜3輪咲いたら巻きついたつるをはずし、収穫。葉がしおれやすいので収穫後はすぐに水あげをする。輸送中は切り口に給水材をつけ、しおれを防ぐ。

お店での管理　寒さに弱い。10℃以下では低温障害がでる。葉の先のつるがからまるので、ていねいに外す。花粉は粘着性が強く、衣服を汚すので取り除く。

消費者が知っておきたいこと　水あげはよい。咲き始めは下向きであるが、徐々に上向く。

品質保持剤の効果　A（緑色の小さなつぼみも咲き花の色が鮮やかになる）。

日持ち　1週間（1輪の日持ちは3〜4日、花のしおれと退色、葉の黄変）。

● キク科／一年草

コスモス

[学名] Cosmos（英語では宇宙だが、ラテン語では美しい）
[原産地] メキシコ

増やし方●たね
流通名・別名●秋桜
こんな花●「秋桜」といわれるように、日本の秋を代表する花。品種改良と栽培技術の向上で一年中花を咲かせることができるが、やはり秋のイメージが強い。チョコレート色の花と香りで人気のチョコレートコスモス（*C. atrosanguineus*）は宿根草で、一年草のコスモスとは別の種類

平均的卸売価格●30円
花言葉●純潔
花の日●9月14日
年間流通量●1,000万本
輸入●なし

ピコティ

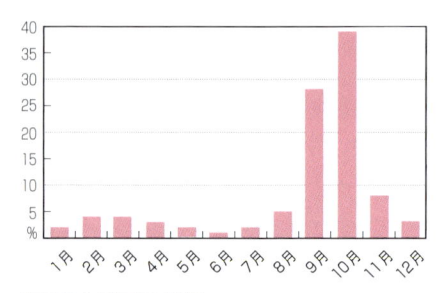

年間の入荷量の推移

売れ筋の品種と特徴　品種名の表示がなく、単に「コスモス」で流通する場合もある。
ピコティ（白地に赤のしぼりの混色）、ベルサイユ（白、ピンク、赤）
主な産地　北海道（北空知）、長野県（信州うえだ）、和歌山県（ありだ、紀州中央）
つくり方　ハウス栽培。肥えた土では葉が茂り大きくなりすぎるので、やせた水はけがよい土が適している。電照ギクと同じように電照で花が咲く時期を調節する。
品質のめやすと規格　コスモスの花びらは8枚であるが、欠けたものは商品にならない。切り花長70〜80cm。
出荷までの取扱い　下葉を取り、水あげをする。
お店での管理　水あげはよい。葉が多いとしおれやすいので、茎の下半分の葉を取り除き、深水で水あげをする。
消費者が知っておきたいこと　風にあたるとしおれやすい。しおれたら、茎を切り戻し、新聞紙でまき、深水につける。
品質保持剤の効果　B（つぼみが咲き、葉の黄変を防ぐ）。
日持ち　5日間（花首、葉のしおれ、黄変、花の枯れ）。

● キク科 / 宿根草

チョコレートコスモス

[学名] Cosmos atrosanguineus（暗紅色のコスモス）
[原産地] メキシコ

増やし方● さし芽
こんな花● 花の色も香りもチョコレートそっくり。植物としては「秋桜」といわれる一年草のコスモスよりダリアに近い。宿根草で根は太ってダリアのような球根になる

平均的卸売価格● 30円
花言葉● 恋の思い出
花の日● 9月27日
年間流通量● 170万本
輸入● なし

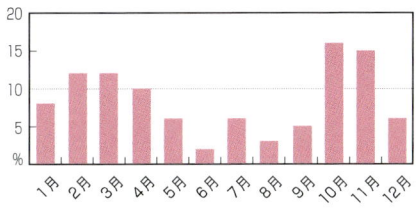

年間の入荷量の推移

売れ筋の品種と特徴　原種のチョコレートコスモスが70％。その他、ストロベリーチョコ、カカオチョコ、ノエルレッドなどの品種がある。

主な産地　北海道（みついし）、福島県（あいづ・北会津）、三重県（奥農園）、和歌山県（ありだ、紀州中央）、長崎県（NODAフラワー）。

つくり方　ハウス栽培。さし芽をした苗を9月に植え、4月まで電照をすると11月から5月まで花が咲き続ける。

品質のめやすと規格　花びらが欠けてないこと。コスモスとちがい花首が長いので、葉をつけないで花首の部分だけを切り取り出荷。切り花長30〜50cm。

出荷までの取扱い　収穫後水あげ。切り口が乾かないようバケットか給水材をつける。

お店での管理　やや水あげが悪い。

消費者が知っておきたいこと　やや水あげが悪い。

品質保持剤の効果　B（花のしおれを防ぐ）。

日持ち　花のしおれを防ぐ。

● ユリ科／球根

アリウム

[学名] *Alliuum*（ニンニクのにおいがする花）
[原産地] ヨーロッパ、アジア、北アフリカ、北アメリカ

増やし方● 球根
こんな花● ネギ、タマネギ、ラッキョウ、ニンニク、ニラなどネギの仲間で、観賞用のネギの花（葱坊主）を総称してアリウムと呼ぶ。主に次の3種類を切り花として利用。球状の葱坊主の花は小さな花の集合体。切り花には葉をつけない
①**コワニー**（*A. cowanii*）：地中海沿岸原産、オランダで改良された品種。50ほどの白い小さな花の集まり
②**丹頂**（*A. aphaerocephalum*）：ヨーロッパ内陸部原産、品種名ではなく原種の通称名。丹頂鶴のように頭が赤いから命名。500ほどの小さな花からなる直径5cmの卵形
③**ギガンチウム**（*A. giganteum*）：中央アジア原産。品種はなく、原種を栽培。藤色の4,000ほどの小さな花からなる直径10〜15cmもある大きな球状

平均的卸売価格● コワニー30円、丹頂45円、ギガンチウム80円
花言葉● 克己
花の日● 5月16日
年間流通量● 730万本（コワニー260万本、丹頂240万本、ギガンチウム170万本、その他60万本）
輸入● なし

売れ筋の品種と特徴　上記3品種のほか花火のように小さな花が飛び出しているシュベルティや北海道農業研究センター育成のバニラの芳香がするブルーパーヒューム。

主な産地　コワニー：千葉県（渡辺花卉園）、徳島県（あなん）、愛媛県（えひめ中央）。丹頂：新潟県（津南、にいがた南蒲）、静岡県（とぴあ浜松）、熊本県（熊本市、やつしろ、かみましき）。ギガンチウム：岩手県（新いわて、岩手ふるさと）、長野県（中野市、ちくま）、大阪府（いずみの）

つくり方　秋植え、春咲き球根植物で、露地での季咲きは5月。促成はハウスで暖房。花芽分化の条件が異なるので、促成をしても花が咲く時期がそれぞれ

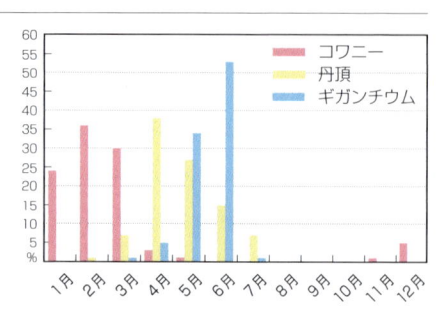

年間の入荷量の推移

アリウム・丹頂

アリウム・ギガンチウム

アリウム・コワニー

ちがう。ギガンチウムは低温にあたらないと花が咲かないので、冬に咲かせるのは困難。コワニーと丹頂のくねくねとしたユニークな茎は、茎が若くやわらかいときに曲げたもの。

品質のめやすと規格　花の数が多く詰まったものがよい。切り花長はコワニーが40〜50cm、丹頂が70〜90cm、ギガンチウムが60〜90cm。

出荷までの取扱い　収穫はコワニーが2〜3輪咲いたとき、丹頂が3分の1が色づいたとき、ギガンチウムが2分咲き程度。収穫後水あげして、乾式輸送。

お店での管理　茎が折れやすいので取扱いに注意。

消費者が知っておきたいこと　茎を切るとネギのにおいがする。水あげはよいが、水につかった茎が腐りやすい。開花が進むと雄しべが落ちる。

品質保持剤の効果　B（花が大きく咲き、切り口の腐りを防ぐ）。

日持ち　コワニーは1週間、丹頂とギガンチウムは2週間（球形の乱れと花の退色）。

● セリ科 / 一年草

ブプレウラム

[**学名**] *Bupleurum rotundifoliumt*（丸い葉が牛の肋骨のようにつく花）
[**原産地**] ヨーロッパ

増やし方 ● たね
流通名・別名 ● ブプレリューム、ブプレニウム
こんな花 ● やさしい緑の色調とふわりとした草姿がアレンジに好まれる。黄緑色の大きな花びら3枚と小さな花びら2枚は花ではなく、葉が変形した苞。本当の花は苞の中にある黄色い雄しべと雌しべ。ハート形の葉を細くしなやかな茎がつらぬいている。切り花にも利用する漢方薬のミシマサイコ（*B. scorzonerifolium*）は仲間

平均的卸売価格 ● 70円
花言葉 ● 接吻
花の日 ● 3月7日
年間流通量 ● 900万本
輸入 ● なし

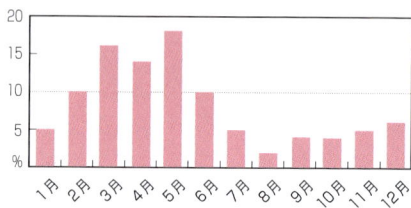

年間の入荷量の推移

売れ筋の品種と特徴　品種名の表示があるのはグリーンゴールド（苞は黄緑色）とグリフティ（苞は黄緑色）の2品種のみ。ミシマサイコもブプレウラムとして取扱われることがある。

主な産地　福島県（会津みなみ）、新潟県（越後中央）、長野県（信州うえだ）、静岡県（ハイナン）、和歌山県（ありだ、紀南）、高知県（土佐香美）

つくり方　ハウス栽培。相対的長日植物で、電照すると花が早く咲く。暖地では秋に苗を植え、暖房と電照で冬〜春に花が咲く。夏は寒冷地から出荷。

品質のめやすと規格　茎はしなやかで硬く、スプレーとしてボリュームがあるもの。切り花長は50〜80cm。

出荷までの取扱い　早切りすると水あげが悪い。枝が十分に伸びて、3〜4本の枝に花が咲いたときに収穫、水あげ、乾式輸送。

お店での管理　風にあたるとしおれやすい。茎がからみやすいので、ていねいに取扱う。本当の花から花粉がでるが、ユリのように衣服を汚すことはない。

消費者が知っておきたいこと　水あげはよいが、水が下がりやすく、茎が垂れる。しおれの回復には湯あげ。

品質保持剤の効果　B（花のついた枝と葉のしおれを遅らせる）。

日持ち　1週間（茎が垂れ、葉がしおれる）。

●ケシ科 / 一年草

ポピー

[学名] *Papaver* (ケシの花)
[原産地] ヨーロッパ

増やし方●たね
流通名・別名●ケシ（芥子）、アイスランドポピー、大輪ポピー
こんな花●麻薬の原料になるケシはもちろん栽培禁止だが、切り花にするのはアイスランドポピー（*P. nudicaule*）で安全、合法。カラフルな花は冬の切り花の定番。ヒナゲシ（虞美人草；*P. raeas*）、オニゲシ（オリエンタルポピー；*P. oriental*）は花壇用。ケシ類は長日植物だが、アイスランドポピーだけは冬の短日に花が咲く。つぼみには毛が生え愛嬌のある形。「ケシ粒のように小さい」といわれるようにたねは小さい

平均的卸売価格●10円
花言葉●慰め
花の日●3月4日
年間流通量●640万本
輸入●なし

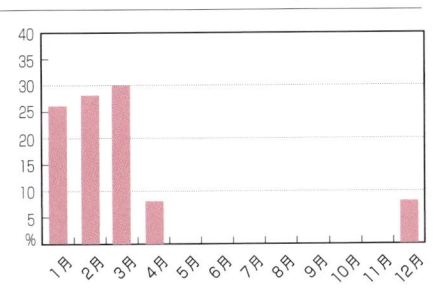

年間の入荷量の推移
冬の花

売れ筋の品種と特徴 品種はなく花の大きさで大輪、中輪、小輪に区別。花の色はミックスで流通。
主な産地 千葉県（安房）
つくり方 露地またはハウス。秋に苗を植えると早春に花が咲く。1株から10本以上の切り花が取れる。
品質のめやすと規格 市場入荷時はつぼみ。花と茎だけで、葉はついていない。切り花長は30〜50cm。
出荷までの取扱い つぼみがふくらみ始めたら収穫し、水あげ、乾式輸送。
お店での管理 つぼみがすぐに開くので低温管理。
消費者が知っておきたいこと 冬の切り花で春になり気温が上昇すると極端に日持ちが短くなる。
品質保持剤の効果 C（落花を止めることはできない）。
日持ち 5日（花びらが落ちる）。

● ユリ科／球根

サンダーソニア

[学名] *Sandersonia aurantiaca*（この植物を発見したサンダーソン氏＋黄金色）
[原産地] 南アフリカ

増やし方● 球根
流通名・別名● クリスマス・ベル、ちょうちんゆり
こんな花● 1980年代にニュージーランドから球根が輸入され、栽培が始まった新しい花。釣鐘型の花はめずらしいが、品種改良が進んでいないので花色は鮮やかなオレンジ色のみ。葉の先にはつるがある

平均的卸売価格● 90円
花言葉● 共感
花の日● 5月20日
年間流通量● 600万本
輸入● 25万本（4％：ニュージーランド）

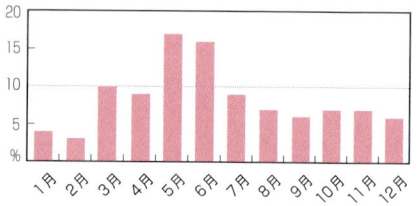

年間の入荷量の推移

売れ筋の品種と特徴　サンダーソニアで流通。「オーランチアカ」は品種名ではなく、サンダーソニアの種名。
主な産地　北海道（道北なよろ、北いしかり、北空知）、千葉県（丸朝園芸）、長野県（上伊那）、高知県（土佐れいほく）
つくり方　ハウス栽培。寒さに強く、早春に芽を伸ばし、5～6月に花が咲く。球根を低温にあわせると休眠から覚めるので、ハウスに順次植えていくと一年中花が咲く。春～夏に植えると40日、秋～冬には10℃に暖房すると60日で花が咲く。秋～春は暖地、夏～秋は寒冷地から出荷がある。下葉を2枚以上残して切り花すると球根が成長して二つになり、翌年の栽培に利用できる。

品質のめやすと規格　咲いている花が8輪以上。切り花長は50～70cm。
出荷までの取扱い　花は下から順次咲くので4～5輪が咲いたときに収穫する。水あげが不十分だと葉の先が変色する。
お店での管理　葉の先のつるが、からまないようにていねいに取扱う。受粉するとすぐに花の色が茶色に変わる。
消費者が知っておきたいこと　水あげはよい。下の花から枯れるので、ハサミで切り取る。
品質保持剤の効果　B（つぼみが咲く。花のしおれ、変色を遅らせる）。
日持ち　1週間（下の花から変色してしぼむ）。

● アブラナ科 / 宿根草

ハボタン

[学名] *Brassica oleracea*（食用キャベツ）
[原産地] 西・南ヨーロッパ

増やし方 ● たね
こんな花 ● 観賞用のキャベツ。日本へは江戸時代18世紀末に渡来。寒さで中心部の葉が白やピンクに色づく。春になるとちゅう台＊して菜の花に似た淡い黄色の花が咲く。本来は門松や冬の花壇に使われる大型の苗であったが、1980年ころから9cmのポットハボタンが登場、パンジーとともに冬の花壇の定番になった。1990年ころから切り花用品種が開発され、年末の人気商品になっている。ラメ入りや染色もある

平均的卸売価格 ● 50円
花言葉 ● 祝福
花の日 ● 1月9日
年間流通量 ● 750万本
輸入 ● オランダから少量（染色などで加工したもの）

＊**ちゅう台**：ロゼット状態にあった植物の茎が伸び始めること。野菜では「とう立ち」という。

売れ筋の品種と特徴 丸葉系、ちりめん系（フリンジ）、切葉系があるが切り花には丸葉系が多い。
晴姿（白で中心部がピンク）と初紅（紫がかった濃紅色）で70％。その他、ウインターチェリー（淡紅色）、紅寿（桃色がかった赤）、バイカラートーチ（白色で中心部が桃色の日の丸タイプ）

主な産地 山形県（そでうら）、愛知県（豊橋）、石川県（金沢市、能登わかば）、和歌山県（紀の里）、大阪府（いずみの）、香川県（三豊）

つくり方 低温にあたらないと葉に色がつかないため、露地または無加温の

プチハボタン

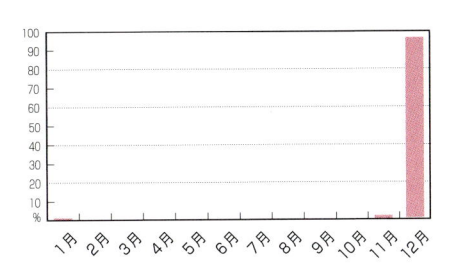

年間の入荷量の推移
お正月の定番商品

ハウスでつくる。植えつけ後、順次下葉を取りさり、茎が太りすぎないようにするとともに、草丈を伸ばす。出荷時には外側の緑葉2～3層だけを残し、下葉はすべて取る。

品質のめやすと規格 茎がまっすぐで、着色がよいこと。切り花長は40～60cm。

出荷までの取扱い 葉が色づいたら収穫し、枯れた下葉を取り、水あげ。乾式輸送。

お店での管理 水あげはよい。低温で管理。

消費者が知っておきたいこと 暖かいところに置くと、葉が黄色くなり、水が白菜の漬物のようなにおいがすることがある。

品質保持剤の効果 B（水の腐りを防ぐ）。

日持ち 1週間（葉が黄変）。

● キンポウゲ科 / 宿根草・球根

アネモネ

[学名] *Anemone*（風の娘）
[原産地] 地中海沿岸

増やし方● たね、球根
こんな花● スプレーギクやマーガレットなどのキク科の花に似ているが、キク科では1枚の花びらが雄しべと雌しべをもつ花だが、アネモネでは花びらに見えるのは葉が変形した萼(がく)。本当の花は中心のへその部分で、雌しべを囲んでたくさんの雄しべがある。茎をとり囲む葉が花首に1枚だけつく。シュウメイギク（秋明菊）は仲間

平均的卸売価格● 35円
花言葉● 期待
花の日● 1月22日
年間流通量● 680万本
輸入● ごく少量（中国）

売れ筋の品種と特徴　花色は赤、ピンク、白、紫など混合。
モナリザシリーズ（たね：花色が豊富な大輪一重）、デカン（ド・カーン）シリーズ（球根：大輪一重）、モナークシリーズ（球根：八重キク咲き）、セントブリジットシリーズ（球根：八重キク咲き）

主な産地　長野県（信州諏訪）、千葉県（きみつ）、福岡県（糸島）
つくり方　ハウス栽培。暑さは苦手。たねからつくるモナリザ系と球根からつくるデカン系などがあるが、モナリザ系が主流。秋にたねをまき、12月にハウスに植えると3月に花が咲く。寒冷地では春にたねをまき、秋にハウスに植えると12月から花が咲く。寒さに強いので暖かい地域では、暖房をせずにつくることができるが、花首が長くなる。

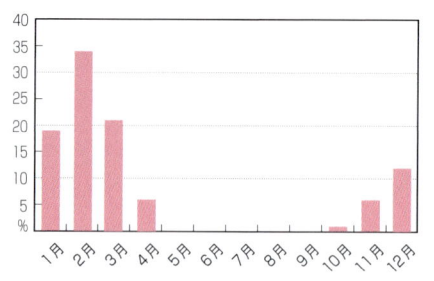

品質のめやすと規格　花色はミックス10本束。モナリザシリーズでは切り花長40～50cmで、花首が5cm未満で伸びすぎていないこと。
出荷までの取扱い　夕方または早朝の花が閉じているときに収穫し、すぐに水あげ。
お店での管理　高温が苦手な花なので涼しい場所で管理。
消費者が知っておきたいこと　昼には花が開き、夜には閉じることを数日くりかえし、その後開きっぱなしになり、しおれていく。生け花中に花首がろくろ首のように伸びる。
品質保持剤の効果　B（花が大きく咲き、茎の腐りを防ぐ）。
日持ち　1週間（花びらがしおれ、中心の雄しべとともに落ちる）。

年間の入荷量の推移

●ユリ科 / 球根

オーニソガラム

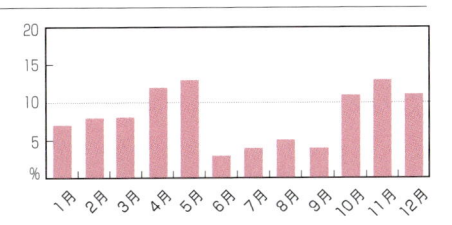

[学名] Ornithogalum（鳥の乳のような白い花）
[原産地] 地中海沿岸、南アフリカ

増やし方●球根
流通名・別名●オオアマナ
こんな花● 6枚の花びらをもつ星形の花でベツレヘムの星とも呼ばれる。4つの異なる種類を総称してオーニソガラム。シルソイデス（O. thyrthoides：60％）とダビウム（ドビウム；O. dubium：10％）は南アフリカ原産、アラビカム（O. arabicum：5％）は地中海沿岸の原産でいずれも春咲き、サンデルシー（O. saundersiae：15％）は南アフリカ原産で秋咲き。白い花のイメージだが、ダビウムは黄～オレンジ

平均的卸売価格● 35円
花言葉●純粋
花の日● 9月21日
年間流通量● 800万本
輸入● 350万本（45％：南アフリカ）

年間の入荷量の推移
2～9月は国産、10～1月は輸入が多い

ダビウム

サンデルシー

売れ筋の品種と特徴　種と品種が混在。品種名が表示されているのは、シルソイデス種のマウントフジ（白：50％のシェアがある輸入の代表品種）とマウントエベレスト（白）。

主な産地　山形県（そでうら）、千葉県（丸朝園芸）、新潟県（大平農園）、静岡県（伊豆太陽）、愛媛県（周桑）

つくり方　ハウスで無加温。サンデルシーは球根を4月に植えると7月、6月に植えると9月に花が咲く。シルソイデスは秋に球根を植えると5月に咲く。球根は高価。

品質のめやすと規格　花の数が多く、茎が硬いこと。切り花長30～60cm。

出荷までの取扱い　収穫後、水あげをして乾式輸送。葉はつけない。

お店での管理　特別な管理は不要。

消費者が知っておきたいこと　水あげはよい。麦の穂のようにぎっしり詰まったつぼみが先に黄変、褐変することがある。

品質保持剤の効果　C

日持ち　1週間（外側の花びらからしおれ、落花、つぼみの黄変）。

● バショウ科 / 宿根草

ストレリチア

[学名] *Strelitzia reginae*（Strelizia 家出身の英国王妃）
[原産地] 南アフリカ

増やし方●たね、株わけ
流通名・別名●極楽鳥花、ストレチア、ストレッチア
こんな花●和名の極楽鳥花がぴったりのトロピカルな花。英名でもバードオブパラダイス（*Bird of paradise*）。花は複雑で、鳥のくちばしの部分はカラーと同じ葉が変形した仏炎苞（ぶつえんほう）、オレンジ色のとさかは花を保護する萼（がく）、本当の花は紫色の部分。祝事から仏事まで大きな装飾に利用

平均的卸売価格● 120 円
花言葉●おしゃれな恋
花の日● 12 月 16 日
年間流通量● 650 万本
輸入●なし

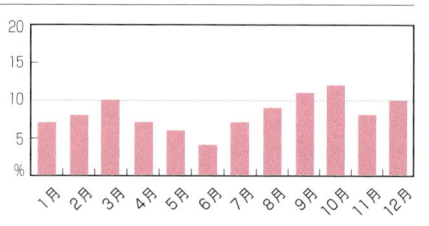

年間の入荷量の推移
一年中安定した入荷

売れ筋の品種と特徴　「ストレリチア」か「レギネ」で流通しているが、品種ではゴールドクレスト（黄）、プリンス（オレンジ）。

主な産地　神奈川県（金指園芸）、静岡県（伊豆太陽）、滋賀県（グリーン近江）、沖縄県（おきなわ、沖縄県花卉）

つくり方　ハウス栽培。たねをまいて 1 年間育てた苗を植える。3 年目から花が咲くが、出荷できるのは 5 年目から。永年作物で 10 数年収穫が可能。根に水分をため、茎や葉からも水が逃げず、ほとんど水やり不要で土はカラカラ。寒さには比較的強いが、冬は 10℃ に暖房。

品質のめやすと規格　茎がまっすぐなこと。切り花長は 70 〜 90cm。

出荷までの取扱い　1 〜 2 花が咲いたときに茎を引き抜いて収穫し、水あげ。花びら（紫色）の付け根からでる粘液を拭き取り束をする。葉はつけない。

お店での管理　花から蜜がでるので虫が集まりやすい。

消費者が知っておきたいこと　水あげはよい。ひとつのつぼみから 3 〜 4 個の花が咲く。固いつぼみはオレンジ色の萼を手で取りだすと咲きやすい。

品質保持剤の効果　C
日持ち　2 週間（紫色の本当の花のしおれ）。

● トウワタ科 / 宿根草

オキシペタラム

[学名] Oxypetalum caeruleum（するどくとがった青い花びらの花）
[原産地] 南アメリカ

増やし方●たね、さし芽
流通名・別名●ブルースター
こんな花●もともとは青色だけで、5枚の花びらが星のように見えることからブルースター。今では白、ピンクに半八重、八重もあるのでブルースターの名前はふさわしくない。ブライダルで人気。切り口から乳液がでる

平均的卸売価格● 35 円
花言葉●望郷
花の日● 10月29日
年間流通量● 700 万本
輸入●なし。日本のオリジナル品種は欧米で人気

売れ筋の品種と特徴 高知県の個人育種家の品種が人気。
ピュアブルー（青：シェア 50％の代表品種。谷岡祥造氏育成）、マーブル・ホワイト、ハッピネス、キャンディ（いずれも白：笹岡昌弘氏育成）、ピントホワイト（白：シングル、セミダブル、ダブルがある。笹岡昌弘氏育成）

主な産地 北海道（みついし、北空知）、長野県（みなみ信州）、高知県（土佐あき、笹岡花卉農園）

つくり方 ハウス栽培。寒さには強く、暑さに弱い。冬 10 ～ 15℃に暖房し、電照をすると一年中花が咲く。宿根草で株は 2 年使える。

品質のめやすと規格 切り口からでる乳液で葉が汚れていることがある。3段以上の花がついていること。切り花長は 40 ～ 60cm。

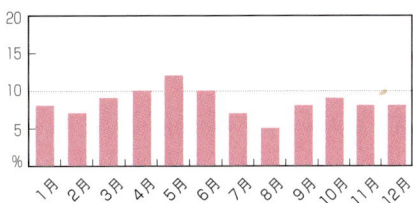

年間の入荷量の推移
一年中安定して入荷

出荷までの取扱い 最下段の 3 ～ 4 花が咲いたときに収穫。切り口からでる乳液が固まると水あげをしなくなるので、切り口を 60℃のお湯につけ、乳液を取りさり、自然に冷えるまで水あげ。バケットか水入り縦箱輸送。

お店での管理 茎を切り戻すと再び乳液がでる。そのまま水あげをしてもよいが、お湯、水道水の流水で取り除いてから水あげをする。

消費者が知っておきたいこと 乳液で手がかぶれることがある。

品質保持剤の効果 B（つぼみが咲く）。

日持ち 1 週間（下段の花からしおれていく）。

●バラ科 / 宿根草

ワレモコウ

[学名] *Sanguisorba*（止血に用いる植物）
[原産地] 日本

増やし方●たね
流通名・別名●吾亦紅、吾木香
こんな花●日本の野山に自生する季節を感じさせる花。卵形の実のように見えるが、小さな花が集まってもの。葉が変形した萼（がく）が花びらのかわりに小豆色になる

平均的卸売価格● 40 円
花言葉●移りゆく日々
花の日● 8 月 23 日
年間流通量● 600 万本
輸入●なし

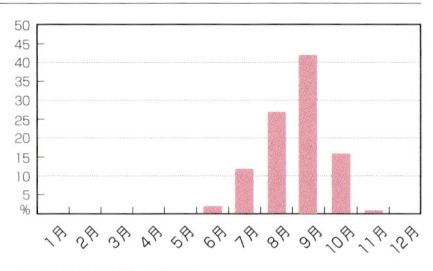

年間の入荷量の推移
秋を感じさせる花だが夏には入荷

売れ筋の品種と特徴 85％は産地で選抜された在来種（野生種）、その他、朝霧は濃小豆色で輪数が多く、すい星は 7 月下旬に咲く極早生小輪種、モンゴルワレモコウは 6 月に咲く超極早生種。

主な産地 北海道（そらち南、北空知、新はこだて）、山形県（やまがた）、長野県（上伊那、みなみ信州、北信州みゆき）、大分県（おおいた・竹田）

つくり方 露地栽培。春にたねをまき、秋に植えると翌年の夏に花が咲く。

品質のめやすと規格 花の色が鮮やかで、病気がでていないこと。切り花長は 70 〜 80cm。

出荷までの取扱い 早切りすると水あげが悪いので、十分色づいてから収穫、水あげ、乾式輸送。

お店での管理 枝がからまり、折れやすいので注意。

消費者が知っておきたいこと 葉が枯れるので取り除いて生ける。花が古くなると萼や雄しべが落ちる。

品質保持剤の効果 B（花の色があせず、鮮やか）。

日持ち 10 日間（花の色の退色と雄しべの落下）。

● ショウガ科 / 球根

クルクマ

[学名] *Curcuma*（球根から黄色の染料がとれる植物）
[原産地] タイ

増やし方 ● 球根
こんな花 ● 1990年の大阪花博でシャロームが展示され大人気。それ以後、クルクマ＝シャロームとして定着。花びらに見えるのは葉が変形した苞葉（ほうよう）で、上の苞葉がピンクに色づく。本当の花は白色で、苞葉の間にかくれており貧弱。ピンクの花がハスに似ているために、仏花としての利用が多い。ショウガに似た球根はタイから輸入。薬用のウコン（英名はターメリックでカレー粉の原料）もクルクマ属の仲間

平均的卸売価格 ● 70円
花言葉 ● 愛慕
花の日 ● 7月9日
年間流通量 ● 650万本
輸入 ● 6万本（タイ）

シャローム

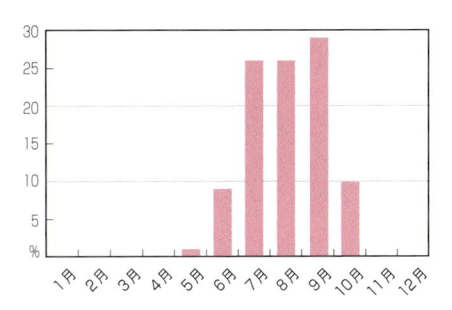

年間の入荷量の推移

売れ筋の品種と特徴 ピンクのイメージが強いが、花の色は豊富で、白、グリーン、オレンジ、茶系もある。色だけの表示も多い。

シャローム（濃ピンク：40％のシェア）、エメラルドパゴダ（グリーン）、ピンクパール（ピンク）、ホワイトカップ（白）

主な産地 静岡県（掛川市、とぴあ浜松）、福岡県（糸島）、鹿児島県（南さつま）

つくり方 露地またはハウス栽培。寒さには弱く、15℃以下になると地上部が枯れるので、球根を掘りあげ、翌年の春に植えると夏に花が咲く。20℃以上に暖房して電照をすれば1年中花が咲くが、花びら（苞葉）が少なく、貧弱になる。

品質のめやすと規格 もともと草丈が短い花であるが、シャロームの切り花長は50〜70cm。

出荷までの取扱い 早朝に葉を1〜2枚つけて収穫し、すぐに水あげ。乾式輸送。

お店での管理 冷蔵庫で保管すると花びら（苞葉）の先が枯れ込むので常温で。

消費者が知っておきたいこと 水あげはよい。古い花では苞葉にかくれている本当の花がすでに枯れている。乾燥に弱いので、苞の中に水がたまるまで霧吹きで水をかける。

品質保持剤の効果 C

日持ち 1週間（花穂が曲がり、花びら（苞葉）の先の枯れ込み）。

●ユキノシタ科 / 落葉低木

アジサイ（ハイドランジア）

[学名] *Hydrangea*（水の器）
[原産地] 日本、アジア、アメリカ

増やし方●さし木
流通名・別名●紫陽花
こんな花●ハイドランジアはアジサイの学名。日本人にとっては梅雨のころ庭に咲く、ありふれた花だが、欧米人には豪華なインパクトの強い花。欧米で鉢ものになり、ハイドランジア（西洋アジサイ）の名で里帰り。切り花としても、今流行の超巨大輪で消費急増。花に見えるのは葉が変形した萼(がく)で、装飾花という。次のようなアジサイの野生種や園芸品種、商品名が混在しているので、花の形や花が咲く時期はさまざま。

①ヤマアジサイ（*H. serrata*）：日本の山野に自生、派手さはないが、わび、さび感。「アマチャ」はその仲間で新芽がついた枝を生け花に利用
②ガクアジサイ（*H. normalis*）：日本に自生。花が周辺部だけに額縁状に咲く
③アジサイ（*H. macrophylla*）：ガクアジサイから品種改良された園芸種で、山野には自生していない
④ハイドランジア（西洋アジサイ）（*H. macrophylla*）：欧米から里帰りしたアジサイ
⑤ノリウツギ（*H. paniculata*）：日本に自生、幹の皮からのりをつくる。変種で大きなピラミッドのような花が咲く「ミナヅキ（水無月）」が流通
⑥アメリカノリノキ（*H. arborescens*）：北アメリカ原産、園芸品種が「アナベル」
⑦カシワバアジサイ（*H. quercifolia*）：北アメリカ原産、ピラミッドアジサイ

ハイドランジア・ベンデッタ

平均的卸売価格●ヤマアジサイ100円、ガクアジサイ40円、ハイドランジア400円、ミナヅキ（ノリウツギ）100円（秋色250円）、アナベル50～100円、カシワバアジサイ140円、平均250円

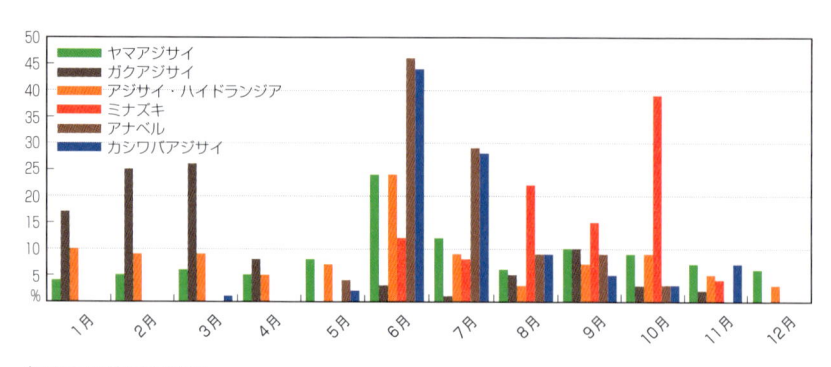

年間の入荷量の推移
アナベルとカシワバアジサイは6～7月、ミナヅキは6～11月の出荷

花言葉 ● 移り気
花の日 ● 6月3日
年間流通量 ● 550万本（アジサイ・西洋アジサイ 320万本、アナベル 100万本、ミナヅキ 50万本、ガクアジサイ 40万本、ヤマアジサイ 30万本、カシワバアジサイ 10万本）
輸入 ● 200万本（36％：オランダ、コロンビア、ニュージーランド）

アジサイ栽培ハウス

売れ筋の品種と特徴 品種改良が盛んで、八重咲きや覆輪など、これまでのアジサイのイメージを変える品種が続々と登場。さらに、夏に咲いた花を切らずに残し、秋の低温にあわせてアンティークカラーに変色させた秋色アジサイやドライフラワーまで多彩。
アジサイまたはハイドランジアの花色（白、ピンク、緑、青など）表示のほか、アナベル、ガクアジサイ、ヤマアジサイ、ミナヅキ（水無月）、カシワバアジサイ（ピラミッドアジサイ）、アンティークアジサイなどの名称で流通。
主な産地 北海道（北空知）、群馬県（前橋市、利根沼田）、千葉県（青木園芸）、愛媛県（えひめ中央）
つくり方 ハイドランジア、カシワバアジサイは秋に新しい枝の先に花芽ができ、休眠し、低温で目覚め、葉が落ちる。休眠から覚めてから暖房すると春に花が咲く。ミナヅキ、アナベルは春に伸びた枝に花芽ができ、夏に咲く。花の色は酸性の土で育てると鮮やかな青色になり、中性からアルカリ性の土ではピンクになる。
品質のめやすと規格 花に茎が30cmつくアレンジ用から生け花用の120cmまでさまざま。中心は40～60cm。葉は花首だけ残し、取りさられている。
出荷までの取扱い 収穫後ほとんどの葉を取り、十分に水あげ。バケット、水入り縦箱、切り口にピックルなど湿式輸送。
お店での管理 水あげが悪いので茎を割る、湯あげなどで水あげ。
消費者が知っておきたいこと 萼が花びらのように変化しているので、風通しがよい場所に逆さに吊っておくとドライフラワーになる。
品質保持剤の効果 A（花のしおれを防ぐ）。
日持ち 7日間（花全体のしおれ）。

● ヤマモガシ科 / 常緑低木

リューカデンドロン

[学名] *Leucadendron*（白い木）
[原産地] 南アフリカ

増やし方●さし木
流通名・別名●レウカデンドロン
こんな花●チューリップの花びらに見えるのは葉が変形した苞（ほう）で、赤や黄色に美しく色づく。本当の花は苞の中にある。原産地は南アフリカであるが、栽培はオーストラリアに多い。品種が多く、姿、形はさまざま。硬質な葉は現代のアレンジにぴったり。それぞれの品種には1本棒の「シングル」タイプと枝分かれする「マルチ」タイプがある

平均的卸売価格●55円
花言葉●閉じた心を開いてください
花の日●10月2日
年間流通量●670万本
輸入●670万本（100%：オーストラリア、エクアドル、南アフリカ）

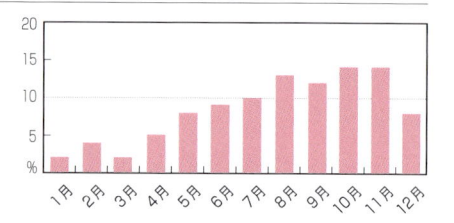

年間の入荷量の推移

売れ筋の品種と特徴　サファリサンセット（赤の定番、45％のシェア）、ラウレオルム（緑〜黄）、ディスカラー（複色）、サファリゴールドストライク（黄）、インカゴールド（複色）

主な産地　国産はほとんどない。

つくり方　オーストラリアやエクアドルの乾燥した露地でダイナミックにつくられている。

品質のめやすと規格　切り花長60〜100cm。

出荷までの取扱い　通関後調整、詰め直しされ出荷。

お店での管理　硬質で、姿、形が変わらず、保管がきく花。乾燥にも強い。

消費者が知っておきたいこと　水あげもよく丈夫。ドライフラワーになる。

品質保持剤の効果　C
日持ち　2週間

●フトモモ科／常緑低木

ワックスフラワー

[学名] Chamelaucium uncinatum（鈎がある小さな白いポプラのような花）
[原産地] オーストラリア

増やし方●さし木
こんな花●オーストラリアの砂漠に自生する乾燥に強い樹で、葉は松葉に似て針のよう。切り花のほとんどはオーストラリアとイスラエルからの輸入。白やピンクの小さな花には蜜がたまり、蝋を塗ったようにテカテカ光るのでワックスフラワーと命名

平均的卸売価格●45円
花言葉●気まぐれ
花の日●10月19日
年間流通量●520万本
輸入●500万本（95％：オーストラアリア、イスラエル）

売れ筋の品種と特徴　花色だけの表示が多い。品種はダンシングクイーン（ピンク）、レベレーション（ピンク）、クリスタルパール（白）、エスペランスンスパール（白）など。
主な産地　東京都（大島町）
つくり方　露地栽培。砂漠のような場所で大規模生産。
品質のめやすと規格　切り花長50～70cm。
出荷までの取扱い　保管環境や輸送環境条件と時間で花や葉が落ちることがあるのでていねいに扱う。
お店での管理　蜜を拭き取らないと灰色かび病にかかり、花や葉が汚れる。
消費者が知っておきたいこと　葉が落ちやすい。花が開くときに、つぼみのからが落ちることがある。

ワックスフラワーのつぼみ

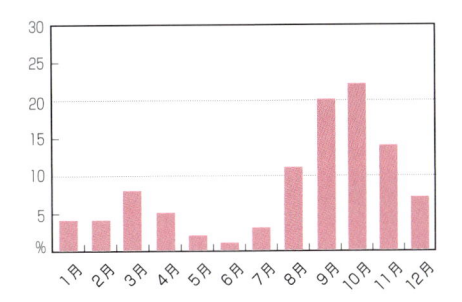

年間の入荷量の推移

品質保持剤の効果　C
日持ち　1週間（花は長持ちするが葉がぽろぽろ落ちる）。

ワックスフラワーの白花

●オミナエシ科／宿根草

オミナエシ

[学名] *Patrinia scabiosaefolia*（フランス人パトリン氏＋スカビオサのような葉）
[原産地] 日本、中国

増やし方● たね、株わけ
流通名・別名● 女郎花、メシ
こんな花● 秋の七草*。ソリダゴ、ソリダスターのような黄色の小さな花が房状に咲く、お盆、彼岸にはなくてはならない花。むっとする独特のにおいがある。仲間に白い花のオトコエシ（男郎花）がある

＊秋の七草：山上憶良が万葉集でよんだ「ハギ（萩）、ススキ（尾花）、クズ（葛）、ナデシコ（撫子）、オミナエシ（女郎花）、フジバカマ（藤袴）、キキョウ（桔梗）」の七種。

平均的卸売価格● 30円
花言葉● 約束
花の日● ９月８日
年間流通量● 520万本
輸入● なし

売れ筋の品種と特徴　飛鳥、大久保、名古屋などの品種があるが90％はオミナエシ（女郎花）で流通。
主な産地　新潟県（津南町、にいがた南蒲）、長野県（北信州みゆき）、京都府（越畑花卉）、兵庫県（丹波ひかみ）
つくり方　露地。春にたねをまいて秋に植えると翌年の７月に花が咲く。宿根草で株が残るので、数年は花を切ることができるが、花が咲く時期を調節するのはむずかしい。一斉に咲くので収穫期間が短い。
品質のめやすと規格　枝張りがよく、咲きすぎでないこと。切り花は70〜90cm。

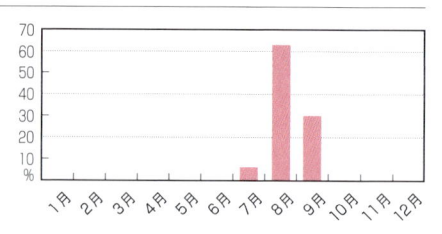

年間の入荷量の推移
お盆と彼岸の花

出荷までの取扱い　若切りすると水あげが悪い。２〜３分咲いたときに収穫、すぐに水あげ乾式輸送。輸送中にむれると花が変色する。
お店での管理　涼しい場所で保管。
消費者が知っておきたいこと　水あげはよいが小さな花がぽろぽろ落ちる。
品質保持剤の効果　Ｂ（落下は止めることができないが、茎の腐りを防ぐ）。
日持ち　５日（花の変色）。

●イネ科 / 一年草

アワ

[学名] *Setaria*（硬い毛がある花）
[原産地] 東アジア

増やし方●たね
流通名・別名●花あわ
こんな花●イネ科雑草のエノコログサから進化し、食用になった。その食用から切り花に適した花あわを選抜。穂先の形や色のおもしろさを観賞する。夏の生け花材料にはなくてはならない花。ススキの幅が広くなったような葉は穂よりも高くなるので、5cm程度に切り詰めて出荷

平均的卸売価格●15円
花言葉●開拓者、豊穣
花の日●5月18日
年間流通量●450万本
輸入●なし

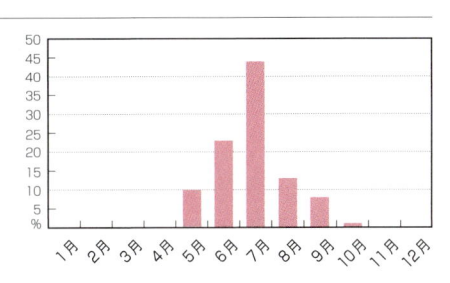

年間の入荷量の推移

紅くじゃく

売れ筋の品種と特徴　品種名の表示はなくアワ、花あわで流通。穂が紅色の紅くじゃくや黄色の八つ房あわ、穂が長く赤いミレットなどの品種やエノコログサもあるが流通量は少ない。
主な産地　千葉県（安房）、静岡県（伊豆太陽）
つくり方　露地またはハウス。ハウスでは、2月にたねを直まきすると5〜6月に収穫。露地では、3月にたねまきすれば6月、6月にまけば9月に収穫できる。
品質のめやすと規格　葉の切断面が褐変していないこと。切り花長は70〜80cm。

出荷までの取扱い　穂が垂れないうちに収穫し水あげ。すべての葉をハサミで5cm程度に切り、乾式輸送。
お店での管理　水あげがよい。葉がするどいので手を切らぬように注意。
消費者が知っておきたいこと　穂が実るとたねが落ちる。
品質保持剤の効果　C
日持ち　2週間（乾燥してイナわら状態になる）。

137

● キキョウ科／二年草

カンパニュラ

[学名] *Campanula medium*（小さい釣り鐘型の花）
[原産地] 南ヨーロッパ

増やし方●たね
流通名・別名●フウリンソウ（風鈴草）、ツリガネソウ（釣鐘草）
こんな花●カンパニュラにはリンドウ咲きカンパニュラ（*C. glomerata*）、モモハギキョウ（*C. persicifolia*）、ホタルブクロ（*C. punctata*）、ラクティフロラ（*C. lactiflora*）などもあるが、ほとんどはフウリンソウやツリガネソウと呼ばれる *C. medium* である。代表的な二年草で、春にたねをまき、株が成長したあと、冬の低温にあたると花芽を分化し、翌年の春に咲く。品種改良により最近の品種は、低温を必要としないので、たねをまいて1年以内に花が咲く

平均的卸売価格● 70円
花言葉●感謝
花の日● 5月12日
年間流通量● 500万本
輸入●なし

チャンピオンシリーズを使ったアレンジ

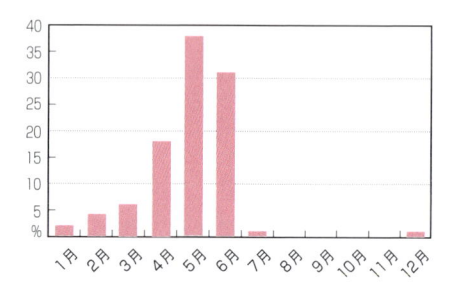

年間の入荷量の推移
春の花のイメージが強く、夏から秋の出荷はない

売れ筋の品種と特徴　チャンピオンシリーズ（ピンク、スカイブルー、パープル、白：四季咲きで流通量の70％を占める代表品種）、チャイムシリーズ（同：チャンピオンの小輪タイプ）。
主な産地　岩手県（いわて花巻）、長野県（ちくま）、福岡県（糸島）
つくり方　ハウス栽培。チャンピオンシリーズは、秋にたねをまき、冬に暖房と電照をすると春に花が咲く。
品質のめやすと規格　花が下を向かず、花と花の間隔が詰まっており茎の硬いもの。頂花から一斉に咲いていること。切り花長は 50～70cm。

出荷までの取扱い　3～4輪咲いたときに収穫し、水あげ。咲いた花は傷みやすいのでバケットか水入り縦箱輸送。
お店での管理　花は灰色かび病に弱いので過湿に注意。
消費者が知っておきたいこと　水あげがよい。咲いた花から花粉が落ちることがある。
品質保持剤の効果　B（つぼみが咲き、花に張りがでる）。
日持ち　1週間（花びらのしおれ、葉の黄変）。

● ハス科 / 宿根草

ハス

[学名] Nelumbo（セイロン語でハス）
[原産地] 中国

増やし方●地下茎の株わけ
流通名・別名●花蓮（はなばす）
こんな花●お盆の花。仏教では、泥の中に生まれても汚れなく清らかに咲くことから極楽浄土の花と尊ばれ、仏様がお座りになる台座を蓮華座という。ハスには地下茎のレンコンを食べる食用蓮と、花を楽しむ花蓮がある。花（つぼみ）だけでなく、開葉（開いた葉）、巻葉（開く前の若い葉）、蓮台（花の散ったあと）も利用される。乾燥させた蓮台は洋花として一年中使われる。ジョロの口を「はすくち」というのは形が蓮台に似ているから。花はつぼみで出荷され、開くことはほとんどない。茎には地下茎の蓮根の穴につながる管が通っているが、水を吸い上げる力は弱い

平均的卸売価格●花90円、蓮台60円、開葉50円、巻葉70円
花言葉●創造
花の日●7月14日
年間流通量●花240万本、蓮台150万本、開葉40万枚。巻葉4万枚
輸入●ほとんどなし（ブライダル用に少量を輸入）

売れ筋の品種と特徴　品種名を表示しないものが多い。
誠蓮（まことばす）：ピンクでつぼみが大きい（福岡県の佐藤誠氏が食用蓮から改良）、茶碗蓮（わんばす）（淡紅で紅蓮、小型）、大賀蓮（ピンク。大賀博士が古代の地層からたねを発見）

主な産地　茨城県（柴田花木園）、愛知県（あいち海部）、石川県（小松蓮生産、野々市町花蓮生産）、滋賀県（グリーン近江）、京都府（京都やましろ・城陽）

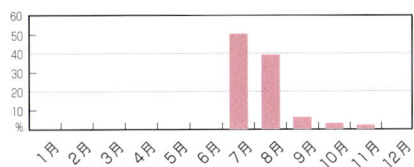

蓮台（左）とハスの花（右）

年間の入荷量の推移

つくり方　水を張った水田でつくる。4月にレンコンを植えると6月には葉が上がり、2mにも伸びる。花はちょうど新盆、旧盆に咲く。冬には葉が枯れ、土中のレンコンは休眠する。

品質のめやすと規格　つぼみの大きさで選別。

出荷までの取扱い　咲いた花には価値がないのでつぼみを収穫し、規格に分け、乾式輸送。

お店での管理　水あげがむずかしい。水鉄砲のようなポンプで切り口から水を押し込むと水があがり、葉の葉脈から水が吹きだす。

消費者が知っておきたいこと　花はつぼみのままで、咲くことはほとんどない。

品質保持剤の効果　C
日持ち　3〜4日（つぼみのまま黒変）。

● ナス科 / 宿根草

ホオズキ

[学名] *Physalis alkengi*（袋のような花）
[原産地] 東南アジア

増やし方●株わけ
流通名・別名●鬼灯、酸漿（どちらもほおずきと読ませる）、フィサリス
こんな花●東京浅草寺のほおずき市は有名。お盆の定番商品で、実を死者の霊を導く提灯にみたて、仏壇に飾る習慣がある。関西ではなじみがうすかったが、近年定着しつつある。実の中にオレンジ色のキンカンのようなたねがある。6月に薄い黄色の花が咲き、その後、葉が変形した萼（がく）が袋状にふくらみ、オレンジ色の実になる。実がつく下の葉を取りさり、上の葉を残す。実だけ出荷もある。根は酸漿根（さんしょうこん）と呼ばれる漢方薬

平均的卸売価格● 240円
花言葉●慈愛
花の日● 8月13日
年間流通量●切り花300万本、実85万個
輸入●なし

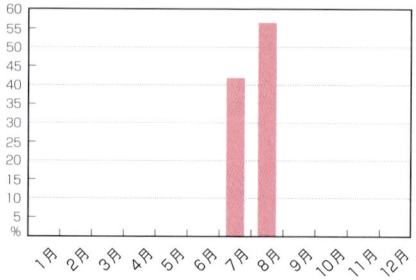

年間の入荷量の推移
東京の7月の新盆と地方の8月の旧盆に入荷

売れ筋の品種と特徴　品種はなく、実が大きい丹波ほおずきからの選抜種を各地で栽培。

主な産地　長野県（みなみ信州）、静岡県（とぴあ浜松）、京都府（越畑花卉）、大分県（おおいた・佐伯豊南、国東、杵築、山香）、佐賀県（伊万里、さが）

つくり方　ハウスまたは露地栽培。冬に親株を掘りあげ、根を12cmに切って3月に植え、大きくなったら1株ごとに支柱を立てる。6月に10花程度咲いたら茎の先をつみ、実をならせる。植物ホルモン剤を使って緑色の実を一斉に色づかせる。

品質のめやすと規格　実が欠落せずそろって着色していること、虫に食われた穴があいていないこと。産地ごとに多くの等階級があるが、実が12個以上、切り花長は60〜110cm。

出荷までの取扱い　収穫後、STS剤で前処理をすると葉がしおれるのを防ぐことができる。実が落ちないようにていねいに乾式輸送。

お店での管理　茎の下まで実がついているので広口の容器に浅水で水あげ。

消費者が知っておきたいこと　水が下がり、葉がしおれやすい。

品質保持剤の効果　B（葉のしおれを防ぐ）。

日持ち　1週間（葉のしおれ、黄変）。

● キク科 / 一年草

ベニバナ（紅花）

[学名] Carthamus tinctorius（染料の花）
[原産地] 西アジア

増やし方● たね
流通名・別名● カルタムス
こんな花● たねは食用油のサフラワーオイル（紅花油）、花びらの赤色素カルタミンは口紅などの化粧品や染料、食品着色料、漢方薬になる有用植物。花びらに見えるのがひとつの花（管状花）で、雌しべを伸ばす

平均的卸売価格● 40円
花言葉● 特別な人
花の日● 5月21日
年間流通量● 400万本
輸入● なし

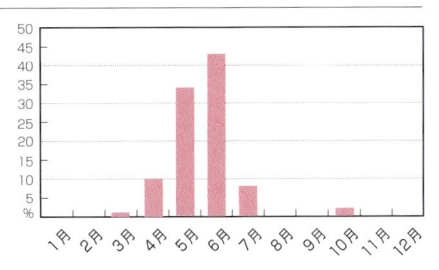

年間の入荷量の推移
季節商品

売れ筋の品種と特徴 葉の先にとげがある在来種ととげがない丸葉種があり、切り花には丸葉種が多い。品種はないが花の色に黄、橙の濃淡がある。

主な産地 群馬県（赤城たちばな）、静岡県（飯田農園）、千葉県（いすみ）、愛知県（フレスコ）、大阪府（いずみの、大阪泉州）

つくり方 露地またはハウス無加温の季咲き栽培。たねが大きいので直まきで、あまり労力がかからない。高温多湿と雨に弱くかびが生える。

品質のめやすと規格 枝数が5本程度あり、葉の先が枯れていないこと。切り花長80cm。

出荷までの取扱い 花が1輪色づいたときに収穫、水あげ。乾式輸送。輸送中にむれると花にかびが生え、腐る。

お店での管理 花が1輪色づいたときに収穫、水あげ。乾式輸送。輸送中にむれると花にかびが生え、腐る。

消費者が知っておきたいこと 花が咲き、変色する前に乾燥をさせるとドライフラワーになる。

品質保持剤の効果 B（花のしおれを遅らせる）。

日持ち 1週間（花の色が黄からオレンジ、茶に変色し、しおれる）。

● ガマ科 / 宿根草

ガマ

[学名] *Typha*（沼の植物）
[原産地] 日本、世界各地

増やし方● 株わけ
流通名・別名● 蒲、姫がま
こんな花● 日本の池や沼に自生。串にさしたフランクフルトソーセージのような花。ソーセージの部分が雌花、その上の串が雄花だが、出荷されるときには散っていて串だけ。花粉は漢方薬（蒲黄）で大国主命はこれで因幡の白兎の傷を治した

平均的卸売価格● 20 円
花言葉● いやし
花の日● 8 月 30 日
年間流通量● 360 万本
輸入● なし

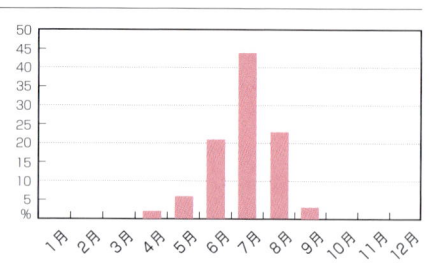

年間の入荷量の推移

売れ筋の品種と特徴 大ガマ、姫ガマ、小ガマがあるが、切り花はほとんどが姫ガマ。穂だけ、葉だけでも流通。
主な産地 茨城県（磯辺農園）、千葉県（森田園）、長野県（上伊那）
つくり方 水田。3 月に株わけした苗を水田に植え、7〜8 月に出荷。
品質のめやすと規格 雌花（ソーセージ部分）の茶色が鮮やかなこと。切り花長は 60cm。
出荷までの取扱い 雄花が落ち、雌花が茶色に色づき始めたら収穫。10cmに切った下葉を 2 枚つけて乾式輸送。
お店での管理 特別な管理は不要。
消費者が知っておきたいこと 古くなると雌花が爆発することがある。自然乾燥でドライフラワーになる。
品質保持剤の効果 C
日持ち 長い

● キキョウ科 / 宿根草

キキョウ

[学名] Platycodon grandiflorus（釣り鐘型の大きな花）
[原産地] 日本、朝鮮半島、中国東部

増やし方●たね
流通名・別名●桔梗
こんな花●古くから日本人にはなじみの花で、秋の七草のひとつ。今では「トルコギキョウ」が有名になっているが、キキョウとは無関係。基本は薄紫だが白もある。つぼみは紙ふうせんのような5角形で、はじけるように開く。水が下がり、花首が垂れやすい

平均的卸売価格● 35円
花言葉●変わらぬ愛
花の日● 9月1日
年間流通量● 300万本
輸入●なし

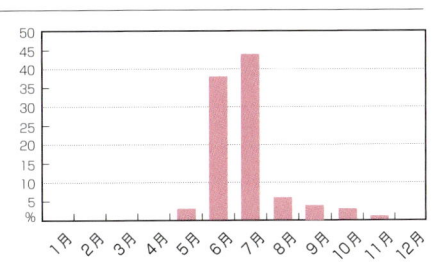

年間の入荷量の推移
季節商品

売れ筋の品種と特徴　紫雲、小町、五月雨などの品種名での流通もあるが、80％以上はキキョウまたは色の表示のみ。
主な産地　茨城県（ひたち野）、埼玉県（高成園）、千葉県（ほんだ精華園）、高知県（土佐香美）
つくり方　露地栽培。春にたねをまくと翌年の初夏に花が咲く。冬には地上部が枯れ、根は休眠し、春に芽をだす。一度植えると5年間は栽培できる。
品質のめやすと規格　つぼみが五つ以上あり、大きくそろい、葉に黒斑がないこと。切り花長は50〜80cm。
出荷までの取扱い　先端のつぼみに色がついたときに切り花をし、ただちにSTS剤で前処理をする。

お店での管理　受粉するとすぐに花びらがしおれるので、振動させないよう静かに扱う。
消費者が知っておきたいこと　水だけでは小さなつぼみは咲かないので、品質保持剤を使う。
品質保持剤の効果　B（つぼみが咲き、花のしおれを防ぐ）。
日持ち　5日（花びらが急にしおれ、花首が垂れる。葉に黒斑）。

●ハエモドラム科／宿根草

カンガルーポー

[学名] *Anigozanthos*（先端が開いた花）
[原産地] オーストラリア

増やし方●たね、メリクロン苗をオーストラリアから輸入
流通名・別名●アニゴザントス
こんな花●カンガルーポーの名のほうがわかりやすい。いくつもの筒状の花がまさにカンガルーの前足のよう。和風にも洋風にも使える個性的な花。オーストラリア原産だが輸入はジンバブエからが多い

平均的卸売価格● 55 円
花言葉●いたずら好き
花の日● 11 月 19 日
年間流通量● 330 万本
輸入● 200 万本（60％：ジンバブエ、オーストラリア）

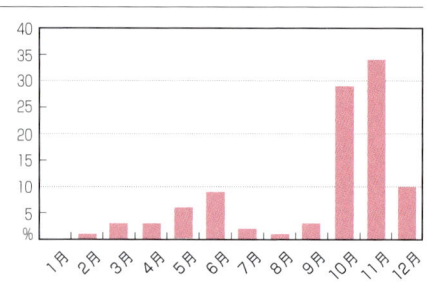

年間の入荷量の推移
10 〜 11 月に輸入が集中

売れ筋の品種と特徴 花の色だけの表示が多い。黄が 50％、赤、オレンジがそれぞれ 10％。
主な産地 静岡県（伊豆太陽、とぴあ浜松）、沖縄県（沖縄県花卉、おきなわ）
つくり方 無加温または加温ハウス。秋に苗を植えると春〜夏に花が咲く。植えっぱなしで 5 年間は 1 株から 10 本以上の花を切り続けることができる。鉢植えでも栽培可能。
品質のめやすと規格 アイリスのような葉がでるが、花茎だけの出荷。切り花長は 70 〜 110cm。
出荷までの取扱い 4 〜 5 輪が咲いたときに収穫し、水あげ。乾式輸送。
お店での管理 茎が折れやすいので取扱いに注意。

消費者が知っておきたいこと 水あげはよい。
品質保持剤の効果 B（茎の腐りを防ぐ）。
日持ち 1 週間（水につかった茎の腐り）。

●バラ科 / 宿根草

アルケミラ

[学名] Alchemilla mollis（葉に絹のような毛がある花）
[原産地] 北ヨーロッパ

増やし方●株分け、たね
流通名・別名●ハーブでは葉の形が聖母マリアのマントに似ていることからレディースマントルと呼ぶ
こんな花●本来はガーデン用の宿根草だが、ブプレウラムに似た黄緑色の小さな星形の花が添え花として使われる。花びらは葉が変形した萼（がく）。ハーブにも利用

平均的卸売価格●45円
花言葉●安らぎ
花の日●5月13日
年間流通量●290万本
輸入●なし

売れ筋の品種と特徴　学名のアルケミラ・モーリスで流通。

主な産地　北海道（北空知、新はこだて）、群馬県（あがつま）、長野県（上伊那）

つくり方　露地またはハウス。秋に苗を植えると翌年の6〜7月に集中的に花が咲く。花が咲くには冬の低温にあたらなければならない。一度植えると4〜5年は花が切れる。

品質のめやすと規格　花の数が多いこと。切り花長40〜60cm。

出荷までの取扱い　収穫後水あげ、乾式輸送。

お店での管理　葉が取れやすいのでていねいに取扱う。

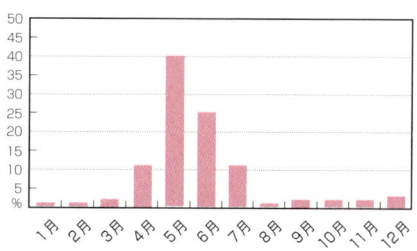

年間の入荷量の推移

消費者が知っておきたいこと　古くなると花の色が当初の黄緑から茶色っぽくなる。水あげはよい。

品質保持剤の効果　A（花の寿命がのび、葉の黄変を防ぐ）。

日持ち　1週間（葉の黄変、花の褐変）。

145

●セリ科／一年草
ブルーレースフラワー

[学名] *Didiscus caeruleus*（雌しべの先が円盤のような青い花）
[原産地] オーストラリア

増やし方●たね
流通名・別名●ディディスカス
こんな花●花びらが5枚の小さな花が多数集まった半円球の花は清楚で、添え花にぴったり。レースフラワーと呼ばれるセリ科の花には、本種のほかに、ホワイトレースフラワー（*Ammi majus*：花の色は白のみ）、ピンクレースフラワー（*Pimpinella major*：花の色はピンク、白）があるが別の種類。ブルーレースフラワーにもピンク、白があるので混乱

平均的卸売価格● 45円
花言葉●優雅
花の日● 11月13日
年間流通量● 230万本
輸入●なし

ブルーレースフラワーの各色

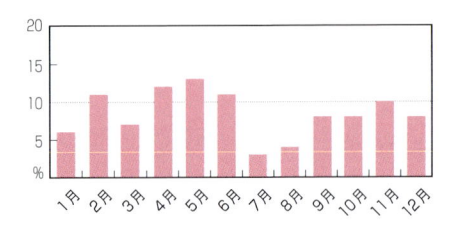

年間の入荷量の推移

売れ筋の品種と特徴　花の色を表示。青が70％、ピンクが20％、白が10％。
主な産地　長野県（信州うえだ）、和歌山県（ありだ）、愛媛県（なかむらファーム）、福岡県（ふくおか八女）、長崎県（ワイルドプランツ吉村）
つくり方　ハウス栽培。季咲きは初夏。10月に植えると5月に花が咲く。たねまきの時期をかえ、電照をすると一年中花が咲くが、夏には極端に短くなる。冬に咲かせるには5℃に暖房する。肥料、水が多いと伸びすぎてやわらかくなる。
品質のめやすと規格　茎がやわらかすぎないこと。切り花長は50〜80cm。
出荷までの取扱い　3分の1くらい咲いたときに収穫し水あげ。花をスリーブで保護して乾式輸送。STS剤で花の落下は止められない。
お店での管理　水あげはよいが、高温に弱いので低温管理。
消費者が知っておきたいこと　水あげはよいが、夏の日持ちは短い。品質保持剤で日持ちがのびる。
品質保持剤の効果　B（しおれを防ぐ）。
日持ち　5日（ベントネック、花の落下）。

●キク科 / 一年草

クラスペディア

[学名] *Craspedia globosa*（球状の花）
[原産地] オーストラリア

増やし方●たね
流通名・別名●ゴールドスティック、ドラムスティック、グロボーサ
こんな花●地面にはりついた葉の間からたくさんの細い竹のような茎が伸び、その先に黄色いピンポン玉のような花をつける。その姿はまさしくゴールドスティック、ドラムスティックの通称名にぴったり。葉はついていない。開花後はドライフラワーになる

平均的卸売価格● 35円
花言葉●心の扉をたたく
花の日● 4月15日
年間流通量● 220万本
輸入● 11万本（ケニア、オーストラリア）

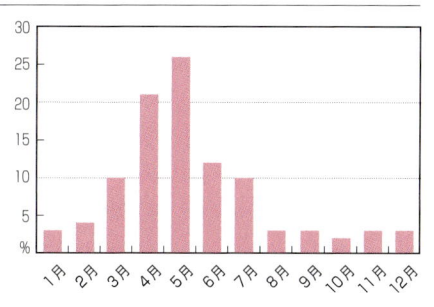

年間の入荷量の推移
国産が少ない10〜3月は輸入が主体

消費者が知っておきたいこと　水あげがよく、日持ちは長いが、開花が進むと花粉が落ちる。茎は硬いがしなやかで、しごくと曲げることができる。
品質保持剤の効果　C
日持ち　2週間（花の変色）。

売れ筋の品種と特徴　品種はなく原種をそのまま栽培。グロボーサは品種名ではなく学名の種名。
主な産地　和歌山県（紀州中央）、徳島県（あなん）、福岡県（ふくおか八女）、長崎県（NODAフラワー）
つくり方　ハウス無加温。暖地では秋にたねをまき、ハウスに植えると翌年の5〜7月に花が咲く。暖房をすると3月から咲く。寒冷地では春まきで、7〜9月に咲く。
品質のめやすと規格　花が大きく、茎が硬いこと。切り花長は50〜70cm。
出荷までの取扱い　花が黄色く色づいたら、葉をつけずに根ぎわから収穫し、水あげ。乾式輸送。
お店での管理　湿気に弱いので花に水がかからないようにする。

147

● バショウ科 / 宿根草

ヘリコニア

[学名] Heliconia psittacorum（ギリシャ神話のヘリコン山のオウム）
[原産地] ハワイ

増やし方●株わけ、たね
流通名・別名●ロブスタークロー
こんな花●トロピカルな花色の舟形の花は葉が変形した苞で、本当の花は苞の中に数個あるが観賞価値はない。英名のように「ロブスターの爪」のような花（苞）。花茎が立ち上がるタイプと垂れ下がるハンギングタイプがある。種類によりボリュームが異なる。葉はバナナの葉に似て切り葉にもなる

平均的卸売価格● 75 円
花言葉●注目
花の日● 7 月 16 日
年間流通量● 240 万本
輸入● 24 万本（10％：マレーシア、シンガポール）

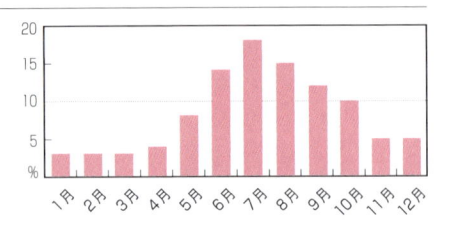

年間の入荷量の推移

売れ筋の品種と特徴　小型で茎が立ち上がりカンナのような葉つきのアンドロメダ（オレンジ）が約 50％。その他、ゴールデントーチ（黄）、ファイヤーフラシュ（オレンジ）、ファイヤーバード（赤）。
主な産地　沖縄県（沖縄県花卉、おきなわ）
つくり方　ハウス栽培。春に苗を植えると翌年の春から花が咲く。植えっぱなしで数年花を切り続ける。夏は葉焼けを防ぐために遮光をする。
品質のめやすと規格　ボリュームがあり、茎がまっすぐなこと。切り花長は 70 〜 90cm。
出荷までの取扱い　収穫後、葉を 1 〜 2 枚残し、水あげ。乾式輸送。

お店での管理　熱帯原産のため冷蔵庫で保管すると低温障害を受ける。
消費者が知っておきたいこと　舟形の苞に水がたまると本当の花が腐り、かびが生える。水あげはよい。
品質保持剤の効果　C
日持ち　10 日（大型は長く小型は短い）。

● スミレ科 / 宿根草

パンジー・ビオラ

[学名] *Viola*（スミレ）
[原産地] ヨーロッパ

増やし方 ● たね
流通名・別名 ● スミレ（菫）
こんな花 ● 秋からゴールデンウイークまで花壇の女王で消費量1位。切り花としても都会的雰囲気で、バスケットやブーケ、コサージュに使われる。最近はフリンジ系が人気。欧米ではパンジーを切り花にする習慣がなく、日本人の感性にあった花。パンジーとビオラは花の大小のちがいだけで、学名は同じでビオラ

平均的卸売価格 ● 40円
花言葉 ● 愛の使者
花の日 ● 2月14日
年間流通量 ● 190万本
輸入 ● なし

売れ筋の品種と特徴 花壇用は多いが、切り花用品種はない。花壇用で草丈が伸びる品種を切り花に使う。パンジー（75％）とビオラ（25％）の表示で流通。フラメンコMIX（花弁がフリンジのタイプ）だけでなくアンティークピンクというアースカラー調のパンジーやムーランルージュのようにさまざまな花色をもつ品種も人気。

主な産地 千葉県（松本農園、フラワーファーム華芳）、和歌山県（屋式農園）、高知県（笹岡農園）、宮崎県（日高農園）

つくり方 暖地では冬でも戸外で花が咲くが、草丈を伸ばすためにハウス栽培。夏にたねをまき、苗を9月に植える。すぐに花が咲くが、株をつくるために年内は花を取り除く。次つぎと花が咲いてくるので、1株から100本収穫できる。

パンジー「虹色スミレ®」シリーズ、花壇用品種を切り花にした

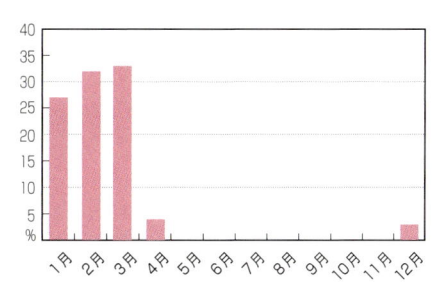

年間の入荷量の推移

品質のめやすと規格 花がついた茎（花梗）が硬く、花びらに傷がないこと。切り花長10〜40cm。

出荷までの取扱い 花が咲いてから、茎と葉の分岐点から伸びた花梗をかき取って収穫。長さ別にそろえ、水あげ、乾式輸送。

お店での管理 花びらに傷がつくと黒くなるのでていねいに取扱う。

消費者が知っておきたいこと 水あげはよい。低温に強く高温に弱い。

品質保持剤の効果 A（花の寿命がのびる）。

日持ち 5日（花びらのしおれ）。

● ユリ科 / 球根

リューココリネ

[学名] *Leucocoryne*（白い棒が突きでた花）
[原産地] チリ

増やし方 ● 球根
こんな花 ● 新しい秋植えの球根切り花。球根の大きさはビー玉ぐらい。アリウムやブローディアの仲間で、細いネギのような茎。1本の茎に6枚の花びらをもつ5～10個の花をつける。学名の由来となった花粉がでない棍棒のような3本の雄しべが目立つ。バニラの香りがする涼しげな花

平均的卸売価格 ● 35円
花言葉 ● 温かい心
花の日 ● 2月20日
年間流通量 ● 270万本
輸入 ● なし

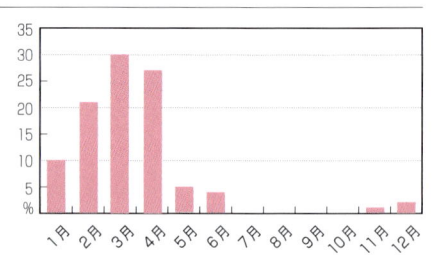

年間の入荷量の推移

売れ筋の品種と特徴 カラベル（うす紫に中心が赤紫の星形：45％のシェア）、アンデス（空色に中心が赤紫の丸弁：25％のシェア）。

主な産地 山形県（庄内みどり）、千葉県（丸朝園芸、渡辺花卉園、三宅花卉園）

つくり方 ハウス栽培。季咲きは3～4月で、5月に地上部が枯れるので球根を掘りあげ貯蔵。球根を10月に植え、暖房をすると2月から花が咲く。

品質のめやすと規格 茎が硬いこと。切り花長は40～60cm。

出荷までの取扱い 収穫後水あげ。乾式輸送。

お店での管理 花びらを傷つけないように注意。

消費者が知っておきたいこと 水あげがよい。

品質保持剤の効果 B（花びらのしおれを遅らせる）。

日持ち 1週間（花びらのしおれ）。

● ユキノシタ科 / 宿根草

アスチルベ

[学名] *Astilbe*（地味な花）
[原産地] 日本、中国

増やし方●株わけ
流通名・別名●アスチュルベ、アワモリショウマ
こんな花●原産は日本だがドイツで品種改良された。粟粒のような小さな花が集まって咲く、学名とちがい、さわやかな花

平均的卸売価格● 40 円
花言葉●恋の訪れ
花の日● 5 月 23 日
年間流通量● 250 万本
輸入● 20 万本（オランダ）

売れ筋の品種と特徴　ライトピンクなど花の色だけの表示が多い。
品種ではアメリカ（紫）、エリカ（ピンク）、ホワイトグロリア（シロ）
主な産地　栃木県（なすの）、長崎県（ながさき西海）
つくり方　露地とハウス。秋に苗を植えると露地での季咲きは 6 〜 7 月、ハウスで暖房をすると 4 〜 5 月に咲く。冷蔵していた苗を 9 月に植え、暖房をすると 11 〜 12 月に咲く。
品質のめやすと規格　葉がしゃきっとしていること。切り花長は 40 〜 60 ㎝。
出荷までの取扱い　つぼみは開きにくいのである程度咲いてから収穫。バケットか水入り縦箱、乾式の場合は切り口を給水材でくるむ。
お店での管理　蒸散が激しいので水が下がり、葉がまきやすい。
消費者が知っておきたいこと　水が下がったら湯あげ。
品質保持剤の効果　B（しおれを防ぐ）。
日持ち　5 日（花と葉のしおれ）。

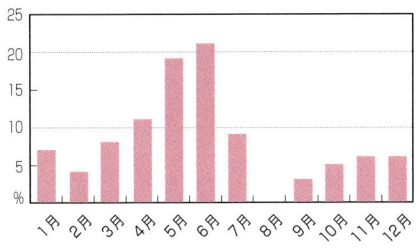

年間の入荷量の推移
9 〜 11 月は輸入

● ユリ科／宿根草

ギボウシ

[学名] *Hosta*（オーストリアの植物学者 Host 氏）
[原産地] 日本

増やし方●株わけ、メリクロン
流通名・別名●ギボシ、ホスタ
こんな花●葉ものとして色や斑を楽しむほか切り花も利用。花は白〜藤色が主体で、一重、八重とさまざまだが、葉ほどは目を引かず一日花。一方、葉は丈夫で長持ち。ガーデン用の苗はガーデンホスタの名前で流通

平均的卸売価格●葉もの 25 円、花は規格で異なる
花言葉●沈着冷静
花の日● 4 月 22 日
年間流通量● 220 万本
輸入●なし

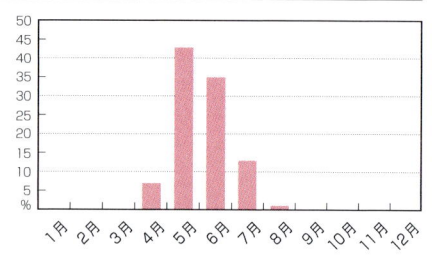

年間の入荷量の推移

売れ筋の品種と特徴　寒河江（さがえ）、フランシー、金星などの品種名表示は 10％。
主な産地　千葉県（小森谷ナーセリー、川名農園）、徳島県（あなん）
つくり方　露地。季咲きは 6〜7 月。株わけまたはメリクロンでつくった苗を春に植える。夏は葉やけを防ぐために遮光。植えっぱなしで 10 年以上、葉と花を収穫できる。
品質のめやすと規格　ふだんは葉だけだが、花が咲いている時期には花を 2 本に葉を 7 枚で 1 パックとしても出荷。
出荷までの取扱い　収穫後水あげ。
お店での管理　特別の管理は不要。
消費者が知っておきたいこと　花が終わっても葉は長く楽しめる。

ギボウシは葉色と模様のバリエーションが多彩

品質保持剤の効果　C
日持ち　花は 3 日（落下）。

● キンポウゲ科 / 宿根草

クレマチス

[学名] *Clematis*（つるをもつ花）
[原産地] 日本、中国

増やし方 ● さし芽
流通名・別名 ● カザグルマ（風車）、テッセン（鉄線）
こんな花 ● 日本に自生するのがカザグルマ（風車）。江戸時代に中国から渡来したのがテッセン（鉄線）。これらをシーボルトがヨーロッパに持ち帰り、複雑に品種改良され明治末期に里帰り。さまざまな系統と品種がある。切り花では洋花としても茶花としても重宝。つる性で支柱にからませての入荷もある。花が咲いたあとの実も生け花に利用。愛好家が多く日本クレマチス協会がある

平均的卸売価格 ● 90円（規格で異なる）
花言葉 ● 心の美しさ
花の日 ● 4月19日
年間流通量 ● 200万本
輸入 ● なし

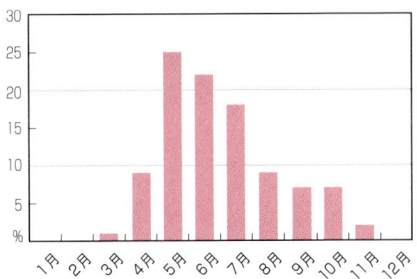

年間の入荷量の推移
春～秋まで入荷

売れ筋の品種と特徴　花の形は風車型だけでなくチューリップ型、ベル型など多彩。
インテグリフォリア系　デュランディ：青紫で大輪、同系にアラベラ：青で小輪。
ラヌギノーサ系　ザ・プレジデント：青紫で大輪、明治末期に導入。
ピチセラ系　エトワールローズ：ピンクで小輪、下向き咲き。
原種：テッセン（白）。
主な産地　長野県（田中農園、渋谷農園一）、岡山県（まにわ）、香川県（FU・KAGAWA）
つくり方　無加温ハウス。さし芽をして1年半かけてつくった苗を春か秋に植えると1年後に芽の先に花をつける。葉を1～2枚残して切ると再び芽を伸ばし、5～9月に3回切り花ができる。植えっぱなしで5年以上花を切ることができる。
品質のめやすと規格　系統と品種によりボリュームがちがう。切り花長は40～80cm。
出荷までの取扱い　開花直前に収穫し、すぐに水あげ、バケット輸送。
お店での管理　日持ちが短いので店に滞留することなくすみやかに販売。低温管理。
消費者が知っておきたいこと　水あげは悪い。水が下がったら湯あげ。
品質保持剤の効果　B（しおれとベントネックを防ぐ）。
日持ち　4日（水下がりによるベントネック、花びらの落下）。

● キク科 / 宿根草

ルリタマアザミ

[学名] Echinops（ハリネズミのような花）
[原産地] 南ヨーロッパ

増やし方●株分け、メリクロン
流通名・別名●エキノプス、ベッチーズブルー
こんな花●淡いブルーのまん丸い花が夏に咲く。アザミのような針が集まったような花から瑠璃玉薊の名前がついた。ひとつひとつの針が花で、5枚の花びらがある。葉にもとげがある

年間の入荷量の推移

平均的卸売価格●65円
花言葉●権威
花の日●7月27日
年間流通量●200万本
輸入●なし

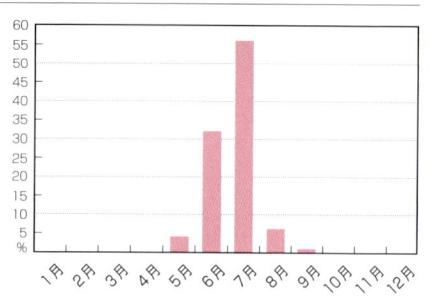

売れ筋の品種と特徴　流通品種の80%がベッチーズブルー。
主な産地　長野県（ちくま）、埼玉県（川口市赤山）
つくり方　露地、ハウス栽培。春に苗を植えると翌年の夏に花が咲く。そのまま3～5年は据置き。

品質のめやすと規格　枝が4～5本で、切り花長は60～90cm。
出荷までの取扱い　1～2輪が青くなったら収穫し、水あげ。乾式輸送。
お店での管理　とげに注意。
消費者が知っておきたいこと　ドライフラワーになる。
品質保持剤の効果　B（しおれを防ぐ）。
日持ち　1週間（水下がりによるベントネック）。

ベッチーズブルー

● ヒガンバナ科 / 球根

ネリネ

[学名] *Nerine*（海の女神）
[原産地] 南アフリカ

増やし方● 球根
流通名・別名● ダイヤモンドリリー
こんな花● ヒガンバナ（マンジュシャゲ：曼珠沙華）とまちがわれるが、ヒガンバナはリコリス属、ネリネはネリネ属。かつては切り花としての評価は低かったが、オランダからの輸入が増えて新しい洋花として人気がでた。ヒガンバナのように花が咲いてから葉がでるサルニエンシス系と年中葉があるボウデニー系がある。前者は光があたると花びらがダイヤモンドのように輝くためにダイヤモンドリリーと呼ばれる小輪。後者の花には光沢がないが、大輪で華やか

平均的卸売価格● 70円
花言葉● またあう日を楽しみに
花の日● 10月7日
年間流通量● 250万本
輸入● 170万本（70%：オランダ、ニュージーランド）

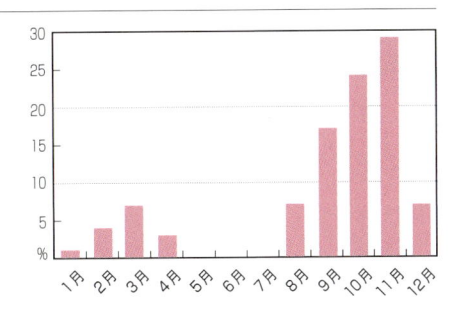

年間の入荷量の推移

ダイセンモンドリリー

売れ筋の品種と特徴　種名（ボーデニー、サルニエンシス）、品種名、別名（ダイヤモンドリリー）、花色表示などが混在して流通。国産はサルニエンシス系、輸入はボーデニー系が多い。サルニエンシス系には花の色表示だけが多く、ボーデニー系にはラスファンルーン（ピンク）、アルビベッタ（ピンク）、ビアンカネーブ（白）など。
主な産地　岩手県（岩手中央）、千葉県（小森谷ナーセリー、高坂農園）、東京都（横山園芸）
つくり方　ハウス栽培。9月に球根を植えると10～12月に花が咲く。5月には葉が枯れ休眠をしたら球根を掘りあげる。
品質のめやすと規格　花の数が多く、色が鮮明なこと。サルニエンシス系の切り花は30～50cm、ボーデニー系は60～70cm。
出荷までの取扱い　切り前が早すぎると水があがりにくい。
お店での管理　花がからまって折れないようにていねいに取扱う。
消費者が知っておきたいこと　水あげがよく日持ちが長い。
品質保持剤の効果　C
日持ち　1週間（花のしおれ、変色）。

● キク科／宿根草

ミヤコワスレ（都忘れ）

[学名] *Aster savatieri*（星の形をした花）
[原産地] 日本

増やし方● さし芽、株分け
流通名・別名● 都忘れ
こんな花● 日本に自生しているミヤマヨメナの園芸種でクジャクアスターや友禅菊の仲間。紫だけでなく青、桃、白もある。楚々とした生け花にはなくてはならない和風の花

平均的卸売価格● 35 円
花言葉● 望郷
花の日● 4 月 2 日
年間流通量● 240 万本
輸入● なし

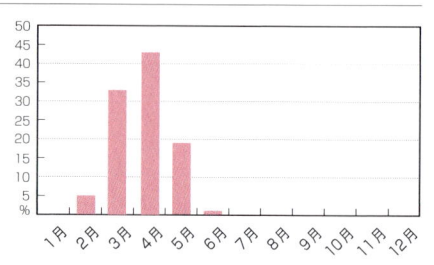

年間の入荷量の推移
春の花

＊ジベレリン：植物ホルモンのひとつ。植物を成長させる働きがある。ミヤコワスレ以外では、チューリップやシクラメンも花を早く咲かせる。ブドウに使うとたねなしになることは有名。

つくり方　ハウス栽培。苗を秋に植え、冬の低温で花芽が分化し、4〜5月に花が咲く。苗に植物ホルモン剤のジベレリン＊を散布し、暖房をすると2〜3月に花が咲く。花壇なら植えっぱなしで毎年花が咲くが、切り花生産では毎年植えかえる。

品質のめやすと規格　花びらが欠けていないこと。切り花長は 30〜50cm。
出荷までの取扱い　収穫後水あげ、乾式輸送。
お店での管理　水あげがよく、扱いやすい。
消費者が知っておきたいこと　水あげはよい。
品質保持剤の効果　A（花のしおれを防ぐ）。
日持ち　1週間（花びらのしおれ、葉の黄変）。

売れ筋の品種と特徴　青空（青）、浜乙女（ピンク）、江戸紫（紫）などの品種があるが、ほとんどは花色表示のみ。
主な産地　群馬県（富沢農園）、千葉県（池田農園）、徳島県（あなん）、福岡県（糸島）

● ナデシコ科 / 宿根草

サクラコマチ

[学名] *Silene armeria*（汁液をだす花）
[原産地] ヨーロッパ、北アフリカ

増やし方● たね
流通名・別名● シレネ、小町草、ムシトリナデシコ
こんな花● サクラの花のようなかわいい小花。葉は同じナデシコ科のトルコギキョウに似ている。茎からやにがでるので虫取りナデシコの名をもつ。緑色の丸い萼にカスミソウのような白い花が咲くグリーンベル（*S.vulgalis*）もシレネの名前があるので注意

平均的卸売価格● 30円
花言葉● 青春の愛
花の日● 2月13日
年間流通量● 100万本
輸入● なし

年間の入荷量の推移

売れ筋の品種と特徴　サクラコマチで流通。
主な産地　福岡県（ふくおか八女）、佐賀県（正宝花園、江永農園）
つくり方　ハウス栽培。秋にたねをまき、電照と暖房で12〜5月に花が咲く。
品質のめやすと規格　花数が多く、ボリュームがあること。切り花30〜50cm。
出荷までの取扱い　花が咲き始めたら収穫し、水あげ、乾式輸送。
お店での管理　水あげはよい。
消費者が知っておきたいこと　茎からやにがでるので手がねちゃねちゃする。
品質保持剤の効果　B（花のしおれを防ぐ）。
日持ち　1週間（花のしおれ、葉の黄変）。

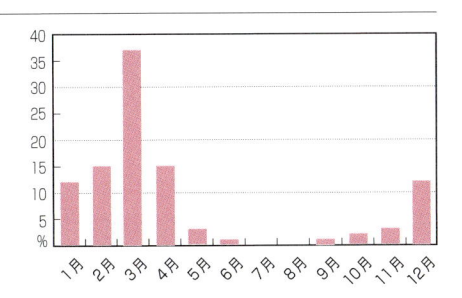

キク科／一年草

アグラタム

[学名] *Ageratum*（長持ちする花）
[原産地] 中央アメリカ

増やし方●たね
流通名・別名●カッコウアザミ
こんな花●夏の花壇材料としておなじみだが、1cmに満たない小さな青い花が集まった房状の花は涼しげで、切り花としてブーケ、アレンジにぴったり

平均的卸売価格● 25円
花言葉●安楽
花の日● 3月26日
年間流通量● 160万本
輸入●なし

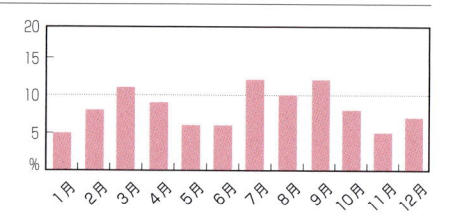

年間の入荷量の推移

トップブルー

売れ筋の品種と特徴 草丈の高いものが切り花に使われ、トップブルー（青紫）が60％。白、ピンク、赤の品種もある。

主な産地 長野県（みなみ信州）、福岡県（ふくおか八女）

つくり方 ハウス栽培。たねをまいて90日で花が咲くので、一年中いつでも収穫できる。

品質のめやすと規格 切り前が若いと茎がやわらかく、水あげが悪い。切り花長は50〜70cm。

出荷までの取扱い 開花が進んで茎が硬くなってから収穫し、水あげ。乾式輸送。

お店での管理 水あげがよく、特別な管理は不要。

消費者が知っておきたいこと 水あげがよく、丈夫。花びんの中で根がでることもある。

品質保持剤の効果 B（花の寿命がのび、葉のしおれを防ぐ）。

日持ち 10日間（葉の黄変）。

● ナデシコ科 / 宿根草

アマリリス

[学名] *Hippeastrum*（騎士の星）
[原産地] 南アメリカ

増やし方● 球根
こんな花● 花壇では春植え球根で5月に咲くが、切り花栽培ではオランダで品種改良された巨大輪が晩秋から早春に流通。6枚の大きな花びらはユリのようだがヒガンバナ科。直径10cmの花が横向きにつき、茎は2cmもあるストロー状。アマリリスは昔の学名

平均的卸売価格● 220円
花言葉● 内気な少女
花の日● 2月24日
年間流通量● 170万本
輸入● 65万本（38％：オランダ、ニュージーランド）

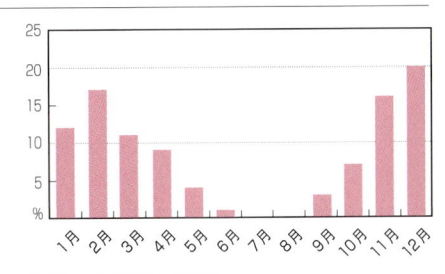

年間の入荷量の推移

売れ筋の品種と特徴　品種改良と球根生産はオランダ。
レッドライオン（赤）、クリスマスギフト（白）、ロイヤルベルベット（深紅）、モンブラン（白）、リロナ（オレンジ）

主な産地　千葉県（小森谷ナーセリー）、静岡県（とぴあ浜松）

つくり方　ハウス栽培。季咲きは5～6月。球根を11月に植え、暖房をしなければ3～4月、暖房をすれば1～2月に花が咲く。花を咲かせるのに低温処理や休眠打破処理などのむずかしい技術は不要。

品質のめやすと規格　輸入品は4輪で切り花長が60～70cm。国産は小ぶり。

出荷までの取扱い　つぼみがふくらんだときに収穫し、水あげ。

お店での管理　茎が縦割れしたらテープで補修。

消費者が知っておきたいこと　巨大な花の重みで中空の茎が折れることがある。

品質保持剤の効果　B（水の腐りを防ぐ）。

日持ち　1週間（花びらのしおれ）。

●セリ科／宿根草

エリンジウム

[学名] *Eryngium*（アザミに似た植物）
[原産地] 地中海沿岸

増やし方●たね
流通名・別名●マツカサアザミ、エリンギウム
こんな花●松笠のような花にとげがある葉は人目を引き、和名の松笠アザミに納得。花に見えるのは葉が変形した苞。鮮やかさはないが独特のシルバー調の色彩に存在感。ドライフラワーにもなる。特定のエリンジウムの根に寄生して生えるきのこが「エリンギ」

平均的卸売価格● 75円
花言葉●無言の愛
花の日● 7月13日
年間流通量● 140万本
輸入● 50万本（35％：ケニア）

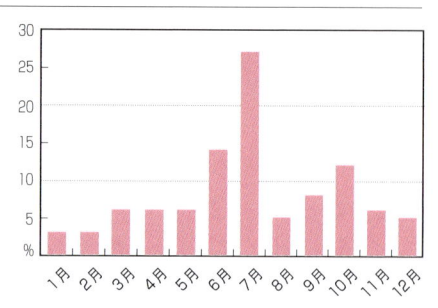

年間の入荷量の推移
国産は夏、輸入は周年

売れ筋の品種と特徴　スーパーノバ（薄紫）、オリオンクエスター（薄紫）、ブルーベル（空色）の3品種で75％。

花びらに見える苞はとげがするどい（ブルーベル）

主な産地　北海道（北空知、たきかわ）、新潟県（津南町、にいがた岩舟）、長野県（みなみ信州、上伊那、信州うえだ、信州諏訪）

つくり方　露地またはハウス栽培。自然開花期は夏。春にたねをまき、苗を秋に植えると翌年の春～夏に花が咲く。一度植えると4～5年は切り花できる。

品質のめやすと規格　花数が多く、ボリュームがあること。切り花長は60～80cm。

出荷までの取扱い　花が完全に着色してから収穫し、水あげ。乾式輸送。

お店での管理　水あげがよい。とげに注意。

消費者が知っておきたいこと　花はたねが稔り、落ちるほど長持ちするが、先に葉が黄変する。

品質保持剤の効果　B（葉の黄変を防ぐ）。

日持ち　1週間（葉の黄変）。

● キンポウゲ科 / 一年草

ニゲラ

[学名] *Nigella*（黒いたねの花）
[原産地] 地中海沿岸

増やし方●たね
流通名・別名●クロタネソウ（黒種草）
こんな花●楚々とした花に切れこみのある細い葉ははかなげ。花びらのように見えるのは葉が変形した萼（がく）で、本当の花びらは退化。萼の中心にある緑色の雌しべが角のように伸びる独特の花形。花が終わったあとの風船のような実も流通している。実の先が裂け、黒いたねが飛びだすので黒種草

平均的卸売価格● 30円
花言葉●夢の中の恋
花の日● 4月21日
年間流通量● 160万本
輸入●なし

売れ筋の品種と特徴　ニゲラだけか花の色だけの表示が70%。品種では半八重のミスジーキルシリーズ（白、青、紫、ピンク）。花が終わった実での入荷が6%。

主な産地　北海道（さっぽろ）、福岡県（ふくおか八女）

つくり方　露地または無加温ハウス栽培。季咲きは5〜6月。代表的な嫌光性種子*。秋にたねを直接まくと4月に花が咲く。9月に苗を植え、暖房と電照をすると12月から花が咲く。1株から5〜10本を収穫できる。

品質のめやすと規格　茎が硬いこと。

＊嫌光性種子（けんこうせいしゅし）：光があたると発芽しないたね。暗発芽種子（あんはつがしゅし）ともいう。ニゲラのほか、シクラメン、ケイトウ、ジニアなど。反対に光があたらないと発芽しないのが好光性（明発芽）種子で、トルコギキョウ、キンギョソウ、ペチュニアなど。

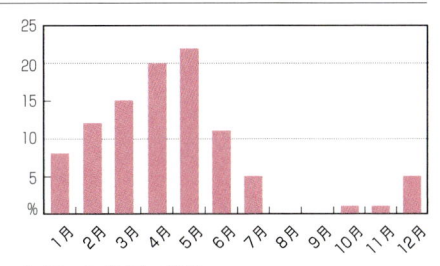

年間の入荷量の推移

切り花長 50〜70cm。

出荷までの取扱い　つぼみが色づいたら収穫し、水あげ。乾式輸送。

お店での管理　水につかった茎が腐りやすいので、下葉の取り除きと茎の切り戻し。

消費者が知っておきたいこと　水あげはよいが、花びら（萼）が落ちる。小さなつぼみは咲かない。花が終わると実がふくらみ、ドライフラワーになる。

品質保持剤の効果　B（花びらの落下は止められないが、つぼみが咲き、茎の腐りを防ぐ）。

日持ち　1週間（花びらの落下、水につかった茎の腐り）。

161

●ナス科／一年草

トウガラシ

[学名] *Capsicum*（辛い実）
[原産地] 南アメリカ

増やし方●たね
流通名・別名●五色トウガラシ
こんな花●コロンブスが新大陸からスペインに持ち帰り、世界をめぐり16世紀に日本にやってきた。江戸時代には辛味調味料だけでなく観賞用の品種がつくられていた。実の色は象牙色から黄、橙、赤、紅へと変化する五色系や、緑から黒、紅へ変化などおもしろい。実の形も丸、タカノツメ形など多彩。葉を取りさって流通。本来はお盆や彼岸に使われていたが、今は洋花としても人気が高い。野菜のトウガラシやタカノツメも観賞用として流通

平均的卸売価格●40円
花言葉●ハートに火をつけて
花の日●8月17日
年間流通量●230万本（観賞用110万本、野菜120万本）
輸入●なし

売れ筋の品種と特徴　観賞用ではコニカルシリーズが50％以上のシェア。コニカルブラック（20％）は丸い実がはじめは黒で緑を経て熟すと赤。オレンジ、レッド、イエロー、ホワイトがある。野菜はタカノツメ（鷹の爪）。
主な産地　山形県（山形おきたま）、福島県（あいづ）、長野県（みなみ信州）、千葉県（安房）、石川県（はくい）、和歌山県（ありだ）
つくり方　露地またはハウス栽培。2月にハウス内でたねをまき、気温が高くなる4月に苗を植えると8〜9月に実が色づく。

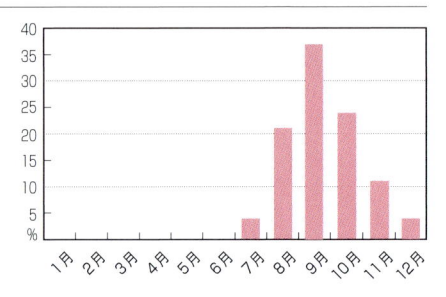

年間の入荷量の推移
お盆と秋の彼岸用が多い

品質のめやすと規格　実が頂点にそろうこと。切り花長は50〜70cm。
出荷までの取扱い　実の色の変化を見ながら適期をみはからい収穫し、水あげ、乾式輸送。タカノツメは実に赤みがさしたら収穫。葉を取るのに手間がかかる。
お店での管理　特別な管理は不要。
消費者が知っておきたいこと　ドライフラワーになる。
品質保持剤の効果　C
日持ち　2週間（実の腐敗）。

●キク科／宿根草

フジバカマ

[学名] *Eupatorium*（小アジアの国王の名前）
[原産地] 日本

増やし方●株わけ、さし芽
流通名・別名●ユーパトリウム
こんな花●秋の七草のひとつで、素朴な和風の花。すらりと伸びた茎の先に房状に淡青色の花が咲く。それ以外にもアゲラタムの花に似た外国種 (*E. coelestinum*) もユーパトリウムやフジバカマの名前で流通。乾燥させて葉をもむと桜餅の香り（クマリンという成分）がする

平均的卸売価格●30円
花言葉●思い出
花の日●9月28日
年間流通量●150万本
輸入●なし

売れ筋の品種と特徴　自生種から選抜した在来系（淡青）が85％、濃青、白もある。グリーンフェザーはふさふさしたやわらかい葉ものとして利用。
主な産地　群馬県（あがつま、六合村）、長野県（みなみ信州、信州うえだ、あづみ）
つくり方　露地栽培または簡易な雨よけ栽培。秋または春に苗を植えると季咲きの9月に咲く。5月に植えると10月に咲く。水、肥料が多いと大きく育ち、水あげが悪くなる。
品質のめやすと規格　茎が硬く、よくしまっていること。切り花長70〜90cm。
出荷までの取扱い　つぼみで収穫し、水あげ。切り口が乾くと水があがりにくいので、バケットか水入り縦箱輸送

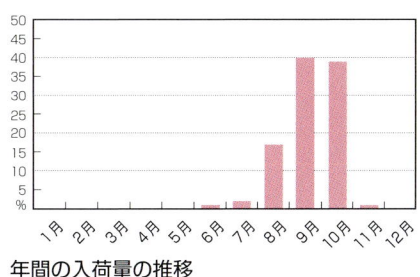

年間の入荷量の推移

が望ましい。
お店での管理　水あげが悪いので、葉をできるだけ取る。
消費者が知っておきたいこと　小さな葉は花よりも先に枯れる。乾燥させると純白さは失われるが、ドライフラワーになる。
品質保持剤の効果　B（花、葉のしおれを防ぐ）。
日持ち　1週間（花、葉のしおれ）。

● ユリ科 / 宿根草

スズラン

[学名] *Convallaria*（谷間に咲く花）
[原産地] 日本、ヨーロッパ、北アメリカ

増やし方 ● 株わけ
流通名・別名 ● ドイツ 鈴蘭、英名は Lily of valley（谷間のユリ）
こんな花 ● 純白で小さなつりがね型の花は可憐で清楚、香りもさわやか、日本に自生しているスズラン（*C. keiskei*）は花茎が短く、花が少なく小さいため、切り花や鉢ものにはヨーロッパ原産のドイツスズラン（*C. majalis*）が使われる、鈴蘭ではあるがラン科ではなくユリ科

平均的卸売価格 ● 35 円
花言葉 ● 純潔
花の日 ● 5 月 1 日（スズランの日）
年間流通量 ● 150 万本
輸入 ● なし

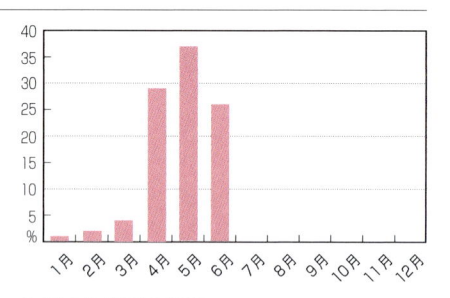

年間の入荷量の推移
5 月 1 日のスズランの日に向けた入荷が多い

売れ筋の品種と特徴　ピンクもわずかだがある。

主な産地　北海道（あさひかわ、道央）、長野県（北信州みゆき、須高）

つくり方　露地で苗を 3 年間養成し、株わけした苗を 11 月にビニールで被覆していないハウスに植え、3 月にビニールで覆い、保温すると季咲きより 1 か月早く 4 月に花が咲く。

品質のめやすと規格　花の数が多いことと、切り花長は 25 ～ 35cm。水あげがしやすいように根つきでの出荷もある。

出荷までの取扱い　つぼみの半分程度が咲き、白く色づいたときに収穫し、水あげ乾式輸送。

お店での管理　花も葉も有毒。花びんの水にも有毒成分が溶け出すので確実に廃棄すること。

消費者が知っておきたいこと　水あげはよいが茎が折れやすい。

品質保持剤の効果　B（花のしおれを遅らせる）。

日持ち　1 週間（花のしおれ）。

● ヒアシンス科 / 球根

ヒアシンス

[学名] *Hyacinthus*（ギリシャ神話の美青年の名前）
[原産地] 地中海沿岸

増やし方●球根
こんな花●早春を代表する甘く上品な香りの花。小学校の球根水栽培の定番。オランダで改良されたダッチ・ヒアシンスとフランスで改良されたローマン・ヒアシンスがあるが、切り花にするのは花が大きく、花穂が立派な前者。球根はオランダで生産。切り花もオランダからの輸入が多い。最近はクリスマス商品としても人気

平均的卸売価格● 85円
花言葉●清純
花の日● 1月26日
年間流通量● 120万本
輸入● 80万本（65％：オランダ）

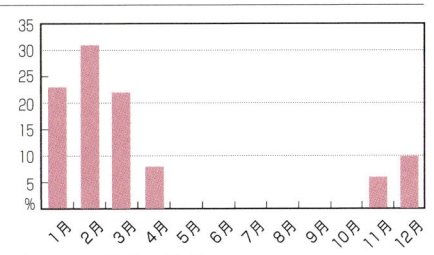

年間の入荷量の推移
低温期の花で、高温は苦手

売れ筋の品種と特徴　品種名が表示されることはなく、3色（品種）、5色（品種）ミックスで入荷が多い。
主な産地　埼玉県（Fブラザーズ）
つくり方　ハウス栽培。夏の高温にあたったあと、冬の低温を受けて花が咲く。オランダで高温処理をした球根を9月にコンテナに植え、低温にあわせ、12月に暖房をしたハウスに入れると年末から花が咲く。球根植物の特性で、大きな球根ほど大きな花が咲く。
品質のめやすと規格　花穂が詰まり、間延びしていないこと。切り花長は30cm。
出荷までの取扱い　3分の1程度の花が色づいたら球根ごと引き抜く。球根をつけたままの出荷もある。

お店での管理　温度が高いと花穂が伸びるので暖房に注意。球根をつけたままのほうが水あげがよい。
消費者が知っておきたいこと　低温には強いが高温には弱い。花が咲くと頭が重くなり倒れやすいので飾り方に注意。花は下から咲くので咲き終わった花は取りさる。
品質保持剤の効果　C
日持ち　1週間（花のしおれ）。

●ユリ科／宿根草

ホトトギス

[学名] *Tricyrtis*（萼(がく)の基部がふくらんだ花）
[原産地] 日本

増やし方●さし芽
流通名・別名●不如帰、杜鵑、子規
こんな花●つつましい花と交互に並んだ葉に風情があり、古くから茶花に好まれる。花の紫色の斑点が鳥のホトトギスの斑紋に似ていることが名前の由来。日本に多くの種類が自生しているが、切り花に使われるのはタイワンホトトギス（*T. formosana*）とその雑種で、杯型の花が上向きに咲く

平均的卸売価格●45円
花言葉●風情
花の日●8月31日
年間流通量●120万本
輸入●なし

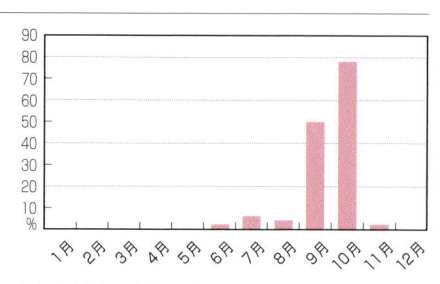

年間の入荷量の推移

売れ筋の品種と特徴　75％はホトトギスで入荷。品種表示は東雲、松風、玉川、鞍馬、藤娘などがある。和歌山県に自生しているキイジョウロウホトトギス（紀伊上﨟ホトトギス：黄色）も少量だが流通。
主な産地　岩手県（いわて花巻）、福島県（会津みなみ）、兵庫県（丹波ひかみ）
つくり方　露地栽培。6月にさし芽をし、7月に植えると9〜10月に咲く。季咲きだけで、開花調節技術はない。冬には地上部が枯れるが、翌年再び芽をだし、3〜4年は植えっぱなしで切り花ができる。
品質のめやすと規格　茎が硬く花の数が多いこと。切り花長は70〜90cm。

出荷までの取扱い　花が3〜4輪咲いたときに収穫し、すぐに水あげ。乾式輸送。
お店での管理　特別な管理は不要。
消費者が知っておきたいこと　古い花は落ちる。
品質保持剤の効果　B（花のしおれを遅らせる）。
日持ち　1週間（花のしおれ、落花）。

● キク科 / 宿根草

アザミ（薊）

[**学名**] *Cirsium*（静脈腫を治す植物）
[**原産地**] 日本

増やし方●たね、株わけ
流通名・別名●ドイツアザミ、ハナアザミ
こんな花●たねで増やすドイツアザミ系と株わけの寺岡アザミ系がある。ドイツアザミは日本のノアザミ（*C. japonicum*）が品種改良されたもので、ドイツとは無関係。寺岡アザミは大阪市住吉区寺岡町でつくられた

平均的卸売価格● 35 円
花言葉●権威
花の日● 5 月 3 日
年間流通量● 80 万本
輸入●なし

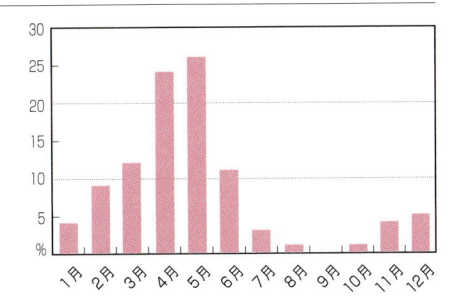

年間の入荷量の推移

寺岡アザミ

売れ筋の品種と特徴　寺岡アザミは濃紅色でとげが少なく、葉につや。ピンクと白もある。

主な産地　静岡県（伊豆太陽）、奈良県（ならけん）

つくり方　露地またはハウス栽培。寺岡アザミは秋に苗を植え、低温で花芽が分化し、4～5月に花が咲く。ドイツアザミは低温にあたらなくても花芽分化をし、6月にたねをまくと年末に花が咲く。

品質のめやすと規格　茎は中空で、太すぎるものは水あげが悪い。切り花は50～80cm。

出荷までの取扱い　5分咲きで収穫し、とげのきついものは除き、水あげ。乾式輸送。

お店での管理　しおれないように下葉を取る。

消費者が知っておきたいこと　固くしまったものは水あげがよい。葉のとげはバラよりやっかい。

品質保持剤の効果　B（しおれを防ぐ）。

日持ち　1週間（水下がりによるしおれ、茎折れ）。

● キンポウゲ科／宿根草

クリスマスローズ

[学名] Helleborus（殺して食物にする）
[原産地] ヨーロッパ

増やし方● たね、メリクロン
流通名・別名● ヘレボルス
こんな花● 花壇、鉢ものでは愛好家が多いが、最近は切り花としても人気が高い。茎がなく地中から直接花茎が伸び花をつける無茎種と、茎の先に花をつける有茎種がある。多いのは無茎種のオリエンタリス（*H. orientalis*）。花が咲くのは2～3月で、クリスマスには咲かない。有茎種のフェチダス（*H. foetidus*）は大きめの装飾に利用。花にみえるのは葉が変形した萼で、本当の花びらは退化して目立たない。最近は秋色アジサイのように、萼が完全に固まったところで出荷する使い方も増え、用途、シーズンともに広がっている。花壇、鉢ものでは2か月以上咲いているが、切り花では水があがりにくい

平均的卸売価格● 90円
花言葉● 追憶
花の日● 11月27日
年間流通量● 100万本
輸入● なし

北海道・花工房夢織の切り花

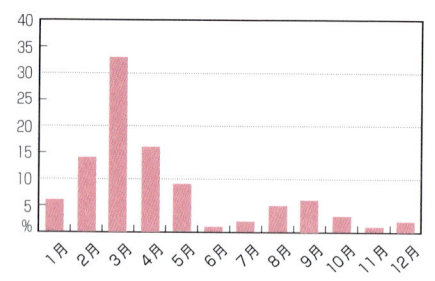

年間の入荷量の推移
クリスマスの入荷は少ない

売れ筋の品種と特徴 クリスマスローズ、Xローズ、ニゲル、オリエンタリスハイブリッドでの流通がほとんどで、品種名が表示されることは少ない。
主な産地 北海道（はな工房夢織）、群馬県（あがつま）、長野県（みなみ信州、信州諏訪、ちくま）、福井県（中庄農園）
つくり方 ハウスで暖房。品種改良を兼ねて自分で交配、たね採りをすることが多い。6月にたねが稔り、すぐにまいても発芽は半年先。苗をポットに植え、生育させ、4年目に花が咲く。本格的に花が切れるのは5年目から。その後4～5年間は1株から20本程度収穫できる。
品質のめやすと規格 茎が硬く長いこと。切り花長20～40cm。フェチダスは60～90cmで長い。
出荷までの取扱い 若いと水があがらないので、最初の花の雄しべが落ちるころに収穫。すぐに35℃の温水で一晩水あげ（水温はなりゆき）。バケットか水入り縦箱輸送。
お店での管理 寒い季節の花で高温は苦手。低温管理。
消費者が知っておきたいこと 水が下がったら湯あげで回復させる。
品質保持剤の効果 B（水が下がりにくい）。
日持ち 5日間（水下がり、しおれ）。

● アカネ科 / 熱帯花木

サンタンカ

[学名] *Ixora*（シバの神）
[原産地] インド、東南アジア

増やし方●さし木
流通名・別名●山丹花、サンダンカ、イクソラ
こんな花●枝の先に花びらが4枚で十字の小さな花がかたまって咲くエキゾチックな熱帯花木

平均的卸売価格●55円
花言葉●敬愛
花の日●8月4日
年間流通量●70万本
輸入●なし

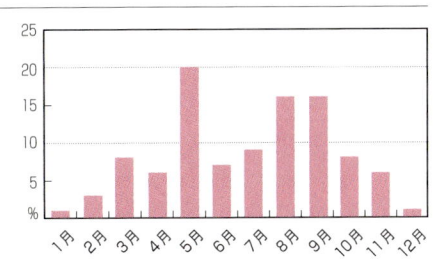

年間の入荷量の推移

消費者が知っておきたいこと　水あげには切り口を焼く。
品質保持剤の効果　B（しおれをある程度防ぐ）。
日持ち　1週間（全体のしおれ）。

売れ筋の品種と特徴　品種はなくサンタンカで流通。花の色は赤とオレンジ。
主な産地　愛知県（あいち知多）、福岡県（糸島）、沖縄県（おきなわ）
つくり方　ハウスで暖房栽培。さし木でつくった苗を春に植えると翌年の春から花が咲く。以降、植えっぱなしで10年間、毎年5月と10月を中心に花が咲く。
品質のめやすと規格　よく水があがっていること。長さの明確な基準はない。
出荷までの取扱い　代表的な水あげが悪い花。ハウスにおけを持ち込み、収穫と同時に水あげ。水を切らさないようにバケットか水入り縦箱輸送。
お店での管理　水切りをして水が下がらないようにする。

169

● マツ科 / 常緑針葉樹

マツ（松）

[学名] Pinus（松脂）
[原産地] 北半球の寒帯〜亜熱帯、日本にも自生

増やし方 ● たね
流通名・別名 ● 種類ごとに独特の商品名がある。英名はパイン
こんな花 ● お正月の門松として伝統の商材。12月に年に一度だけの松の市で取引。関西で台所に毎月供える荒神松（こうじんまつ）は一年中入荷がある。黒松は雄松（おまつ）、赤松は雌松（めまつ）と呼ばれる。1本の木には新芽の先に松ぼっくりになる雌花と花粉をだす雄花がつく

平均的卸売価格 ● 75円（門松、若松）
花言葉 ● 郷愁
花の日 ● 1月1日
年間流通量 ● 3,200万本
輸入 ● 年末の門松用は国産だが、日常的に入荷がある荒神松は中国からの輸入が多い

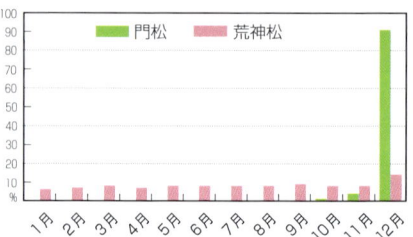

年間の入荷量の推移

売れ筋の品種と特徴 針のような葉が2本の二葉松（黒松、赤松、大王松）と5本の五葉松がある。若松、からげ松、門松、荒神松などはマツの種類ではなく、黒松のつくり方をかえた商品名。それらに丹波松など産地名が加わるので混乱。

枝松・枝若（黒松を密植して茎を伸ばしたもので5本程度の枝つき）、若松（枝松の枝を落としたもの）、からげ松（若松などの下位等級）、根引き松（根つきの黒松）、大王松（アメリカ原産の葉が長いマツ）

主な産地 青森県、秋田県（田中生花）、茨城県（鹿島花き生産協、岡野農園、ミゾグチファーム、藤代助右衛門、遠藤小左ェ門、山口藤次郎）、長野県（佐久浅間）、兵庫県（丹波若松共撰）、愛媛県（山田種苗農園）

つくり方 露地栽培。若松は黒松のたねをまいて3年目の11月に収穫。

品質のめやすと規格 一般の切り花と同じように茎の長さ、太さで産地、生産者ごとに等級がつけられている。

出荷までの取扱い 枯葉、下枝を取り、選別後出荷まで水あげ。

お店での管理 松市から12月下旬まで、冷蔵庫で水につけて保存。茎が太いものはノコギリで切り戻し。水あげは切り口をハサミで十文字に割る。

消費者が知っておきたいこと 茎や切り口から松脂がでるので、取扱いには手袋が必要。

品質保持剤の効果 C
日持ち 長い

● ツバキ科 / 常緑低木

サカキ（榊）

[学名] Cleyera japonica（オランダの薬草研究家の名前＋日本産）
[原産地] 日本、中国

増やし方●たね、さし木
流通名・別名●関東ではホンサカキ、マサカキ
こんな花●樹高5〜15mの常緑の木の枝葉。関東より西の暖かい山に自生。漢字で「榊」と書くように、古来より神事に用いる樹木。毎月1日と15日に神棚に供える習慣がある。関東では自生しているサカキが少ないのでヒサカキ（Eurya japonica）を代用にして神前に供える。名古屋より西では神事のサカキと仏事のヒサカキは厳密に区別されている

平均的卸売価格●榊ククリ80円、玉串150円
花言葉●崇高な
花の日●毎月の1日と15日
年間流通量● 3,000万束。すぐ使えるように束にしたものと大枝、さらには8〜12kgの重さでの出荷が混在しており、正確な数量を表わせない
輸入● 2,200万束、4億4,000万本（すべて中国、中国では利用しない）

神棚に供える榊ククリ

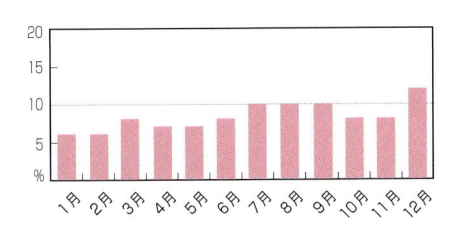

年間の入荷量の推移

売れ筋の品種と特徴　品種はなく、榊、榊ククリ、玉串など出荷形態のちがい。
主な産地　和歌山県（紀州中央、紀南）、鹿児島県（くまさき）のほか、地域ごとの個人生産者。
つくり方　本州南部の照葉樹林帯の山に生えている木の枝葉を切りとる山採りか、スギ、ヒノキのように苗を植えて育てる。日陰で木漏れ日のなかで育てる「陰樹」。苗を植えてから収穫まで5〜8年かかる。
品質のめやすと規格　葉が小さめで平たく、光沢があり、傷、汚れがないこと。小束は35〜40cmの枝11〜13枚を組み上げる。大束は50〜60cmの大枝を1kgの重さで結束。
出荷までの取扱い　規格にあわせて長さをそろえ、傷葉とすす（煤）などの汚れた葉を取り除き、水あげ。
お店での管理　水あげはよい。ときどき葉水をかける。
消費者が知っておきたいこと　安いのは中国産。水あげはよい。切り花のように注意すべきことはない。
品質保持剤の効果　C
日持ち　きわめて長い。生け花中に発根することもある。

● モクレン科 / 常緑広葉樹

シキミ（樒）

[学名] *Illicium*（香りで誘惑する木）
[原産地] 日本（茨城県以西）

増やし方 ● たね、さし木
流通名・別名 ● シキビ
こんな花 ● お墓、仏壇、葬儀に欠かせない存在。地域の伝統文化に由来し、特に関西では神事にはサカキ、仏事にはシキミが決まりごと。宗派によっては根つきを使う。葉には強い香りがあり、乾燥粉末が線香の材料。そのにおいで獣害をまぬがれている。4月に黄白色の花が咲き、10月ごろ八角形の実が熟す。果実には有毒なアニサチンを含み、誤って食べると激しい中毒をおこす。この「悪しき実」から「シキミ」になった

平均的卸売価格 ● 規格で異なる
花言葉 ● 夢誘惑
年間流通量 ● 300万本、ククリ100万束（大枝、小枝、ククリ、根つきなどさまざまな形態で流通し、重量（kg）での出荷もあり、一般の切り花のように流通本数の把握は困難）
輸入 ● 中国からの輸入が多いが、数量は不明

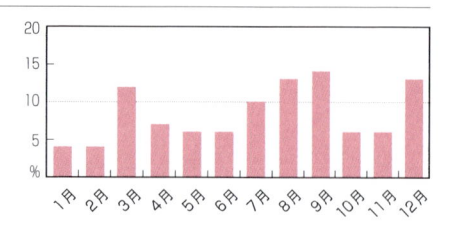

年間の入荷量の推移
彼岸、盆、年末に多い

お墓に供えるシキミ

売れ筋の品種と特徴 産地の区別があるだけで品種はない。
主な産地 静岡県（三島函南、富士市）、和歌山県（みくまの、紀南）
つくり方 山林または畑。10月にたねを取り、翌年3月にまく。さし木は梅雨の時期。どちらも翌年の3月に苗を植え、3年後から切り枝ができる。自然状態では大木になるが、切り枝栽培では1.5m程度に仕立てる。
品質のめやすと規格 枝がまっすぐに伸び、葉の色がきれいで虫に食われていないこと。「ククリ（束）」は中心の枝（60～80cm）1本に添え枝（50～60cm）3～4本で1束。
出荷までの取扱い 規格の長さに達したものから、枝もと3～5cmを残して収穫、水あげ。乾式輸送。
お店での管理 十分な水あげ。
消費者が知っておきたいこと 実は有毒。
品質保持剤の効果 C
日持ち 非常に長い

●ツバキ科／常緑中低木

ヒサカキ（非榊）

[学名] *Eurya japonica*（大きい＋日本産）
[原産地] 朝鮮半島、中国。国内では岩手県以南の山にどこにでも生えている

増やし方●たね、さし木
流通名・別名●下草(したくさ)、それぞれの産地での呼び名がある（和歌山：ビシャコ、兵庫：ビショギ）
こんな花●サカキに似てそれより小さいので「姫サカキ」というべきところをなまったという説と仏事に使うので、神事に使うサカキに対して「非サカキ」という説がある。サカキが少ない関東地方では、これをサカキの名で神事に使い、本当のサカキを本サカキとよぶ。関西の仏花はヒサカキを裏あてにキク、小ギク、リンドウかスターチス、赤カーネーションなどを束ねる。ほとんど中国から10～20本を三角形のククリにして輸入

平均的卸売価格●1束が30円
花言葉●──
花の日●毎月1日と15日
年間流通量●3,500万束。国産では大枝を重量で販売することがある
輸入●3,000万束（中国）

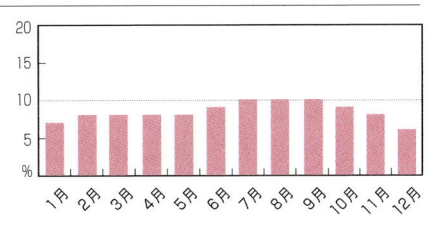

年間の入荷量の推移

関西仏花に使う下草ククリ

売れ筋の品種と特徴　小枝を束にしたのが下草ククリ。単に下草は大枝を重量で販売。
主な産地　国内では茨城、千葉、大阪、兵庫、和歌山、奈良などの個人。
つくり方　サカキと同じ。
品質のめやすと規格　葉が小さくて傷、斑点がなく、枝がねじれていないこと。ククリは34cm以上の長さ表示。
出荷までの取扱い　サカキと同じ。
お店での管理　木の小枝で、水あげもがよい。ときどき葉水をかける。

消費者が知っておきたいこと　仏花では組み合わされているキクやカーネーションが先にしおれる。
品質保持剤の効果　C
日持ち　2週間以上（葉に黒点、黒変）。

● ヤナギ科 / 落葉低中木

ヤナギ（柳）

[学名] *Salix*（水辺に育つ木）
[原産地] 日本を含む温帯

増やし方●さし木
こんな花●ヤナギは温帯原産の落葉樹で多くの種類があるが、枝ものとして生け花に使われるのは芽の色が美しいものや、枝が石化したり、曲がりをもった特徴のあるものに限定

平均的卸売価格●アカメヤナギ：20円、ウンリュウヤナギ：50円、コオリヤナギ：25円、セッカヤナギ：65円
花言葉●従順
花の日●12月29日
年間流通量●1,300万本
輸入●なし

売れ筋の品種と特徴

アカメヤナギ（フリソデヤナギ、ネコヤナギ）：冬芽（花芽）がきれいな紅色をしているので赤芽柳。生け花でもっとも多く使われ、シェア25％。
ウンリュウヤナギ（雲龍柳、ドラゴン柳）：細く湾曲する小枝の枝ぶり、新芽を観賞。シェア17％。
コオリヤナギ（行李柳）：柳行李の材料。細く直立した枝を生け花。乾燥した枝の皮をはぎ、染色してドライフラワー。シェア13％。
セッカヤナギ（石化柳）：オノエヤナギの枝の上部が平たく帯状に変形（石化）したもの。シェア13％。

主な産地　北海道（北空知）、石川県（はくい）、静岡県（とぴあ浜松）、愛媛県（えひめ中央）

つくり方　露地栽培。かんたんに根がでるので、3月に直接畑にさし木。翌年の秋から春先まで枝を収穫できる。木の経済寿命は短く5〜6年。

品質のめやすと規格　特徴がよくでていること。長さは90〜120cm。

出荷までの取扱い　1〜3月の出荷には温室に入れ、夜温15℃、昼間25℃で管理。9〜10月には落葉していないので、葉を取り除いて出荷。

お店での管理　特別な管理は不要。
消費者が知っておきたいこと　乾燥して芽が落ちないようにときどき水をスプレー。
品質保持剤の効果　C
日持ち　長い

セッカヤナギ

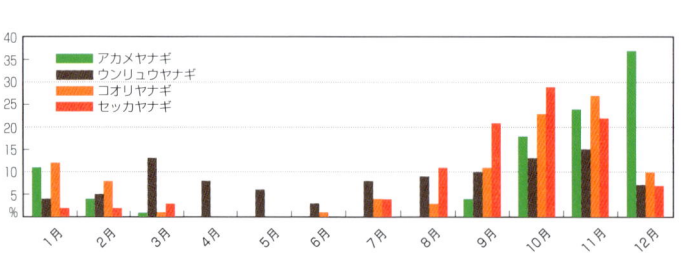

年間の入荷量の推移

● フトモモ科 / 常緑高木

ユーカリ

[学名] *Eucalyptus*（大地を緑で覆う）
[原産地] オーストラリア

増やし方 ● たね、さし木
こんな花 ● コアラのえさとして有名だが、切り枝にするユーカリはえさにはならない。成長が早い高木。種類は500種以上あり、切り枝では異なる種と品種を総称してユーカリと表示。切り枝に多いのはグニー（*E. gunnii*）と銀丸葉ユーカリ（*E. cinerea*）

平均的卸売価格 ● 80円
花言葉 ● 思い出
花の日 ● 5月29日
年間流通量 ● 830万本
輸入 ● 100万本（12%：イタリア、オーストラリア）

銀丸葉ユーカリ

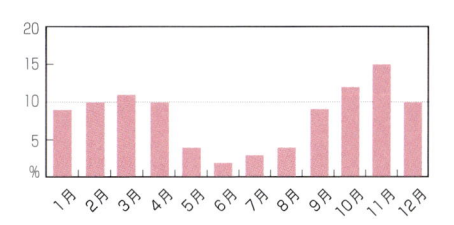

年間の入荷量の推移

売れ筋の品種と特徴

グニーユーカリ：細い茎に銀灰色の楕円形の小さな葉。入荷量の50％以上のシェア。
銀丸葉ユーカリ：銀灰色の丸葉。
銀世界：マルバユーカリ（*E. pulverulenta*）の品種、小さな丸葉を細い茎が突き抜ける。

主な産地 茨城県（宮内バラ園）、静岡県（とぴあ浜松、みっかび）、愛媛県（えひめ中央）

つくり方 露地栽培。暖かい地域では春に苗を植えるとその年の秋から収穫ができるほど成長が早い。ミカンの転作に植えられることが多い。

品質のめやすと規格 節間が詰まり、枝の先端が垂れていないこと。長さは90〜120cm。

出荷までの取扱い 成長点の伸びが止まり、葉が固くなった枝から収穫し、涼しい場所で6時間以上水あげ。

お店での管理 若い枝は水が下がりやすい。水が下がったら湯あげ。

消費者が知っておきたいこと 葉から精油（ユーカリ油）が採れ、香料の原料になるが、切り枝のユーカリには香りが少ない。

品質保持剤の効果 C
日持ち 2週間（葉の枯れ）。

● コウヤマキ科 / 常緑針葉樹

コウヤマキ（高野槇）

[学名] *Sciadopitys verticillata*（葉が傘の骨のような樹）
[原産地] 日本

増やし方● たね、さし木
流通名・別名● ホンマキ
こんな花● 真言宗総本山の高野山に多く生えていたことから高野槇と呼ばれ、関西では仏壇と墓に供える。関東にはその習慣がないが、常緑の枝ものとしてアレンジに使うことがある。なんとなくプラスチックのような人工的な葉で、丈夫で長持ち。イヌマキに対してホンマキ。秋篠宮悠仁親王のお印

平均的卸売価格● 90円
花言葉● 高貴
花の日● 8月5日
年間流通量● 300万本
輸入● なし

売れ筋の品種と特徴 品種はない。
主な産地 長野県（木曽）、奈良県（ならけん・西吉野）、和歌山県（森林工房大江、紀州中央、紀南）
つくり方 山林。成長が遅く、たねをまいて40cmの苗木になるまで10年、切り枝ができる2mの樹高になるまでさらに10年かかる。樹の幹の先端を切った心と幹からでた枝を収穫。
品質のめやすと規格 葉の長さがそろっており、葉の先が黄変していないこと。心は50〜200cm、枝は30〜80cm。
出荷までの取扱い 収穫後、規格にあわせて余分な葉や下枝を取って整形し、水あげ。
お店での管理 水あげがよく、丈夫で、特別の管理は不要。
消費者が知っておきたいこと 水あげ

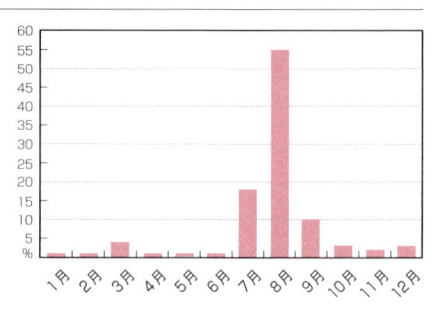

年間の入荷量の推移
1年中入荷があるが、旧盆が圧倒的。関東ではまだマイナー品目で、アレンジメントや、さまざまな使い方が試されている

お墓に供えるコウヤマキ

がよく、古くなっても葉が落ちない。
品質保持剤の効果 C
日持ち きわめて長い

● モクセイ科 / 落葉低木

レンギョウ

[学名] *Forsythia*（スコットランドの園芸家の名前）
[原産地] 東アジア

増やし方● さし木
こんな花● 早春の代表的な枝もの。夏に花芽が完成し、休眠に入る。冬の寒さで休眠から目覚め3月下旬に花が咲く。1月から促成の出荷がある春の訪れを感じさせる枝もの

平均的卸売価格● 50円
花言葉● 希望
花の日● 1月10日
年間流通量● 150万本
輸入● なし

年間の入荷量の推移

売れ筋の品種と特徴 レンギョウとして流通しているのは洋種レンギョウのスペクタビリスの系統が多い。その他、洋種レンギョウの品種にはジャイアントイエロー、青葉ものには晩生のチョウセンレンギョウが流通。
主な産地 長野県（佐久浅間）、奈良県（ならけん・西吉野）
つくり方 露地栽培。3月にさし木。2年間仮植えをして60cmに伸びた苗を3月に植える。3年目から枝を収穫。促成はモモやサクラと同じように、休眠から覚めた枝を温室に入れ、夜温15℃で管理すると1月には15日、2月には10日で花が咲く。花が終わった後、青葉ものとして葉だけでも出荷。
品質のめやすと規格 花つきがよいこと。切り花長90〜120cm。
出荷までの取扱い 2〜3分咲いたときに10本丸束で出荷。モモやサクラより束は簡単。

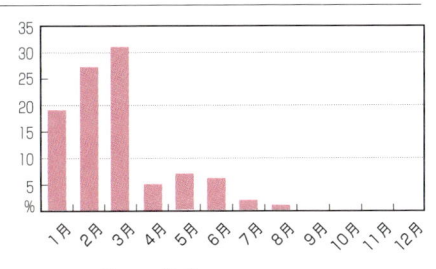

お店での管理 乾燥しないように霧吹きで水をかける。
消費者が知っておきたいこと 水あげのために切り口に割を入れる。
品質保持剤の効果 B（つぼみまで咲く）。
日持ち 1週間（花のしおれ、落下）。

ジャイアントイエロー

177

●マメ科／落葉低木

エニシダ

[学名] *Cytisus*（発見されたエーゲ海の島の名前）
[原産地] ヨーロッパ

増やし方●さし木
流通名・別名●石化エニシダ
こんな花●庭に植えられているエニシダ（*C. scoparius*）は5〜6月に黄色い蝶のような花を咲かせるが、枝ものとして流通しているのは白花エニシダ（*C. multiflorus*）の枝の上部が石化した石化エニシダ。花は2月に咲く。木が大きくなると葉はなくなる。石化は一種の奇形で、茎が板のように扁平になることで、帯化ともいう。石化柳やトサカ（久留米）ケイトウも同じ。石化エニシダは1934年に岡山県の渡辺豊次氏が育成

平均的卸売価格●30円
花言葉●清潔
花の日●3月12日
年間流通量●200万本
輸入●なし

エニシダ（石化）

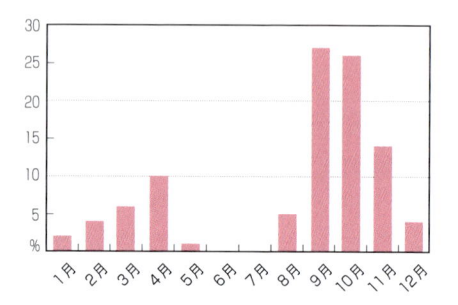

年間の入荷量の推移

売れ筋の品種と特徴　白花エニシダのなかから石化しやすいものを選抜。
主な産地　埼玉県（矢作農園）、静岡県（とぴあ浜松）、岡山県（佐藤農園、瀬島農園、平田農園）
つくり方　露地栽培。春にさし木した苗を秋に植えると、翌年の秋から100cm程度の枝を収穫することができる。株の寿命は5〜6年で短い。
品質のめやすと規格　石化幅の広いものが好まれるが、広いものだけをつくることができないので、幅の異なる枝を組み合わせて10本束。長さは90〜100cm。石化していない枝のつぼみが米粒になったものを出荷する花エニシダもある。
出荷までの取扱い　石化が固まり、新芽が伸び始めた枝から順次切り取る。石化幅の異なる枝を組み合わせ、階級別に長さをそろえ、結束して水あげ。乾式輸送。
お店での管理　水あげはよいが、新芽は水があがりにくいので、取り除いてもよい。
消費者が知っておきたいこと　水あげはよい。枝には柔軟性があり、ためることができる。
品質保持剤の効果　C
日持ち　長い

●マメ科／常緑低中木

アカシア

[学名] Acacia（たねに鋭いとげがある）
[原産地] オーストラリア

増やし方●たね、取り木
流通名・別名●ミモザ
こんな花●明治時代にオーストラリアから庭木として輸入。今ではミモザで知られている。本来、ミモザとはオジギソウのことで、葉がよく似ていたことから、誤ってミモザと呼ばれるようになった。ミモザアカシア以外にも2種類のアカシアが流通
①ミモザアカシア（A. decurrens）：黄色の花がミモザの日に飾られる
②ギンヨウアカシア（A. baileyana）：名前のとおり銀灰色の葉が美しい
③サンカクバアカシア（A. cultriformis）：淡い銀灰色で、三角形の葉
同じマメ科のニセアカシア（Robinia pseudoacacia）との混同も多い。札幌のアカシア並木、アカシア蜂蜜はニセアカシア。ニセアカシアは落葉樹で、花は白。最近はイタリアのミモザの日（3月8日）に倣って、男性から女性に花を贈るイベントの象徴として再認識

平均的卸売価格●560円（規格で異なる）
花言葉●友情
花の日●3月8日
年間流通量●220万本
輸入●少量（イタリア）

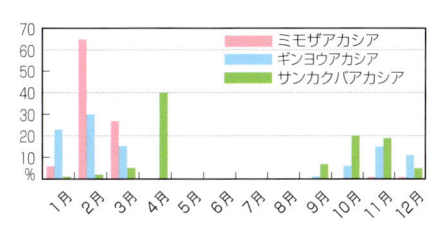

年間の入荷量の推移
10～12月は葉もの、1～3月は切り花として流通

売れ筋の品種と特徴 ミモザが35％、ギンヨウが25％、サンカクバが10％。
主な産地 千葉県、静岡県（とぴあ浜松）、和歌山県（ながみね）、宮崎県（宮崎中央）
つくり方 露地栽培。6～7月に成熟したたねをとり、たねまき。翌年の春に苗を植えると2年目の秋から枝を収穫することができる。花を促成するには、つぼみがついた枝を遮光した15～20℃の温室に入れる。
品質のめやすと規格 葉の色が鮮やかなこと。70～110cmの枝を組み合わせて10本束にする。
出荷までの取扱い 新芽の成長が止まり、葉の銀色が美しくなった枝を収穫し、水あげ。
お店での管理 いったんしおれると回復がむずかしい。切り口をつぶして水あげ。
消費者が知っておきたいこと 花から花粉が多くでるので注意。
品質保持剤の効果 A（水あげをよくし、葉のしおれを防ぐ）。
日持ち 花1週間（しおれ）、葉2週間（しおれ）。

● バラ科 / 落葉低木

コデマリ

[学名] *Spiraea cantoniensis*（花環＋中国広東省）
[原産地] 中国

増やし方 ● さし木
流通名・別名 ● 江戸時代初期まではスズカケ（鈴懸）と呼ばれた
こんな花 ● しなやかな細い枝に小さな手まりのような白い花が連なって咲く早春の花木。和風の生け花だけでなく洋風のアレンジにもマッチ。花だけでなく、秋の紅葉も人気がある

平均的卸売価格 ● 80円
花言葉 ● 努力
花の日 ● 3月14日
年間流通量 ● 1,000万本
輸入 ● なし

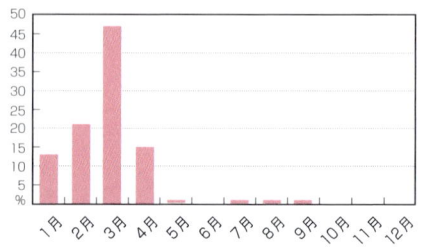

年間の入荷量の推移

売れ筋の品種と特徴　品種は特になく、早生種が促成に使われる。
主な産地　静岡県（とぴあ浜松）、和歌山県（ありだ）
つくり方　ハウス栽培。2〜3月にさし木をし、翌年の春に植える。苗を植えて3年目から枝の収穫が始まる。季咲きは4〜5月だが、促成栽培で1月から花を咲かせる。ユキヤナギやウメ、モモ、サクラなどは切ってきた枝を温室に入れ、促成するが、コデマリはハウスに植わっている株を暖房して早く咲かせる。まず、枝に葉を残したままでは開花がふぞろいになるため、薬剤で強制的に葉を落としてからビニールを被覆し、暖房をする。出荷が終わった5月には再びビニールを取りはずす。秋に紅葉を出荷するためには幹の皮を1cmほど帯状にはぎ取り（環状剝皮／かんじょうはくひ）早期に紅葉させる。
品質のめやすと規格　十分な花がつき、しなやかな小枝が多いこと。切り花長は100〜120cm。
出荷までの取扱い　1〜2月は30％、3月以降は10％の花が咲いたときに切り枝をし、すぐに水あげ。乾式輸送。
お店での管理　水あげが悪いときは切り口を割る。
消費者が知っておきたいこと　水あげはよい。咲き終わった花びらが落ちる。
品質保持剤の効果　B（花のしおれを遅らせる）。
日持ち　10日（花びらが落ちる）。

● バラ科 / 落葉低木

ユキヤナギ

[学名] *Spiraea thunbergii*（花環＋スエーデンの植物学者ツンベルグ氏）
[原産地] 日本、中国

増やし方 ● さし木
流通名・別名 ● 雪柳
こんな花 ● 花が雪のようにかたまって咲き、葉が柳に似ていることから名づけられた。細い枝をうねらせ、枝いっぱいに白い小さな花を咲かせる春の枝もの。花だけでなく、新葉や紅葉も楽しめ、1年中出荷がある。秋の紅葉ものが始まる前には染料で染めた商品も出回る

平均的卸売価格 ● 30円
花言葉 ● 愛嬌
花の日 ● 1月21日
年間流通量 ● 1,100万本
輸入 ● なし

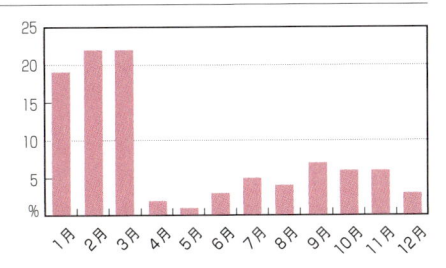

年間の入荷量の推移

売れ筋の品種と特徴 特に品種はないが、福島県からは県育成の雪うさぎが入荷。
主な産地 福島県（新ふくしま）、茨城県（斉藤美荘園）、大阪府（いずみの）
つくり方 露地栽培。6月にさし木をして1年間養成をする。翌年の春に苗を植え、3年目から枝を収穫する。11月には花芽ができあがり、休眠に入る。休眠から覚めた枝を夜間15℃、昼間30℃の温室に入れ、促成をする。低温で休眠から覚めるので、寒冷地や標高が高い地域ほど花を早く咲かせることができる。株を掘りあげ、温室に入れ促成する方法もある。
品質のめやすと規格 枝がしなやかでほうき状になり花つきがよいこと。切り花長は80～120cm。
出荷までの取扱い 1月は50％、2月は30％、3月は20％が咲いたら、外気にならしてから出荷。花が傷まないように箱詰めして乾式輸送。
お店での管理 水あげは切り口を割る。乾燥すると花が散りやすいのでときどき水をスプレーする。
消費者が知っておきたいこと 古くなった花がぱらぱら落ちる。花が終わった後には新葉も楽しめる。
品質保持剤の効果 B（花のしおれを遅らせる）。
日持ち 1週間（花のしおれ、落花）。

●バラ科／落葉中高木

サクラ（桜）

[学名] *Prunus*（スモモ）
[原産地] 日本、韓国

増やし方●さし木、接ぎ木
こんな花●日本を代表する花木。江戸時代に多くの品種がつくられた。枝ものとしての促成は明治の終わりに埼玉県川口市で始まった。1月はウメ、2月はモモ、サクラは3月に多く出荷されていたが、今では促成技術が向上したので、年末から季咲きの4月までに拡大している。ウメ、モモと同じように果実用（桜桃さくらんぼ）と切り枝用がある

平均的卸売価格●140円（規格で異なる）
花言葉●精神美
花の日●4月1日
年間流通量●660万本
輸入●なし

年間の入荷量の推移

売れ筋の品種と特徴　下記の3品種で80％のシェア。

ケイオウザクラ（啓翁桜）桃色：昭和5年に福岡県の良永敬太郎氏が育成した「敬翁桜」が誤って「啓翁桜」として広まったといわれている。

ヒガンザクラ（彼岸桜）緋紅色：一重の花は啓翁桜よりやや大きく、直線的な枝ぶり。

トウカイザクラ（東海桜）桃色：啓翁桜と同一で産地により呼び名がちがうだけとも啓翁桜が普及する過程で生まれた品種ともいわれている。

主な産地　山形県（やまがた、山形おきたま）、福島県（新ふくしま）、奈良県（ならけん・西吉野）

つくり方　露地に苗を植えて5年目から枝を収穫。7月に花芽分化が始まり10月に完成し、休眠する。収穫した枝を規格にあわせて結束し、水につけ、20℃の温室に入れて花を咲かせる。

品質のめやすと規格　花茎の先にまで花芽がついていること。樹が若いと先端の芽が葉になる。大枝は130～180cm、中枝は100～120cm、小枝は60～90cm。

出荷までの取扱い　枝がからまるので束にしてから温室に入れ促成。1～2輪が咲いたら温室からだし、外気にならす。

お店での管理　いったんつぼみがふくらむと冷蔵庫に入れても開くスピードは遅らせることができるが、止めることはできない。

消費者が知っておきたいこと　水あげはよい。花が終わったあとの葉も楽しめるが、虫がでることもある。

品質保持剤の効果　A（つぼみまで咲き、花の色が鮮やか）。

日持ち　1週間（花が散る）。

● バラ科／落葉中高木

ウメ（梅）

[学名] *Prunus mume*（スモモ＋梅）
[原産地] 中国

増やし方 ● さし木、接ぎ木
こんな花 ● マツ、センリョウとともに正月の縁起物。市場では12月上旬に梅の市が開かれ、年間のほとんどが取引される。同じ *Prunus* 属の仲間であるサクラやモモのような花の美しさはあまり期待されていない。明治のはじめまで「ムメ」と呼んでいたので、学名（種名）は「*mume*」。万葉集にもっとも多く登場するが、中国原産で、8世紀に遣唐使が持ち帰った。梅ぼしをとる実梅と切り枝にする花梅がある

平均的卸売価格 ● 規格で異なる
花言葉 ● 高潔
花の日 ● 2月7日
年間流通量 ● 530万本
輸入 ● なし

売れ筋の品種と特徴 ほとんどは梅か花の色で流通。苔を張りつけた苔梅や冬至、寒紅梅が少量。

主な産地 群馬県（前橋市・宮城村）、石川県（金沢市）、福井県（敦賀美方・三方五湖）、京都府（京都やましろ・城陽）

つくり方 実梅と同じように栽培し、いわゆる梅林をつくる。苗木を植えてから5年で切り枝を出荷できる。季咲きは2～3月で、年末に咲かせるためには花芽がついた枝を切り取り、水につけ、室温20℃、湿度80％に調節した温室に入れ、促成。

品質のめやすと規格 用途によりさまざまな規格と伝統の呼び名がある。仏花用の「国仙」は30～50cmの小枝、「ズ

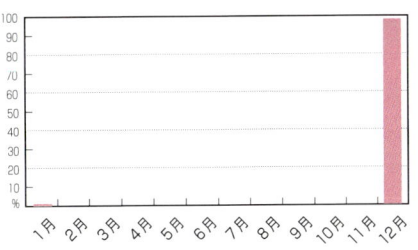

年間の入荷量の推移

バイ」は1m前後、単に「梅」や「冬至梅」などの品種名が表示されるのは1.8～2mの大枝。

出荷までの取扱い 暖かく高湿度の温室でつぼみを開かせた後、低温にならしてから出荷。

お店での管理 寒風にあてないこと。
消費者が知っておきたいこと 水あげはよく、特別な技術は不要。乾燥に弱いので、水をスプレー。
品質保持剤の効果 A（花がよく咲く）。
日持ち 2週間（花のしおれ）。

● バラ科 / 落葉高木

モモ（桃）

[学名] *Prunus persica*（スモモ＋ペルシア）
[原産地] 中国

増やし方 ● ヤマモモやモモの実生苗に接ぎ木
流通名・別名 ● ハナモモ（花桃）
こんな花 ● 同じ *Prunus* 属のサクラ、ウメと一体として取り扱われているが、花は一番華やか。果実用と観賞用（花桃）がある。季咲きは桜が終わったころ。3月3日の桃の節句に咲かせるには切り取った枝を温室に入れて促成

平均的卸売価格 ● 130円（規格で異なる）
花言葉 ● あなたに心を奪われた
花の日 ● 3月3日
年間流通量 ● 630万本
輸入 ● なし

売れ筋の品種と特徴　60％は「花桃」の「ピンク、白、紅」で流通。品種名が表示されるのは「矢口」（ピンク）が多い。白、紅もあるがイメージは圧倒的にピンク。

主な産地　福島県（新ふくしま）、静岡県（とぴあ浜松）、奈良県（ならけん・西吉野、平群共撰）、和歌山県（ありだ）、愛媛県（えひめ中央）

つくり方　果樹と同じように露地でつくり、切り取った枝を温室で促成。苗を植えてから3年で枝を収穫。花芽分化は8月に始まり、11月に完了し、春まで休眠。切り取ったあと花芽がついた枝を切り分け、規格にあわせて結束（枝折り）し、20℃の温室に入れると7〜10日でつぼみが開く。光があたると新芽が伸び出すので暗黒で管理。

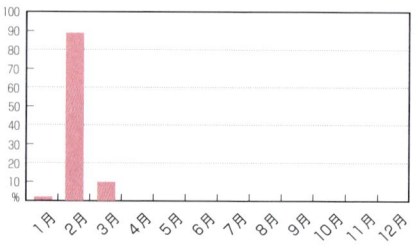

年間の入荷量の推移
桃の節句前に集中

品質のめやすと規格　伝統的な枝折りは手間と技術がいるので、1m前後の枝を束ね、入り本数を一定にした出荷が増えている。

出荷までの取扱い　促成時の水あげに品質保持剤を使うと花色が濃くなり、大きな花が咲く。

お店での管理　乾燥するとつぼみが落ちやすい。

消費者が知っておきたいこと　花が終わった後の葉も楽しめる。

品質保持剤の効果　A（つぼみが咲き、花が大きくなる。花の色も濃い）。

日持ち　2週間（花のしおれ、つぼみの落下）。

●ウルシ科／落葉低木

スモークツリー

[学名] *Cotinus*（不明）
[原産地] 南ヨーロッパ〜中国

増やし方●さし木、たね、メリクロン
流通名・別名●ケムリノキ
こんな花●雌株と雄株がある落葉樹。5〜6月に小さな淡緑色の花が穂のように咲く。観賞するのは花が終わったあとに長く伸びた花がついていた軸。それらがふわふわした綿毛のようになるので、スモークツリーと呼ばれる。ふわふわの穂になるのは雌株だけ

平均的卸売価格●120円
花言葉●煙に巻く
花の日●5月27日
年間流通量●120万本
輸入●少量（オランダ）

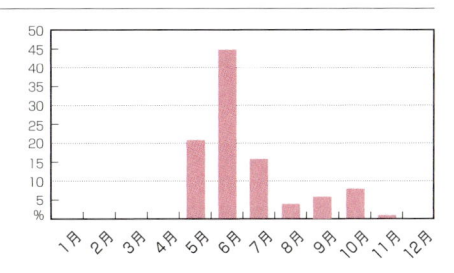

年間の入荷量の推移
以前は7月で終わっていたが、最近は2季咲き品種ができたので秋にも入荷

売れ筋の品種と特徴　ロイヤルパープル（濃紅）：葉も濃赤紫色で観賞できる。ファー・シリーズはメリクロンで苗がつくられている：ホワイトファー、ピンクファー、ファー2、ファー2レッドなど。

主な産地　青森県（津軽みらい）、群馬県（利根沼田）、長野県（グリーン長野）、愛媛県（えひめ中央）

つくり方　露地栽培。メリクロン苗を春に植えると4年目から花が咲く。花は前年に伸びた枝の先につく。

品質のめやすと規格　綿毛の色が鮮明で、ボリュームがある花が3〜4輪ついていること。切り花長は60〜90cm。

出荷までの取扱い　切り口からやにがでるので、収穫と同時に水につけ、水切りをして、十分水あげをする。切り口を乾かさないようにバケットか水入り縦箱が望ましい。

お店での管理　葉はしおれやすいので取りのぞく。枝が折れやすい。

消費者が知っておきたいこと　水あげは悪い。水あげは切り口を割る。

品質保持剤の効果　C

日持ち　長い（ドライフラワーになる）。

● スイカズラ科 / 落葉低木

ビブルナム

[学名] *Viburnum*（スイカズラ）
[原産地] 日本、東アジア、南ヨーロッパ

増やし方●さし木
流通名・別名●ビバーナム
こんな花●公園や庭に植えられているガマズミやサンゴジュ（珊瑚樹）の仲間。主に下表の4種類が流通しており、名称が混乱している。花や実を楽しむ新しい植物

平均的卸売価格●スノーボール：150円、ティヌス：180円、コンパクタ：200円、オオデマリ：150円
花言葉●私を見つめて
花の日●5月19日
年間流通量●500万本
輸入●150万本（30％：ニュージーランド、イタリア、オランダ）

ティヌス

流通名	学名	和名・別名	特徴	原産	分類	流通量
スノーボール	V. opulus	セイヨウテマリカンボク（西洋手鞠肝木）	アジサイのような白い球形の花	ヨーロッパ	落葉低木	250万本
ティナス（ティヌス）	V. tinus	常磐ガマズミ	秋にコバルトブルーの実	地中海沿岸	常緑低木	25万本
コンパクタ	V. opulus 'Compactum'		秋に赤い実	ヨーロッパ	落葉低木	10万本
オオデマリ	V. plicatum	テマリバナ（手鞠花）	スノーボールに似ているが上向きに咲く	日本	落葉低木	6万本

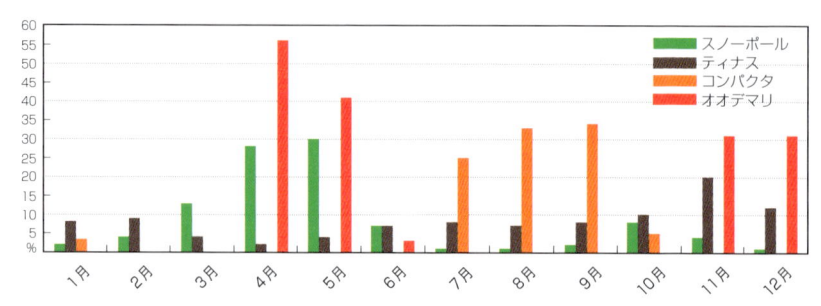

年間の入荷量の推移
スノーボールとティヌスは国産と輸入で一年中流通

スノーボール 　　　　　　　　　　　ビブルナム・ティナス

売れ筋の品種と特徴　輸入品には品種名が表示。
主な産地　スノーボール：山形県（庄内みどり、やまがた）、長野県（みなみ信州）、和歌山県（ありだ）、愛媛県（松山市、えひめ中央）
ティナス（トキワガマズミ）：静岡県（とぴあ浜松）、和歌山県（ありだ）、愛媛県（えひめ中央）
コンパクタ：北海道（北空知）、山形県（山形おきたま）
つくり方　露地栽培。苗を植えてから出荷できるようになるまで3年以上かかる。

品質のめやすと規格　スノーボールは輪数が4～6輪、切り花長40～80cm。ティナスは実つきがよいこと。
出荷までの取扱い　スノーボールは収穫後、品質保持剤を吸わせると花が大きく咲き、長持ちする。
お店での管理　水が上がりにくい場合には切り口を割る。
消費者が知っておきたいこと　水あげはよくない。
品質保持剤の効果　B（花を楽しむスノーボールやオオデマリでは花が大きく咲き、長持ちする）。
日持ち　1週間

● モクセイ科 / 常緑低木

ジャスミン

[学名] *Jasminum*（アラビア語でジャスミン）
[原産地] キソケイはヒマラヤ、羽衣ジャスミンは中国雲南省

増やし方●さし木
流通名・別名●ソケイ（素馨）、羽衣ジャスミン
こんな花●ジャスミン茶などの影響で、香りのよい花としてジャスミンは人気があるが、どんな植物かあまり知られていない。ジャスミンには多くの種類があり、もっとも多く流通しているのはソケイ（素馨）で、ソケイとキソケイがある。ややこしいことに、キソケイ（*J. humile*）が生け花材料としてソケイの名前で流通。その他、タカノツメのようなピンクのつぼみが咲くと真っ白になる羽衣ジャスミン（*J. polyanthum*）がつる性の枝ものとしてよく使われる。キソケイには強い芳香はない。緑茶などにマツリカ（茉莉花：*J. sambac*）の香りをつけるとジャスミン茶（茉莉茶）になる。鉢もののカロライナジャスミン、マダガスカルジャスミンはジャスミンとは別物で、前者はゲルセミウム科、後者はガガイモ科

平均的卸売価格●ソケイ30円、羽衣ジャスミン100円
花言葉●誘惑
花の日●6月7日
年間流通量●ソケイ250万本、羽衣ジャスミン20万本
輸入●なし

売れ筋の品種と特徴　品種はない。
主な産地　静岡県（とぴあ浜松、みっかび）、香川県（坂出園芸）、鹿児島（日野洋蘭園、南原農園）
つくり方
キソケイ　露地栽培。3月にさし木でつくった苗を翌年の春に植え、3年目から5～6月は黄色い花をつけ、7～11月は枝だけを収穫。

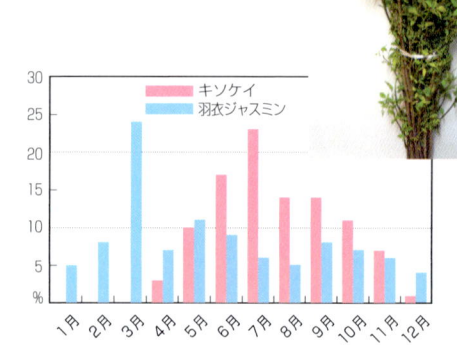

羽衣ジャスミン　ハウス栽培。3月にさし木をし、7月に苗を植えると、翌年の春に小さな花が羽衣を着せたようにまっ白に咲く。花芽分化には低温が必要で、その後、暖房すると冬にでも花が咲く。

品質のめやすと規格　ソケイは80～110cm、羽衣は60～100cm。花つきと枝だけもある。
出荷までの取扱い　ソケイは枝が木化する前の緑の枝に葉をつけた状態で収穫、1日水あげ。羽衣はつぼみで収穫。
お店での管理　水あげはよい。
消費者が知っておきたいこと　ソケイはほのか、羽衣はむせかえるような香り。やわらかな茎を自由に曲げられる。水あげがよく、日持ちも長い。
品質保持剤の効果　B（葉の黄変を防ぐ。落花は止められない）。
日持ち　2週間（葉の黄変、落花）。

年間の入荷量の推移

● オトギリソウ科 / 半落葉性低木

ヒペリカム

[学名] *Hypericum androsaemum*（雑草の下にはえる血のような汁液をだす植物）
[原産地] 西ヨーロッパ、北アメリカ

増やし方● さし木、たね
流通名・別名● オトギリ（弟切）
こんな花● オランダで品種改良された新しい感覚の実つきの枝もの。6月に1cmほどの一重の黄色い花が咲くが、利用されるのは熟すると色づくドングリのような実。特に枝の数が多く、ボリュームがあるものはスプレーの名で流通。緑化用として黄色い花が美しいヒペリカム・カリシナムが利用されている。金糸梅、未央柳の仲間

●
平均的卸売価格● 60円
花言葉● 健康
花の日● 10月27日
年間流通量● 3,200万本
輸入● 2,200万本（70%：ケニア、エクアドル、エチオピア）

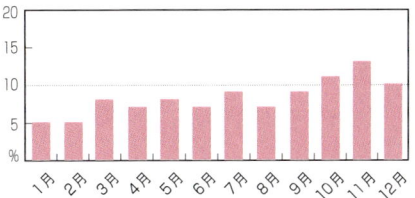

年間の入荷量の推移
国産は季咲きの6～8月、輸入は一年中入荷

売れ筋の品種と特徴 ピンキーフレアー（実の色朱）、キャンンディーフレアー（同　ピンク）、シュガーフレアー（同　淡ピンク）、マジカルレッド（同　朱赤）、グリーンコンドル（同　淡緑）

主な産地 長野県（信州諏訪、中野市、上伊那）、愛媛県（えひめ中央）、高知県（高知はた、土佐あき）

つくり方 国内は露地栽培。苗を植えて2年目から出荷。バラのように数年栽培を続けることができるが、契約で栽培期間が3～5年と定められている登録品種もある。

品質のめやすと規格 かびの一種である「さび病」に弱く、葉の裏に茶色い粉がふくことがある。切り花長60～80cm。

出荷までの取扱い 3分の2以上の実が色づいてから収穫。収穫が早すぎる若い枝はしおれやすく、実が小さく、色づきが不良。逆に遅すぎると頂点の実が変色する。実がついていない枝は切り落とす。しおれやすいのでバケットか水入り縦箱で出荷。

お店での管理 品質保持剤に入っている砂糖で葉が褐色になることがあるので使わないほうがよい。

消費者が知っておきたいこと 実の日持ちは長いが、温度が高いと葉がしおれやすい。

品質保持剤の効果 D（実は長持ちするが、葉は砂糖の影響で褐変する）。

日持ち 10日（実が黒変）。

● スイカズラ科 / 落葉低木

シンフォリカルポス

[学名] Symphoricarpos（実が房状につく植物）
[原産地] 北アメリカ

増やし方●さし木、株わけ
流通名・別名●セッコウボク（雪晃木）、英名はスノーベリー（snowberry）
こんな花●白、ピンク、紫などの丸い実が細い枝に房状につく。まだ新しい品目だが、季節感があり個性的な実つき枝もの。淡いピンクの花が6〜7月に咲き、蜂により交配され実が成長する

平均的卸売価格● 75円
花言葉●可憐
花の日● 10月10日
年間流通量● 120万本
輸入●なし

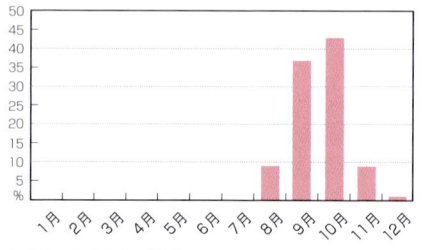

年間の入荷量の推移
露地栽培の季咲きだけ

売れ筋の品種と特徴　ホワイトヘッジ（白実）がもっとも多く45％、その他スカーレットパール（濃ピンク）、ホワイトパール（白実）、グリーンパールファンタジー（淡緑）、チャーミングファンタジー（淡ピンク）。
主な産地　山形県（やまがた）、長野県（上伊那、みなみ信州、北信州みゆき）
つくり方　露地栽培。購入した苗を春に植え、1年間株を養成し、2年目の秋から数年間にわたり切り枝をすることができる。冬は地上10cmで切り戻す。自家受粉では実がつきにくいので、1品種単独でなく、数品種をいっしょに植える。
品質のめやすと規格　実の色が鮮やかで、実つきがよく、草姿のバランスがよいこと。長さは70〜90cm。

出荷までの取扱い　1/3〜1/2の実が色づいたら切り枝し、実のついていない枝や弱い枝を取り除き、結束。砂糖を含んだ品質保持剤で水あげをする。バケットか水入り縦箱が望ましい。
お店での管理　葉がしおれやすいので取り除く。
消費者が知っておきたいこと　実が熟すとやわらかくなり落果する。
品質保持剤の効果　B（葉の黄変、落葉、実のしおれを防ぐ）。
日持ち　2週間（葉のしおれ、黄変、落葉、実のしおれ、褐変）。

● センリョウ科 / 常緑低木

センリョウ（千両）

[学名] *Chloranthus glabra*（花が緑で葉に毛がない）
[原産地] 日本（関東以南）、台湾、中国南部

増やし方● たね

こんな花● お正月の縁起物商材（千両＝商売繁盛につながる）。松の市とともに、年に一度の千両市は年末の風物詩。千両に対して、万両（マンリョウ：ヤブコウジ科）、百両（カラタチバナ：同）、十両（ヤブコウジ：同）、一両（アリドオシ：アカネ科）がある。「千両万両有り通し」（一年中お金がある）といわれるおめでたい花。お正月以外にも洋花として使いたい

平均的卸売価格● 130円（等級による差が大きい）
花言葉● 裕福
花の日● 12月31日
年間流通量● 1,900万本
輸入● すべて国産

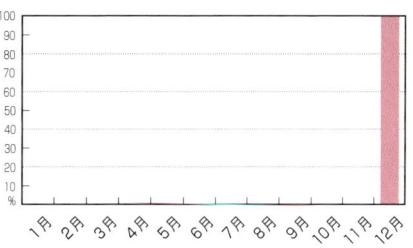

年間の入荷量の推移

売れ筋の品種と特徴　赤い実90％と黄色い実10％（キミセンリョウ）。

主な産地　茨城県（神栖、波崎）が60％。千葉県（銚子）、島根県（石見銀山）、高知県（高知はた）

つくり方　常緑広葉樹林の樹下で自生しているので直射日光にあたると葉が黄色くなる。そのため2cm間隔でならべた割竹を天井と側面に張りつけた施設でつくる。たねをまいて4年目から10年以上毎年収穫する。花は6月に咲き、緑色で、花びらがなく、目立たない。自家受粉して実が太り、10月には色づく。

品質のめやすと規格　長さ（60〜100cm）、ボリューム、実のつき方で等級分け。収穫1年目が鎌付（初鎌）、2年目が初盛、3年目以降は本盛と表示されることがある。品質が悪いものは実が落ちやすい。

出荷までの取扱い　11月に収穫後、等級別に選別し、涼しい場所で水あげ。バケットや縦箱水つけ輸送もある。

お店での管理　切り口を木槌でたたいて割ってから水あげ。品質保持剤も効果的。

消費者が知っておきたいこと　水が下がったら下の葉を取り、新聞でまいて茎を切り戻す。

品質保持剤の効果　A（水が下がらず、葉が黄変しない）。

日持ち　1か月

●バラ科 / 落葉低木

キイチゴ

[学名] *Rubus*（赤い実）
[原産地] 日本

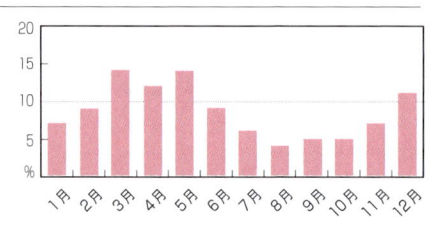

増やし方●さし木
流通名・別名●木苺
こんな花●キイチゴ（木苺）はラズベリー、ブラックベリーなど *Rubus* 属の総称。枝ものとして流通しているのは、日本に自生するとげがないカジイチゴ（梶苺）（*R. trifidus*）が多い。春の芽吹き、夏の新緑、秋にはモミジのような葉が紅葉、4月には小さな白い花、6月には黄色の実がなり美味。食用のイチゴは同じバラ科であるが、属がちがい、果実は雌しべの底の部分がふくらんだものだが、キイチゴはたくさんの雌しべがふくらんだものの集合体。ブルーベリーはツツジ科でまったく別の種類

年間の入荷量の推移
春は新芽、夏は大きな葉、秋は紅葉と表情が変化

平均的卸売価格●60円
花言葉●尊敬
花の日●4月30日
年間流通量●460万本
輸入●なし

売れ筋の品種と特徴 90％がキイチゴ、10％がブラックベリーで流通。キイチゴには普通葉と小葉（ベビーハンズ）がある。
主な産地 北海道（北いしかり、さっぽろ、北の純情倶楽部）、群馬県（赤城たちばな）
つくり方 露地栽培。1〜4月は芽吹き、5〜8月は新緑、9〜12月は紅葉と季節ごとに収穫。
品質のめやすと規格 葉につやがあり、傷がないこと。長さ50〜100cm。
出荷までの取扱い 収穫した枝を規格にわけ、水あげ。
お店での管理 特別な管理は不要。

花つき

消費者が知っておきたいこと 水あげはよい。
品質保持剤の効果 B（葉の黄変を防ぐ）。
日持ち 1週間（葉の黄変）。

● リュウケツジュ科 / 観葉植物

ドラセナ

[学名] Dracaena（龍の血という樹脂を生ずる植物）
[原産地] アジア、アフリカの熱帯

増やし方● さし芽
流通名・別名● リュウケツジュ（龍血樹）、センネンボク（千年木）
こんな花● トロピカルな葉はまさに観葉植物の王様。鉢ものだけでなく、葉ものとしても大量に使われている。ドラセナ属（Dracaena）とコルジリネ属（センネンボク Cordyline）をあわせてドラセナとして扱われている。ドラセナ・マッサンゲアナの鉢ものは幸福の木の名で有名

平均的卸売価格● 35円
花言葉● 祝福
花の日● 12月2日
年間流通量● 5,000万本
輸入● 4,300万本（86%：マレーシア）

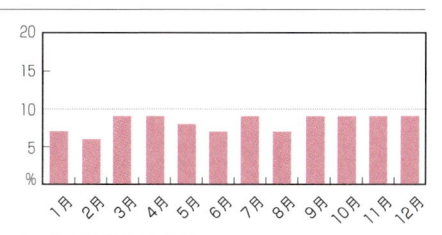

年間の入荷量の推移
一年中安定して入荷

売れ筋の品種と特徴 ドラセナ属とコルジリネ属だけでなく、さまざまな種と品種が混在。
葉が楕円形のゴッドセフィアナが55%、フロリダビューティーはその品種、葉が長細く先がとんがるサンデリアーナが20%。

主な産地 沖縄県（おきなわ、沖縄県花卉園芸）

つくり方 沖縄では遮光したかんたんな雨よけハウス。15℃以上であればいつでも苗を植えることができ、植えっぱなしで5〜6年葉を収穫する。

品質のめやすと規格 葉の先に傷みがなく、茎が固くまっすぐなこと。長さは40〜60cmで柄の長さが15〜20cm。

出荷までの取扱い 葉の色が十分にでたものを切り取り、水あげ。乾式輸送。

お店での管理 特別な管理は不要。

消費者が知っておきたいこと C（水あげがよく、扱いやすい）。

品質保持剤の効果 特に必要としない。

日持ち 2週間（葉のしおれ、褐変）。

● ビャクブ科 / 宿根草

リキュウソウ（利休草）

[学名] *Stemona*（花びらのような雄しべをもつ植物）
[原産地] 中国

増やし方 ● たね、株わけ
流通名・別名 ● ビャクブ（百部）、ステモナ
こんな花 ● 江戸時代に中国から渡来し、茶花や生け花に使われたので千利休にちなみ利休草の名がついた。シンプルな美しさはわび、さびの極致だが、今ではつる性のグリーンとしてアレンジやブーケに人気。見かけより茎が硬く、しゃきっとしている。根は漢方で百部根といいアルカロイドを含み有毒

平均的卸売価格 ● 60円
花言葉 ● 祝福
花の日 ● 11月16日
年間流通量 ● 750万本
輸入 ● なし

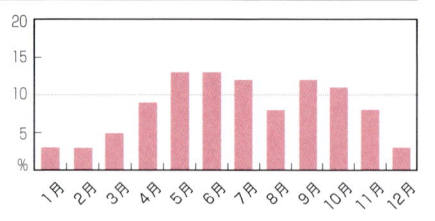

年間の入荷量の推移

売れ筋の品種と特徴 品種はない。鉢ものでは学名のステモナで流通。

主な産地 茨城県（常陸小川）、富山県（松井園芸）、愛知県（豊橋、ひまわり）、愛媛県（東予園芸）、高知県（土佐あき、笹岡花卉農園）、福岡県（ふくおか八女）

つくり方 ハウス栽培。秋に苗を植えると翌年の5月から出荷できる。収穫した後から新芽が伸び成長する。寒さにあうと地上部が枯れ、休眠する。つる植物なので倒れないようにネットか茎を糸で吊るす。紫色の雄しべが花びらのような地味な花が5～7月に咲く。

品質のめやすと規格 小葉で葉が詰まり、茎が先までまっすぐなこと。長さは40～100cm。

出荷までの取扱い 葉がかたまってから収穫、水あげ。乾式輸送。

お店での管理 つるがからまないようにていねいに取扱う。

消費者が知っておきたいこと 水あげがよく、吸水フォームにもさしやすい。

品質保持剤の効果 C

日持ち 2週間（葉の黄変）。

● サトイモ科／宿根草

ショウブ（菖蒲）

[学名] *Acorus calamus*
[原産地] 北アジア

増やし方●株分け
流通名・別名●葉菖蒲
こんな花●端午の節句（こどもの日）に風呂に入れたり（菖蒲湯）、軒先に吊るして邪気をはらう風習がある葉もの。5月にアンスリウムの花の中心の棒のような地味な花を咲かせる。アヤメ科で別の種類であるハナショウブ（*Iris ensata*）とまちがいやすい。ショウブを葉菖蒲と呼び、花菖蒲と区別。香りが強いタイプとほのかな香りのタイプがある。セキショウ（石菖）は仲間

平均的卸売価格●30円
花言葉●尚武
花の日●5月5日
年間流通量●150万本
輸入●なし

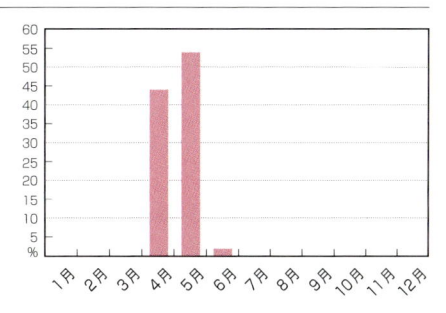

年間の入荷量の推移

売れ筋の品種と特徴　ショウブ（菖蒲）またはハショウブ（葉菖蒲）で流通し、品種名が表示されることはほとんどない。

主な産地　茨城県（フローレ北浦）、愛知県（あいち海部）、京都府（やましろ・城陽）

つくり方　湿地に植え、据置き。

品質のめやすと規格　葉に黒点がなく、虫に食われていないこと。

出荷までの取扱い　収穫後、切り口の太さで選別し、スリーブに入れ、乾式輸送。

お店での管理　水につけることなく野菜のような取扱いで十分。

消費者が知っておきたいこと　ハナショウブも菖蒲で流通しているので注意。

品質保持剤の効果　C
日持ち　長い（生けて飾ることはない）。

●ユリ科／宿根草

オモト（万年青）

[学名] *Rohdea japonica*（ドイツの植物学者の名前）
[原産地] 日本、中国

増やし方●株わけ
流通名・別名●万年青
こんな花●お正月の生花には必需品の葉もの。マツ、ウメ、センリョウとともに年末市場の顔。伝統品目だけあって約束ごとが多い。鉢ものは江戸時代から愛好されてきた

平均的卸売価格●1,600円（セット価格）
花言葉●熱中
花の日●12月19日
年間流通量●180万本
輸入●なし

売れ筋の品種と特徴　伝統の品目で品種は固定。江戸時代からつくられている都の城が80％、大宗冠が10％。

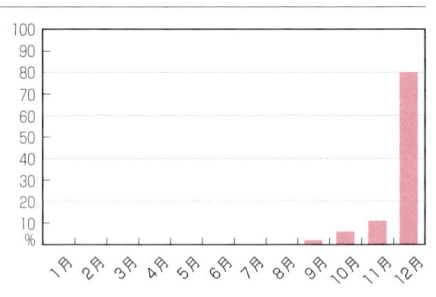

年間の入荷量の推移

主な産地　茨城県（藤代助右衛門）、埼玉県（藤波農園）、和歌山県（ありだ）、徳島県（あなん）

つくり方　ハウスで日よけ栽培。春に苗を植えると5〜6月に花が咲き、秋には赤い実ができる。切り葉用の品種は実がつきにくいので、別に実とり用の品種をつくる。一度植えると10年は据置き栽培。

品質のめやすと規格　関東は葉13〜15枚に実を2本、関西は葉10枚に実1本が規格。

出荷までの取扱い　11月から、その年に伸びた新葉を中心の1〜2枚を残して切り取る。切った葉は土や汚れを水で洗い、水あげをしながら5℃の冷蔵庫で保管し、随時結束。12月から出荷。

お店での管理　低温期でもあり、特別な管理は不要。

消費者が知っておきたいこと　水あげがよく、日持ちは長い。

品質保持剤の効果　C
日持ち　4週間

●キク科 / 宿根草

シロタエギク

[学名] *Senecio*（老人のような白髪の葉）
[原産地] 地中海沿岸

増やし方●たね、さし芽
こんな花●本来は銀葉の花壇材料。フェルトのような手ざわりの銀白色の葉が珍重され、ウエディングブーケなどに利用。6月に小さな黄色の花が咲く。見かけはまったくちがうが、多肉植物のグリーンネックレスは同じセネシオ属の仲間。ピンクダスティミラーはセントーレア（*Centaurea gymnocarpa*）でまったく別の種類

平均的卸売価格● 40円
花言葉●長寿
花の日● 11月30日
年間流通量● 140万本
輸入●なし

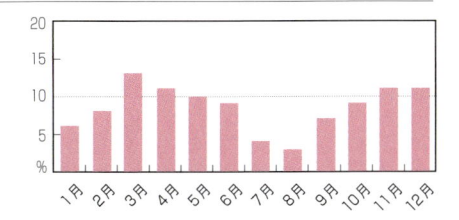

年間の入荷量の推移

ダスティミラー

売れ筋の品種と特徴　ダスティミラーは品種名だが、ダスティミラー＝白妙菊として流通。シリウス（シラス）は葉に切れ込みがなく、葉色がさらに白い品種。シルバーダストは切れ込みが深く、繊細。

主な産地　北海道（月形町）、群馬県（あがつま）、長野県（フラワーファーム沓掛）、福岡県（にじ）、鹿児島県（株・日野洋蘭園）

つくり方　ハウス栽培。花を咲かせる必要がないので、一年中いつでもたねをまき、苗を植えることができる。

品質のめやすと規格　葉の色が鮮やかなこと。長さは30～50cm。

出荷までの取扱い　葉が硬くなったらホウレンソウや小松菜のようなスタイルで刈り取り、切り口をそろえ、水あげ。乾式輸送。

お店での管理　本来は花壇材料で、水あげは悪い。

消費者が知っておきたいこと　水が下がったら湯あげ。

品質保持剤の効果　C

日持ち　5日（水下がりによるしおれ）。

●オシダ科／シダ類

レザーファン

[学名] *Rumohra adiantiformis*（不明）
[原産地] 南アメリカ、ニュージーランド

増やし方●株分け
流通名・別名●レザーリーフファン、ルモーラ
こんな花●葉は三角形で、名前のとおり革のように硬く濃緑で美しい。日持ちも長く、現代のアレンジにはなくてはならないグリーン。葉の裏につく胞子*は嫌われ、少ない品種が選抜されている

平均的卸売価格● 20円
花言葉●丈夫
花の日● 8月8日
年間流通量● 1億枚
輸入● 6,100万枚(60%：パナマ、インドネシア、アメリカ、コスタリカ)

＊胞子：種子植物は雄しべと雌しべが交配してたねをつくり増殖するが、シダ植物では単独で新しい個体をつくる細胞を胞子と呼ぶ。

売れ筋の品種と特徴　ほとんどはレザーファンで流通。マイルドは胞子がつきにくい系統。
主な産地　東京都（八丈島）、佐賀県（宮崎グリーン）
つくり方　ハウス栽培。株分けした苗を春に植えると翌年から収穫できる。夏は葉焼けを防ぐために遮光をする。5℃以上に暖房をすれば冬にも収穫できる。春に強い光にあてると胞子がつきやすい。株は5年以上使える。
品質のめやすと規格　葉の裏に胞子がついておらず、葉先が曲がっていないこと。葉の長さが25〜45cmに柄の部分が加わる。
出荷までの取扱い　葉の先端が硬く

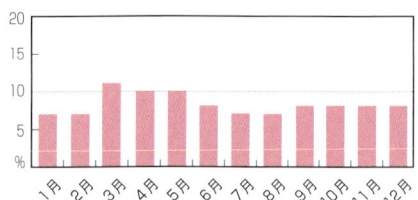

年間の入荷量の推移

なったら収穫し、束にして水あげをする。
お店での管理　高温性のシダなので常温で取り扱う。成熟した胞子が粉のように落ちることがある。
消費者が知っておきたいこと　水あげがよく日持ちが長いので、メインの切り花が枯れたあともくりかえし利用できる。
品質保持剤の効果　C
日持ち　数か月

●ヤシ科／常緑中低木

フェニックス・ロベレニー

[学名] Phoenix rocbelenii（フェニキア人＋オランダ人のロベール氏）
[原産地] ベトナム、ラオス

増やし方●たね
流通名・別名●ロベ、ロベレニー、フェニックス、シンノウヤシ（神農椰子）
こんな花●大きな葉ものの定番。定番すぎて消費量は減りぎみ。アレカヤシより寒さに強いので、観葉植物としての利用も多い

平均的卸売価格●20円
花言葉●勝利
花の日●8月11日
年間流通量●3,500万本
輸入●1,000万本（30%：スリランカ）

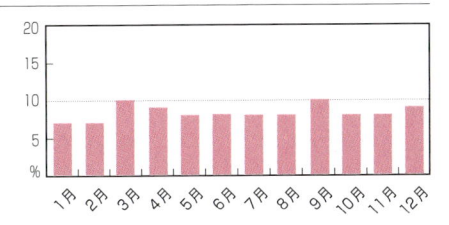

年間の入荷量の推移
1年中入荷

売れ筋の品種と特徴　品種はない。
主な産地　東京都（八丈島）
つくり方　露地またはハウス栽培。防風垣やネットで風による傷みを防ぐ。秋にたねをまき、5年後に苗を植え、その2年後（たねまき8年後）から葉を収穫できる。その後10年以上切り葉を続けることができる。

品質のめやすと規格　葉先が枯れていないこと。葉の長さは50〜100cm。
出荷までの取扱い　十分色づいた葉を収穫し、水で洗い、とげを切り落とし、規格別に分け、水あげ。乾式輸送。
お店での管理　ときどき霧吹きで水をかける。
消費者が知っておきたいこと　葉先の枯れた部分をハサミで切り取る。しおれたら霧吹きで水をかける。
品質保持剤の効果　C
日持ち　長い（葉先枯れ、黄変）。

● タマシダ科 / シダ類

タマシダ

[学名] Nephrolepis cordifolia（腎臓形＋心臓形の葉）
[原産地] 日本西南地域、中国、台湾、東南アジア

増やし方●ランナー＊から伸びた小苗
流通名・別名●ネフロピレス
こんな花●根に水や養分を蓄えるピンポンのような玉（根茎）をつけるのが名前の由来。若い葉は先端が巻いている。花束やアレンジになくてはならない葉もの。鉢もののボストンタマシダやツデータマシダは西洋タマシダ（N. exaltata）で別の種

平均的卸売価格● 10 円
花言葉●神秘
花の日● 7 月 27 日
年間流通量● 1,200 万本
輸入●なし

＊ランナー：地表または浅い地下を水平に這うように伸びる茎。その先端を切り取ると苗になる。タマシダのほかにはイチゴ、オリヅルラン、ユキノシタなどがランナーで苗をつくる。

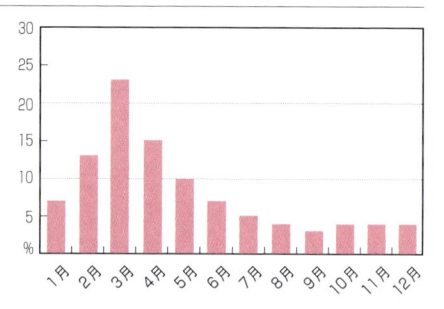

年間の入荷量の推移

売れ筋の品種と特徴　品種はない。
主な産地　東京都（八丈島）、沖縄県（沖縄県花卉、おきなわ）
つくり方　暖かい地域では日よけの寒冷紗だけを被覆したハウスに苗を植え、翌年から葉を収穫する。株は 10 年以上使える。
品質のめやすと規格　葉がまっすぐで、葉先が丸みを帯びていること。葉長は 40 ～ 60cm。
出荷までの取扱い　葉の先端がまいているうちに収穫し水あげ。
お店での管理　冷たい水では吸水量が少なくしおれやすいので、常温の水で水あげ。
消費者が知っておきたいこと　水あげはよい。しおれたら霧吹きで水をかける。
品質保持剤の効果　C
日持ち　10 日間（黄色く変色した羽のような小さな葉がぱらぱら散る）。

● ユリ科 / 常緑低木

ルスカス

[学名] *Ruscus, Danae*
[原産地] 南ヨーロッパ

増やし方● 株わけ
流通名・別名● 丸葉ルスカス、細葉ルスカス、ナギイカダ
こんな花● 木本性の葉もの。丸葉ルスカス（イカダバルスカス、*Ruscus hypophyllum*）はルスカス属だが、細葉ルスカス（笹葉ルスカス、イタリアンルスカス、*Danae racemosa*）は別の属でダナエ属。両者がルスカスの通称で流通。どう見ても葉だが、枝が扁平に変化したもの。その真ん中に花が咲き、赤い実になる

平均的卸売価格● 25円
花言葉● 陽気
花の日● 4月20日
年間流通量● 1,500万本（丸葉1,000万本、細葉500万本）
輸入● 丸葉600万本（60％：イスラエル）、細葉300万本（60％：イタリア）

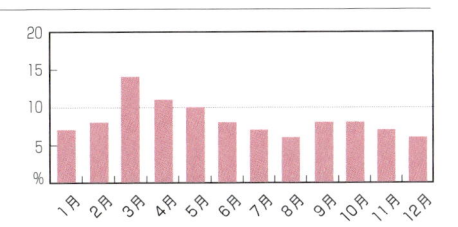

年間の入荷量の推移
一年中いつでも入荷

売れ筋の品種と特徴 品種表示はない。
主な産地 茨城県（宮内バラ園）、東京都（八丈島）、佐賀県（宮崎グリーン）
つくり方 ハウス栽培。春に苗を植え、地下茎から伸びた芽が硬くなったものを切り葉として収穫。強い光を嫌うので、夏は遮光をする。一度植えれば4～5年は栽培できる。ハウスの換気が不足すると灰色かび病が発生する。
品質のめやすと規格 全長の半分以上に葉がついていること。長さは45～90cm。
出荷までの取扱い 収穫後半日以上水あげをしてから乾式輸送。

お店での管理 特別な管理は不要。
消費者が知っておきたいこと 水あげはよい。
品質保持剤の効果 C
日持ち 4週間（葉の黄変）。

●サトイモ科／宿根草

モンステラ

[学名] *Monstera*（怪物のような葉）
[原産地] 熱帯アメリカ

増やし方●たね、さし木
流通名・別名●ホウライショウ（蓬莱蕉）
こんな花●薄暗いジャングルで樹にからみついて生育。サトイモ科の特徴であるカラーのような花が咲くが、ふだんは目にすることはない。苗のときの葉はハート形だが、大きくなると穴があき、切れ込みが入り、学名どおり怪物のような葉になる。アレンジやブーケに使うと南国風になる。同じサトイモ科のクッカバラと似ているが、クッカバラは観葉植物で人気のフィロデンドロン（*Philodendron*）の仲間

平均的卸売価格●35円
花言葉●自然愛
花の日●6月17日
年間流通量●1,500万本
輸入●600万本（40%：マレーシア）

売れ筋の品種と特徴　品種はない。
主な産地　佐賀県（宮崎グリーン）、沖縄県（おきなわ、沖縄県花卉）

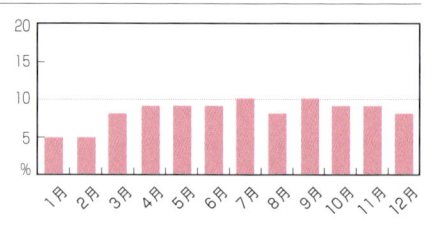

年間の入荷量の推移

つくり方　日覆いをしたハウス。冬は暖房。
品質のめやすと規格　葉につやがあり、葉柄の長さが十分あること。葉の長さは20～50cm。
出荷までの取扱い　収穫後葉の大きさ別に選別し、水あげ。乾式輸送。
お店での管理　特別な管理は不要。
消費者が知っておきたいこと　穴や切れこみは個体差がある。水あげはよく、丈夫。
品質保持剤の効果　C
日持ち　長い（葉の黄変、縁が黒変）。

●ヤシ科／観葉植物

アレカヤシ

[学名] Chrysalidocarpus lutesce（金色の果実）
[原産地] マダガスカル

増やし方●たね
流通名・別名●アレカ、ヤマドリヤシ（山鳥椰子）
こんな花●南国ムードが漂う切り葉の主力。同じヤシの葉であるフェニックス・ロベレニー（通称ロベ）の硬質に対して、涼しげな細い葉が整然とならび、やわらかいイメージ。昔の学名がアレカ（Areca）だったのでアレカヤシ。和名は葉が山鳥の羽のようだから

平均的卸売価格● 40円
花言葉●勝利
花の日● 6月5日
年間流通量● 1,200万本
輸入● 840万本（70%：台湾、シンガポール、スリランカ）

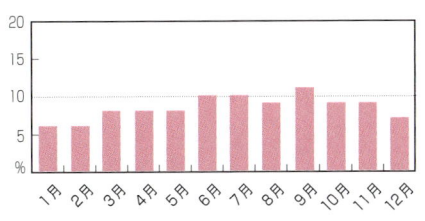

年間の入荷量の推移

売れ筋の品種と特徴　アレカヤシまたはアレカで流通し、品種はない。
主な産地　沖縄県（沖縄県花卉、おきなわ）
つくり方　露地栽培。防風垣やネットで風による傷みを防ぐ。秋にたねをまき、翌年の春に苗を植えると、次の年の春（たねまき3年目）から葉を収穫できる。5年間切り葉をして株を更新する。
品質のめやすと規格　葉先が枯れていないこと。葉の長さは60〜120cm。
出荷までの取扱い　十分色づいた葉を収穫し、水で洗い、規格別に分け、水あげ。乾式輸送。

お店での管理　ときどき霧吹きで水をかける。
消費者が知っておきたいこと　葉先が枯れてきたら枯れたところをハサミで切り取る。しおれたら霧吹きで水をかける。
品質保持剤の効果　C
日持ち　長い（葉先枯れ、黄変）。

● ユリ科 / 宿根草

アスパラガス

[学名] *Asparagas*（細く裂けた葉）
[原産地] 日本原産のテンモンドウ以外は南アフリカ

増やし方●たね、株わけ
流通名・別名●こんな花参照
こんな花●さまざまな種類のアスパラガスが学名、和名、通称などで流通し、混乱している。すべて食用のアスパラガス（*A. officinalis*）の仲間。
葉ものとして流通しているのは、①ミリオン（ペラ）（*A. pseudoscaber*）、②ミリオクラダス（ミリオアスパラ、タチボウキ）（*A. macowanii*）、③スマイラックス（*A. asparagoides*）、④プルモーサス・ナナス（ナナス、シノブボウキ）（*A. setaceus*）、⑤メイリー（メリー）とスプレンゲリー（スギノハカズラ）（*A. densiflorus* の園芸品種）、⑥テンモンドウ（天門冬）（*A. cochinchinensis*）。
アスパラガスの葉は茎が変化したもので、本当の葉は退化してとげ状。以前は添えものの定番であったが、他の種類が増えたので利用が減った

平均的卸売価格● 60円（品種でかなり異なる）
花言葉●勝利の確信
花の日● 3月9日
年間流通量● 1,000万本
輸入●なし

売れ筋の品種と特徴

ミリオン：小さな葉が松の葉のようにまとまって咲く。ミリオクラダス：低木状で小さな針のような葉。トゲがするどい。スマイラックス：つる性で、ルスカスのような葉。プルモーサス・ナナス：アスパラの定番。つる性。福みどり：ミリオンの改良種。メイリー（メリー）：杉のような小さな葉が円筒状。トゲがある。テンモンドウ：根は漢方薬「天門冬」。

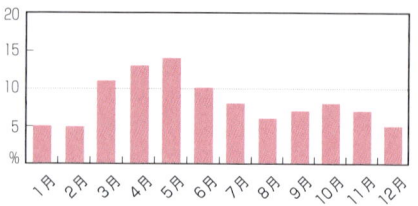

年間の入荷量の推移

主な産地　東京都（日野洋蘭園）、静岡県（伊豆太陽）、鹿児島県（南原農園）
つくり方　ハウス栽培。経営の主体ではなく、補完的な品目。一度植えると3〜5年は続けて栽培ができる。
品質のめやすと規格　茎が硬く、葉が変色していないこと。種類により大きさはさまざまで、アレンジ用の30cmから1mを超すものまである。
出荷までの取扱い　葉がかたまったら収穫し、水あげ。
お店での管理　古くなると葉が落ちる。
消費者が知っておきたいこと　トゲに注意。
品質保持剤の効果　C
日持ち　1週間（葉が黄色になり、ぱらぱら落ちる）。

●ユリ科／宿根草

ナルコユリ・アマドコロ

[学名] *Polygonatum odoratum*（根に多くの節があり、香りがよい植物）
[原産地] 日本、中国、朝鮮半島

増やし方●株わけ
流通名・別名●ナルコ、ナルコラン、イズイ
こんな花●笹のような葉もので、「斑入り鳴子」や「ナルコユリ」「ナルコラン」の名で流通しているが、「ナルコユリ」ではなく「アマドコロ」のこと。ナルコユリとするほうが商品としてのイメージがよかったため、よく似たナルコユリの名前を拝借。本物のナルコユリの葉は細く、茎は丸いが、アマドコロは葉が長楕円形で茎が角張っている。どちらも5月に白いスズランのような花が下向きに咲くが、花の数は本物のナルコユリのほうが多い。花が終わったあとの葉を出荷するので花を目にすることは少ない。根は漢方薬で萎蕤（いずい）という

平均的卸売価格●30円
花の日●5月31日
年間流通量●1,100万本
輸入●なし

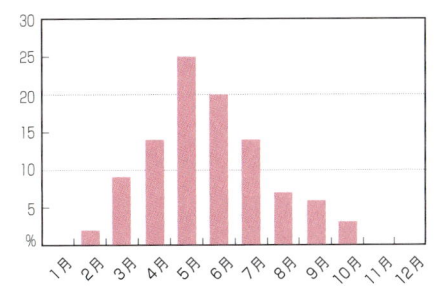

年間の入荷量の推移

売れ筋の品種と特徴　品種はない。各産地で斑がきれいな株を選抜している。
主な産地　福島県（新ふくしま）、新潟県（北魚沼、津南町、にいがた南蒲）、長野県（北信州みゆき）、徳島県（阿波みよし）、福岡県（ふくおか八女）
つくり方　露地またはハウス栽培。秋に株わけした苗を露地に植え、2年間株を太らせたあと5〜8月に葉を出荷。晩秋に地上部は枯れ、土の中の根は休眠。低温にあたり休眠が覚め、春に芽をだす。ハウスに苗を植え、低温にあわせたあと、ビニールをかけ、暖房すると冬に出荷できる。

品質のめやすと規格　葉の縁が枯れていないこと。長さは30〜60cm。
出荷までの取扱い　規格別に選別して乾式輸送。
お店での管理　水あげもよく、特別な管理は不要。
消費者が知っておきたいこと　下葉から黄変する。
品質保持剤の効果　C
日持ち　10日間（葉が黄色くなり枯れる）。

アマドコロ

●アヤメ科 / 宿根草

オクラレルカ

[学名] *Iris ochroleuca*（黄色を帯びた白色のアイリス）
[原産地] トルコ

増やし方●株わけ
流通名・別名●オクラレウカ、チョウダイ（長大）アイリス
こんな花●正しい名前はアイリス・オクラレウカ。ふつう、アイリスといえばブルーマジックやブルーダイヤモンドでおなじみのダッチアイリス（球根アイリス）のこと。アイリスの仲間にはアヤメ、カキツバタ、ハナショウブ、ジャーマンアイリス、ヒオウギ、ヒメシャガ、イチハツがあり、オクラレウカもその一員。花ではなくすらりと伸びた鮮やかな緑の葉を生け花に使う

平均的卸売価格● 55 円
花言葉●恋のメッセージ
花の日● 4 月 24 日
年間流通量● 270 万本
輸入●なし

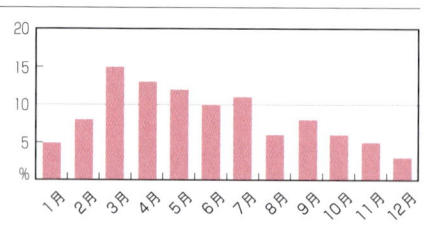

年間の入荷量の推移
一年中安定して入荷。4月には花つきも

売れ筋の品種と特徴　品種はない。
主な産地　愛知県（あいち海部）、徳島県（あなん）、沖縄県（おきなわ、沖縄県花卉）
つくり方　菖蒲園のような田んぼ。4月にはアイリスのような花が咲く。本来の花色は学名のように白に黄のマークだが、現在つくられているのは淡い紫。
品質のめやすと規格　傷がなく、葉の先までぴんと伸びていること。長さは 60 〜 80 ㎝。
出荷までの取扱い　新葉がかたまったら収穫。

お店での管理　折れやすいので注意。
消費者が知っておきたいこと　水あげもよく、扱いやすい。
品質保持剤の効果　C
日持ち　2 週間

●イネ科 / 宿根草

ススキ

[学名] *Miscanthus*（茎の先に穂がでる植物）
[原産地] 日本、東南アジア

●増やし方●株わけ
●流通名・別名●薄、おばな（尾花）、カヤ（茅）
●こんな花●空き地に生える雑草だが、秋の七草として十五夜のお月見には欠かせない。夏のころには涼しさを演出する素材だが、穂が枯れ、葉が色づき始めると冬の訪れを感じさせる。茅葺き屋根の材料として、家畜のえさとして生活に密着した植物。学名はミスカンサス（*Miscanthus*）だが、ややこしいことに、別にミスカンサスの名で短めのススキのような葉が一年中マレーシアから輸入されている。これはジャノヒゲの仲間のオフィオポゴン（*Ophiopogon malayanus*）のことで、ススキとは赤の他人。鉢ものではオフィオポゴンとミスカンサスの両方の名で流通

●平均的卸売価格●20円
●花言葉●活力
●花の日●9月13日
●年間流通量●300万本
●輸入●なし

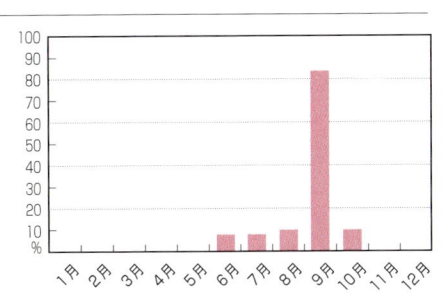

年間の入荷量の推移

売れ筋の品種と特徴

タカノハススキ（鷹羽薄）：葉に黄白色の段斑。英名はゼブラグラス。シェア80％。
シマススキ（縞薄）：葉に白い縦斑。
イトススキ（糸薄）：葉が細く穂も小さい。

●主な産地　埼玉県（埼玉中央）、長野県（佐久浅間、北信州みゆき）
●つくり方　露地栽培。暖地では秋、寒冷地では春に株わけした苗を植えると。ほぼ放任で年々株が大きくなる。
●品質のめやすと規格　穂が長く、葉が硬いこと。切り花長は100〜120cm。
●出荷までの取扱い　穂が開く前に収穫。
●お店での管理　水につけるとすぐに穂が開く。
●消費者が知っておきたいこと　葉の縁がするどいので、手を切らないように注意。
●品質保持剤の効果　C
●日持ち　1週間（穂の枯れ）。

207

● カヤツリグサ科／宿根草

フトイ

[学名] *Scirpus lacustris*（池に生えるイグサ）
[原産地] 日本

増やし方● 株わけ
こんな花● 学名のとおり、たたみの材料イグサ（藺草）の仲間。したがって、「太い」ではなく「太藺」、つまり太いイグサ。トクサと同じように、直線的な茎そのままや折ったり、曲げたりして生け花、アレンジなど多方面に利用

平均的卸売価格● 15円
花言葉● 元気
花の日● 6月6日
年間流通量● 840万本
輸入● なし

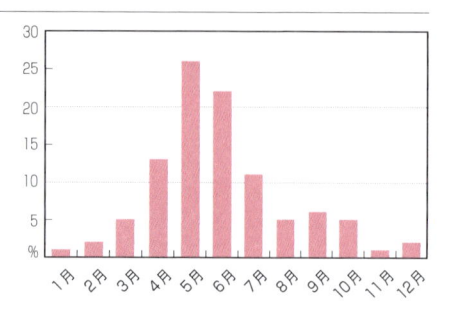

年間の入荷量の推移

売れ筋の品種と特徴　通常の茎が緑（青フトイ）以外に、緑と黄白色の横縞のシマフトイ（15％）が流通。5〜10月には先端に花あるいは実がつく。
主な産地　千葉県（石井農園）、熊本県（藤村農園）、沖縄県（おきなわ）
つくり方　水田。田植えと同じように春に苗を植える。2年目の5〜6月には線香花火のような花が咲く。冬は地上部が枯れる。一度植えると数年間は収穫できる。
品質のめやすと規格　茎の太さがそろい、緑色が退色していないこと。切り花長は90cm。
出荷までの取扱い　草丈が120cmぐらいになったら地ぎわから20cm残して収穫。
お店での管理　特別な管理は不要。
消費者が知っておきたいこと　水あげはよい。
品質保持剤の効果　C
日持ち　長い

青フトイ

花つき

● トベラ科 / 常緑低木

ピットスポルム

[学名] *Pittosporum tenuifolium*（たねが脂で覆われた薄い葉の植物）
[原産地] ニュージーランド

増やし方●さし木
流通名・別名●ピットスポラム、テヌイフォリウム、トベラ
こんな花●西日本ではどこにでも生えている樹木トベラの仲間。木の枝だが、やわらかなイメージが人気で、斑入りの葉ものとしてアレンジやブーケに使われ、最近、輸入が急増

平均的卸売価格● 45 円
花言葉●安らぎ
花の日● 5 月 14 日
年間流通量● 800 万本
輸入● 700 万本（88％：ニュージーランド、イタリア）

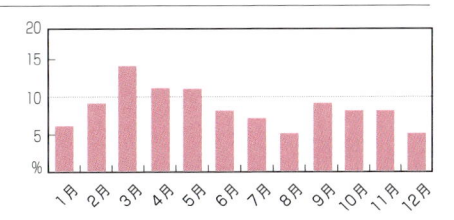

年間の入荷量の推移
一年中入荷がある

売れ筋の品種と特徴　テヌイフォリウムは品種名ではなく、種名。品種名が表示されているのはシルバークイーン（銀灰色に黄白色のふちどり）、アイリーンパターソン（霜降り状の葉）、マウンテングリーン（緑で斑が入らない）など。

主な産地　静岡県（加藤農園）、愛媛県（日土花木研究会）

つくり方　露地栽培。苗を植えて 3 年後から 40cm 以上の枝を収穫することができる。

品質のめやすと規格　小さな葉がこんもりと多くついていること。1 束の中にはボリュームの違う枝が混在。長さ 40 〜 70cm。

出荷までの取扱い　枝を収穫し、長さ別に選別し、水あげ。乾式輸送。新芽の時期は葉が落ちることもある。

お店での管理　乾燥しないように葉水。
消費者が知っておきたいこと　水あげはよい。
品質保持剤の効果　B（しおれを防ぐ）。
日持ち　2 週間（葉のしおれ、変色）。

● ソテツ科 / 常緑低木

ソテツ

[学名] *Cycas revoluta*（ヤシに似たねじれた葉の植物）
[原産地] 東南アジア、日本（九州南部、沖縄）

増やし方● たね、株わけ
流通名・別名● 蘇鉄、キカス
こんな花● 大型葉ものの元祖であるとともに、公園やロータリーの真ん中に植えられているおなじみの緑化樹。植えてから 20 年たつと 6 ～ 7 月に幹の先端に花が咲く。雄株と雌株があり、花が咲くとその年は葉がでない。そのため、花が咲いたら早めに取り除く。実は有毒。寿命が長く、福井県若狭町には樹齢 1,300 年で国の天然記念物がある。樹が弱ると鉄（くぎ）を幹に打ち込むとよみがえる（蘇る）ことから蘇鉄と呼ばれる。装飾のほかに、硬くて形が決まるので生け花にも使われる

平均的卸売価格● 40 円
花言葉● 長寿
花の日● 12 月 19 日
年間流通量● 800 万本
輸入● なし

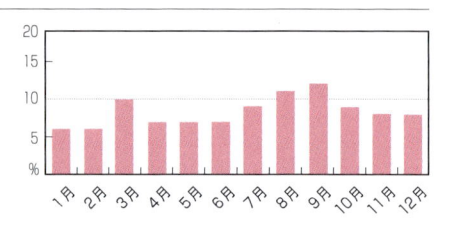

年間の入荷量の推移

売れ筋の品種と特徴　品種はない。
主な産地　千葉県（房陽葉蘭園、花広園）、香川県（三宅農園）
つくり方　露地栽培。春に苗を植える。苗の大きさは幹の直径が 15 ～ 20cm、高さが 40cm 程度。成長が遅く、4 年目から葉を収穫できる。10 年たった株からは 1 年に 30 枚ほどの葉が収穫できる。
品質のめやすと規格　葉の長さは 100cm 程度。
出荷までの取扱い　葉の長さが 100cm になってから切り取り、水あげ。乾式輸送。

お店での管理　丈夫なので特別な管理は不要。
消費者が知っておきたいこと　葉がするどいので手を切らないように注意。
品質保持剤の効果　B（葉の変色を遅らせる）。
日持ち　2 週間（葉の変色）。

●トクサ科 / 宿根草

トクサ

[学名] Equisetum hyemale（冬の馬の尾のような植物）
[原産地] 日本

増やし方●株わけ
流通名・別名●砥草
こんな花●直線的な枝状で、華やかさには欠けるが、生け花やアレンジに重宝。そのまま直線として、あるいは節で曲げて角度をつけることもできる。昔は爪をみがくヤスリとして使われたので漢字では「砥草」。スギナ（ツクシ）の仲間で、茎の先端にツクシのような花が夏に咲く。葉は退化してない。フトイと外形、利用法が似ているが、トクサには節があり、茎は空洞、フトイには節がなく、茎に穴はない。

平均的卸売価格●15円
花言葉●克己
花の日●6月6日
年間流通量●480万本
輸入●なし

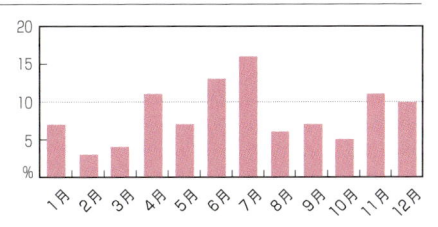

年間の入荷量の推移

消費者が知っておきたいこと　水あげはよい。
品質保持剤の効果　C
日持ち　長い

売れ筋の品種と特徴　品種はない。
主な産地　栃木県（佐藤農園）、沖縄県（おきなわ）
つくり方　露地。春に苗を植え3～4年目から収穫。摘心で収穫時期を調整する。すこぶる丈夫で、一度苗を植えると放任で地下茎が横に這い、地上部に多数の茎を伸ばす。
品質のめやすと規格　太さがそろっていること。切り花長90～120㎝。
出荷までの取扱い　特に切り前の適期はない。地ぎわから刈り取り、水あげ。
お店での管理　特別な管理は不要。

●チャセンシダ科 / 常緑シダ

タニワタリ

[学名] *Asplenium*（脾臓の痛みをやわらげる植物）
[原産地] 日本（伊豆諸島、四国、九州南部、沖縄）、台湾

増やし方 胞子、株わけ
流通名・別名 オオタニワタリ（大谷渡）、アスプレニウム、エメラルドウェーブ
こんな花 亜熱帯の木に着生するシダの仲間。光沢のある肉厚の緑色の大きな葉は名脇役として和洋に使え、鉢もの、葉もの両方で人気。エメラルドウエーブは小型で、わかめのようにウエーブある品種

平均的卸売価格 タニワタリ35円、エメラルドウェーブ55円
花の日 8月24日
年間流通量 400万本
輸入 70万本（18%：台湾）

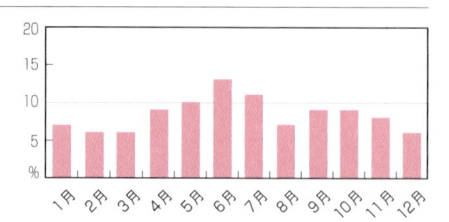

年間の入荷量の推移
一年中安定して入荷

売れ筋の品種と特徴 エメラルドウエーブは福岡県、杉本神龍園育成の品種。海外ではクリスピーウエーブの名前で流通し、人気。
主な産地 タニワタリ：沖縄県（沖縄県花卉、おきなわ）、エメラルドウエーブ：福岡県（みなみ筑後）
つくり方 ハウス栽培、冬は5℃以上に暖房。
品質のめやすと規格 緑色が鮮やかでみずみずしく、葉の裏に胞子がついていないこと。タニワタリは60〜80cm、エメラルドウエーブは30cm。
出荷までの取扱い 葉がかたまったら切り取り、水洗いをし、選別。しおれないように葉水をかけポリフィルムで包み、乾式輸送。
お店での管理 葉全体が水につかっても腐ることはない。
消費者が知っておきたいこと 水につけなくても葉水をかけるだけで長持ちする。折ったり、丸めたりいろんな使い方ができる。
品質保持剤の効果 C
日持ち 長い（葉の縁が黒変）。

タニワタリ

エメラルドウエーブ

●イネ科 / 一年草・宿根草

パニカム（スモークグラス）

[**学名**] *Panicum*（かつらのような花）
[**原産地**] 北アメリカ

増やし方●たね
流通名・別名●スモークグラス、キビ（黍）
こんな花●食用のキビの仲間でグリーンのシャワーのような穂が涼しげ。観賞用には一年草のスモークグラス（*P. capillare*）と宿根草のチョコラータ（*P. virgatum*）が多く流通

平均的卸売価格● 20円
花言葉●先人を敬う
花の日● 5月10日
年間流通量●スモークグラス200万本、チョコラータ60万本、その他のパニカム80万本
輸入●なし

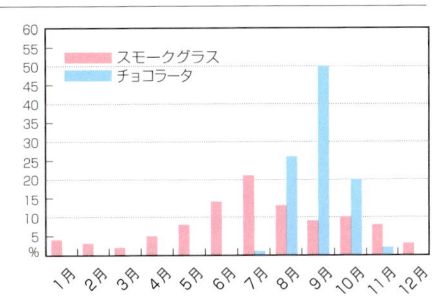

年間の入荷量の推移
スモークグラスは1年中入荷があるグリーン素材、チョコラータは穂、葉がチョコレート色で秋を感じさせる商材

売れ筋の品種と特徴　パニカムだけの表示での入荷もある。
主な産地　長野県（信州うえだ）、愛知県（豊橋）、福岡県（にじ、ふくおか八女）、長崎県（有・ワイルドプランツ吉村）
つくり方　露地またはハウス栽培。短日植物で、電照で穂がでる時期を調節。チョコラータは3～4年の据置き栽培が可能。
品質のめやすと規格　穂が完全に展開していないこと。切り花は60～80cm。
出荷までの取扱い　穂が開く前に、葉を1～2枚つけて収穫、水あげ。乾式輸送。
お店での管理　水あげはよい。

スモークグラス

消費者が知っておきたいこと　茎が中空で折れやすい。
品質保持剤の効果　C
日持ち　1週間（穂が枯れる）。

●イネ科／宿根草

パンパスグラス

[学名] Cortaderia selloana（葉の縁がぎざぎざして手を切りやすい植物）
[原産地] 南アメリカ

増やし方●株わけ
流通名・別名●パンパス、シロガネヨシ（白銀葦）
こんな花●大型のススキだが、穂が展開する前の大きな筆のようなスタイルで流通。茎だけで葉はついていない。お盆にはなくてはならない花。パンパスグラスは英名で、アルゼンチンのパンパ地方に生えている草の意味

平均的卸売価格●60円
花言葉●優美　光輝
花の日●8月9日
年間流通量●240万本
輸入●なし

年間の入荷量の推移

売れ筋の品種と特徴　品種はない。穂の色がピンクもあるが、わずかである。
主な産地　茨城県（ひたち野）、静岡県（とぴあ浜松）、和歌山県（紀州中央）、福岡県（糸島）
つくり方　露地で放任栽培。春に株わけした苗を植えると年々株が大きくなり、2〜3mに達する。ススキのように秋に穂がでる。
品質のめやすと規格　穂が立っており、白くみずみずしいこと。切り花長80〜120cm。
出荷までの取扱い　穂がでる前に収穫し、葉をむいて穂をだす。
お店での管理　水につけずドライフラワーとして利用。
消費者が知っておきたいこと　穂が展開すると茶色になる。

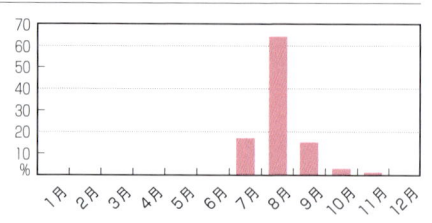

穂がでる前と葉をむいて穂がでたところ

品質保持剤の効果　C
日持ち　長い

● シソ科／宿根草

ミント

[学名] *Mentha*（ギリシャ神話の女神）
[原産地] ヨーロッパ

増やし方● たね、さし芽、株わけ
こんな花● ハーブでおなじみのハッカの仲間で、ペパーミントには強い香りがあり、歯磨き、チューインガムやお菓子の香りづけに広く利用。切り花としてはさわやかなグリーンと独特の香りが人気。繁殖力旺盛で、夏から秋に白〜藤色の花が咲くが、観賞するのは葉

平均的卸売価格● 30円
花言葉● 清楚
花の日● 3月10日（ミントの日）
年間流通量● 140万本
輸入● なし

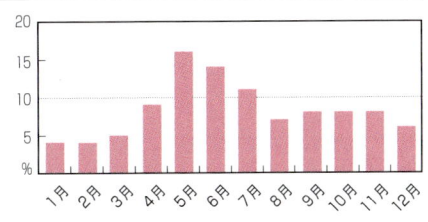

年間の入荷量の推移

アップルミント

売れ筋の品種と特徴 交雑しやすいので種類が多く、葉の形と香りが微妙にちがう。ミントだけの表示が55％、おだやかな香りのアップルミント（*M. suaveolens*）が30％、デザートの飾りに使われるスペアミント（ミドリハッカ）が10％、その他フルーツの名前がついたグレープフルーツミント、オレンジミント、パイナップルミント（アップルミントの斑入り）、レモンミントなどがあるが、植物の正式な名称ではなく商品名。

主な産地 茨城県（シモタファーム）、群馬県（関根農園）、千葉県（早坂園芸、折原園芸）、東京都（日野洋蘭園）

つくり方 ハウス栽培。苗を6月に植え、秋から茎葉を切り取る。植えっぱなしで株が大きくなる。

品質のめやすと規格 水があがり、小葉で葉の先が傷んでいないこと。長さ20〜40cm。

出荷までの取扱い 茎葉を観賞するので、いつでも切り取り、水あげ。切り口に綿などで水分補給して乾式輸送。

お店での管理 切り花としては繊細で、長く保管できない。

消費者が知っておきたいこと さわやかなグリーンと香りを楽しむ。

品質保持剤の効果 B（水あげを促進し、しおれを防ぐ）。

日持ち 5日（しおれ）。

215

● サトイモ科 / 宿根草

フィロデンドロン（クッカバラ）

[学名] *Philodendron*（恋人の木）
[原産地] 熱帯アメリカ

増やし方● さし木、たね
こんな花● 鉢ものではポトスと同じサトイモ科の観葉植物としておなじみ。最近ではトロピカルな葉ものとして人気。大きな葉で、モンステラのように切れこみが入るクッカバラ（オーストラリア原住民のことばで「カワセミ」）が代表品種

平均的卸売価格● 15円
花言葉● 友好、友情
花の日● 6月9日
年間流通量● 150万本
輸入● 20万本（13％：タイ）

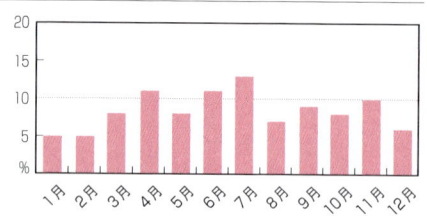

年間の入荷量の推移

売れ筋の品種と特徴　クッカバラはセロウム（P.selloum ヒトデカズラ）からの選抜種で80％のシェア。タイからレッドダッチェスが輸入。
主な産地　佐賀県（宮崎グリーン）、沖縄県（おきなわ）
つくり方　ハウス栽培。夏は日よけ、冬は15℃以上が必要。観葉植物の栽培と同じで、春にたねをまき、夏に鉢植え。翌年、葉がかたまったら切り取る。
品質のめやすと規格　葉につやがあり、傷がないこと。長さ30〜50cm。
出荷までの取扱い　かたまった葉を切り取り、水あげ。乾式輸送。
お店での管理　特別な管理は不要。
消費者が知っておきたいこと　水あげもよく長持ち。
品質保持剤の効果　C
日持ち　長い

INDEX

本書掲載の植物名・流通名・別名を５０音順に掲載

植物名・流通名・別名索引

【あ】

- アイスランドポピー ……123
- アイリス……………………99
- アイリス・オクラレウカ……………206
- アカシア……………………179
- アカメヤナギ………………174
- アゲラタム…………………158
- アザミ（薊）………………167
- アジアティック・ハイブリッド………………60
- 紫陽花………………………132
- アジサイ（ハイドランジア）……132
- アスター………………………96
- アスチュルベ………………151
- アスチルベ…………………151
- アスパラガス………………204
- アスプレニウム……………212
- アナスタシア…………………53
- アニゴザントス……………144
- アネモネ……………………126
- アマドコロ…………………205
- アマリリス…………………159
- アメリカノリノキ…………132
- アラビカム…………………127
- アランセラ……………………69
- アランダ………………………69
- アリウム……………………120
- アルケミラ…………………145
- アルストロメリア……………81
- アレカ………………………203
- アレカヤシ…………………203
- アレンジメントアスター……96
- アワ…………………………137
- アワモリショウマ…………151
- アンスリウム………………108

【い】

- イカダバルスカス…………201
- イクソラ……………………169
- イズイ………………………205
- イタリアンルスカス………201

【う】

- ウメ（梅）…………………183
- ウンリュウヤナギ…………174

【え】

- エキノプス…………………154
- エゾギク………………………96
- エニシダ……………………178
- エメラルドウェーブ………212
- エリンギウム………………160
- エリンジウム………………160
- ＬＡハイブリッド……………60

【お】

- オオアマナ…………………127
- ＯＨ……………………………58
- オーソニガラム……………127
- オオタニワタリ（大谷渡）……………212
- オオデマリ…………………186
- オキシペタラム……………129
- オクラレウカ………………206
- オクラレルカ………………206
- オトギリ（弟切）…………189
- おばな（尾花）……………207
- オミナエシ（女郎花）……136
- オモト（万年青）…………196
- オリエンタリス……………168
- オリエンタル…………………58
- オリエンタル系ユリ…………58
- オリエンタルハイブリッド…………58
- オンシ…………………………65
- オンジジウム…………………65

【か】

- カーネーション………………54
- ガーベラ………………………70
- カイウ（海芋）………………95
- ガクアジサイ………………132
- カザグルマ（風車）………153

- カジイチゴ（梶苺）………192
- カシワバアジサイ…………132
- カスミ…………………………80
- カスミソウ……………………80
- カッコウアザミ……………158
- カトレア………………………66
- ガマ（蒲）…………………142
- カヤ（茅）…………………207
- カラー…………………………95
- カルタムス…………………141
- カレンジュラ…………………98
- カワラナデシコ（ヤマトナデシコ）……109
- カンガルーポー……………144
- カンパニュラ………………138

【き】

- キイチゴ（木苺）…………192
- キカス………………………210
- ギガンチウム………………120
- キキョウ（桔梗）…………143
- キク（菊）……………………48
- キビ（黍）…………………213
- ギボウシ……………………152
- ギボシ………………………152
- 球根アイリス…………………99
- キンギョソウ…………………94
- キンセンカ（金盞花）………98
- 銀丸葉ユーカリ……………175
- ギンヨウアカシア…………179

【く】

- 孔雀アスター…………………97
- クジャクソウ…………………97
- クッカバラ…………………216
- グニー………………………175
- グラジオラス…………………93
- クラスペディア……………147
- クリスマス・ベル…………124
- クリスマスローズ…………168
- クルクマ……………………131
- 久留米………………………88

217

植物名・流通名・別名索引

クレマチス……………153
クロタネソウ
　（黒種草）…………161
グロボーサ……………147
グロリオーサ…………117
グロリオサ……………117

【け】
ケイトウ（鶏頭）………88
ケシ（芥子）…………123
ケムリノキ……………185

【こ】
コウチョウラン
　（胡蝶蘭）……………68
コウヤマキ（高野槙）…176
コオリヤナギ…………174
ゴールドスティック……147
小ギク……………………52
極楽鳥花………………128
五色トウガラシ………162
コスモス（秋桜）………118
コデマリ………………180
小町草…………………157
コワニー………………120
コンパクタ……………186
ゴンフレナ……………106

【さ】
サカキ（榊）……………171
サクラ（桜）……………182
サクラコマチ…………157
ササバ（笹葉）
　ルスカス……………201
サマースイートピー……78
三角………………………71
サンカクバアカシア…179
サンダーソニア………124
サンタンカ（山丹花）…169
サンダンカ……………169
サンデルシー…………127

【し】
子規……………………166

シキビ…………………172
シキミ（樒）……………172
下草……………………173
シヌアータ………………71
シネンシス………………72
シノブボウキ…………204
シャクヤク（芍薬）……102
ジャスミン……………188
宿根スターチス…………72
宿根アスター……………97
宿根カスミソウ…………80
宿根スイートピー………78
シュニアータ……………71
ショウブ（菖蒲）………195
シルソイデス…………127
シレネヨシ……………157
シロガネヨシ
　（白銀葦）……………214
シロタエギク…………197
シロバナ（白花）
　エニシダ……………178
シングルペグモ………115
新テッポウユリ…………62
シンノウヤシ
　（神農椰子）…………199
シンビ……………………67
シンビジウム……………67
シンフォリカルポス…190

【す】
スイートピー……………78
スイセン………………100
スカシユリ（透百合）…60
スカビオサ……………114
スギノハカズラ………204
スズカケ（鈴懸）………180
ススキ（薄）……………207
スズラン………………164
スターチス・シヌアータ…71
ステモナ………………194
ストック…………………82

ストレチア……………128
ストレッチア…………128
ストレリチア…………128
スナップ…………………94
スノーボール…………186
スプレーギク……………50
スプレーマム……………50
スプレンゲリー………204
スマイラックス………204
スミレ（菫）……………149
スモークグラス………213
スモークツリー………185

【せ】
セキチク（石竹）………109
石化エニシダ…………178
セッカヤナギ…………174
セッコウボク
　（雪晃木）……………190
セロシア…………………88
センニチコウ
　（千日紅）……………106
センネンボク
　（千年木）……………193
せんぼんやり……………70
センリョウ（千両）……191

【そ】
ソケイ（素馨）…………188
ソテツ（蘇鉄）…………210
ソリダゴ・ソリダスター…85

【た】
ダイアンサス…………109
ダイヤモンドリリー……155
大輪ポピー……………123
タイワンホトトギス……166
タチボウキ……………204
ダッチアイリス…………99
タナケツム……………115
タニワタリ……………212
ダビウム………………127
タマシダ………………200

218

植物名・流通名・別名索引

ダリア‥‥‥‥‥‥‥‥104
ダリヤ‥‥‥‥‥‥‥‥104
丹頂‥‥‥‥‥‥‥‥‥120
【ち】
チース‥‥‥‥‥‥‥‥71
チューリップ‥‥‥‥‥84
チョウダイ（長大）
　アイリス‥‥‥‥‥‥206
ちょうちんゆり‥‥‥‥124
チョコラータ‥‥‥‥‥213
チョコレートコスモス‥‥119
【つ】
ツリガネソウ
　（釣鐘草）‥‥‥‥‥138
【て】
ディディスカス‥‥‥‥146
ティナス（ティヌス）‥‥186
テッセン（鉄線）‥‥‥153
テッポウユリ
　（鉄砲百合）‥‥‥‥62
テヌイフォリウム‥‥‥209
デルフィニウム‥‥‥‥90
デンドロビウム
　（デンファレ）‥‥‥‥64
デンファレ‥‥‥‥‥‥64
テンモンドウ
　（天門冬）‥‥‥‥‥204
【と】
ドイツアザミ‥‥‥‥‥167
ドイツ鈴蘭‥‥‥‥‥‥164
トウガラシ‥‥‥‥‥‥162
トクサ（砥草）‥‥‥‥211
ドビウム‥‥‥‥‥‥‥127
トベラ‥‥‥‥‥‥‥‥209
ドラセナ‥‥‥‥‥‥‥193
トラチェリウム‥‥‥‥89
ドラムスティック‥‥‥147
トルコ‥‥‥‥‥‥‥‥74
トルコギキョウ‥‥‥‥74

【な】
ナギイカダ‥‥‥‥‥‥201
ナタネ‥‥‥‥‥‥‥‥111
ナデシコ（撫子）‥‥‥109
ナナス‥‥‥‥‥‥‥‥204
菜の花‥‥‥‥‥‥‥‥111
ナルコ‥‥‥‥‥‥‥‥205
ナルコユリ‥‥‥‥‥‥205
ナルコラン‥‥‥‥‥‥205
【に】
ニゲラ‥‥‥‥‥‥‥‥161
ニセアカシア‥‥‥‥‥179
日本スイセン‥‥‥‥‥73
【ね】
ネフロピレス‥‥‥‥‥200
ネリネ‥‥‥‥‥‥‥‥155
【の】
ノアザミ‥‥‥‥‥‥‥167
ノリウツギ‥‥‥‥‥‥132
【は】
ハイブリッド（HB）
　スターチス‥‥‥‥‥72
羽衣ジャスミン‥‥‥‥188
葉菖蒲‥‥‥‥‥‥‥‥195
ハス‥‥‥‥‥‥‥‥‥139
ハナアザミ‥‥‥‥‥‥167
花あわ‥‥‥‥‥‥‥‥137
ハナナ（花菜）‥‥‥‥111
花蓮‥‥‥‥‥‥‥‥‥139
花麦‥‥‥‥‥‥‥‥‥110
ハナモモ（花桃）‥‥‥184
パニカム‥‥‥‥‥‥‥213
ハボタン‥‥‥‥‥‥‥125
ハマナデシコ‥‥‥‥‥109
バラ‥‥‥‥‥‥‥‥‥56
パンジー‥‥‥‥‥‥‥149
パンパス‥‥‥‥‥‥‥214
パンパスグラス‥‥‥‥214
【ひ】
ヒアシンス‥‥‥‥‥‥165

ピー‥‥‥‥‥‥‥‥‥78
飛燕草‥‥‥‥‥‥‥‥90
ピオニー‥‥‥‥‥‥‥102
ビオラ‥‥‥‥‥‥‥‥149
ヒゲナデシコ
　（美女撫子）‥‥‥‥109
ヒサカキ（非榊）‥‥‥173
ビシャコ‥‥‥‥‥‥‥173
ビショギ‥‥‥‥‥‥‥173
ピットスポラム‥‥‥‥209
ピットスポルム‥‥‥‥209
ビバーナム‥‥‥‥‥‥186
ビブルナム‥‥‥‥‥‥186
ヒペリカム‥‥‥‥‥‥189
ヒマワリ（向日葵）‥‥86
姫がま‥‥‥‥‥‥‥‥142
ビャクブ（百部）‥‥‥194
ピンポンマム‥‥‥‥‥53
【ふ】
ファレノプシス‥‥‥‥68
フィーバーヒュー‥‥‥115
フィサリス‥‥‥‥‥‥140
フィロデンドロン
　（クッカバラ）‥‥‥216
フウリンソウ（風鈴草）‥‥138
フェチダス‥‥‥‥‥‥168
フェニックス‥‥‥‥‥199
フェニックス・
　ロベレニー‥‥‥‥‥199
フジナデシコ‥‥‥‥‥109
フジバカマ‥‥‥‥‥‥163
フトイ‥‥‥‥‥‥‥‥208
ブバリア‥‥‥‥‥‥‥116
ブバルディア‥‥‥‥‥116
ブプレウラム‥‥‥‥‥122
ブプレニウム‥‥‥‥‥122
ブプレリューム‥‥‥‥122
フリージア‥‥‥‥‥‥92
ブルースター‥‥‥‥‥129
ブルーレースフラワー‥‥146

219

植物名・流通名・別名索引

プルモーサス・ナナス……204
【へ】
ベッチーズブルー……154
ベニバナ（紅花）………141
ヘリコニア……………148
ヘレボルス……………168
【ほ】
ホウライショウ
　（蓬莱蕉）…………202
ホオズキ
　（鬼灯、酸漿）……140
ホスタ…………………152
細葉ルスカス…………201
ホタルブクロ…………138
ホトトギス
　（不如帰、杜鵑）…166
ポピー…………………123
ホワイトレースフラワー…101
ホンサカキ……………171
ホンマキ………………176
【ま】
マーガレット…………112
マグ……………………112
マサカキ………………171
マツ（松）……………170
マツカサアザミ………160
松虫草…………………114
マトリカリア…………115
丸葉ルスカス…………201
【み】
ミモザ…………………179
ミモザアカシア………179
ミヤコワスレ
　（都忘れ）…………156
ミリオアスパラ………204
ミリオクラダス………204
ミリオン（ペラ）……204
ミント…………………215

【む】
ムギ（麦）……………110
ムシトリナデシコ……157
【め】
メイリー（メリー）…204
メシ……………………136
【も】
モカラ……………………69
モモ（桃）……………184
モモハギキョウ………138
モンステラ……………202
【や】
八千代……………………88
ヤナギ（柳）…………174
ヤマアジサイ…………132
ヤマドリヤシ
　（山鳥椰子）………203
やり……………………113
【ゆ】
ユーカリ………………175
ユウギリソウ（夕霧草）…89
ユーストマ………………74
ユーパトリウム………163
ユキヤナギ（雪柳）…181
ユリズイセン……………81
【よ】
洋ギク……………………53
【ら】
ラクティフロラ………138
ラナンキュラス………107
【り】
リアトリス……………113
リキュウソウ
　（利休草）…………194
リシアンサス……………74
リモニウム………………71
リヤトリス……………113
リューカデンドロン…134
リュウケツジュ
　（龍血樹）…………193

リューココリネ………150
竜胆………………………76
輪ギク……………………48
リンドウ…………………76
リンドウ咲き
　カンパニュラ………138
【る】
ルスカス………………201
ルモーラ………………198
ルリタマアザミ………154
【れ】
レウカデンドロン……134
レースフラワー………101
レザーファン…………198
レザーリーフファン……198
レンギョウ……………177
【ろ】
ロブスタークロー……148
ロベ……………………199
ロベレニー……………199
【わ】
ワックスフラワー……135
ワレモコウ
　（吾亦紅、吾木香）……130

INDEX
学名索引

アルファベット順

【A】
Acacia······179
A. baileyana······179
A. cultriformis······179
A. decurrens······179
Acorus calamus······195
Ageratum······158
Alchemilla mollis······145
Alliuum······120
A. cowanii······120
A. aphaerocephalum······120
A. giganteum······120
Alstroemeria······81
Ammi······101
A. majus······101
Anemone······126
Anigozanthos······144
Anthurium······108
Antirrhinum majus······94
Aranda······69
Aranthera······69
Argyranthemum frutescens······112
Asparagas······204
A. asparagoides······204
A. cochinchinensis······204
A. densiflorus······204
A. macowanii······204
A. officinalis······204
A. pseudoscaber······204
A. setaceus······204
Asplenium······212
Aster······97
Aster savatieri······156
Astilbe······151

【B】
Bouvardia······116
Brassica······111
Brassica oleracea······125
Bupleurum rotundifoliumt······122

【C】
Calendula······98
Callistephus······96
Campanula······138
C. glomerata······138
C. lactiflora······138
C. medium······138
C. persicifolia······138
C. punctata······138
Capsicum······162
Carthamus tinctorius······141
Cattleya······66
Celosia······88
Chamelaucium uncinatum······135
Chloranthus glabra······191
Chrysalidocarpus lutesce······203
Chrysanthemum······48, 50, 52, 53
Cirsium······167
C. japonicum······167
Clematis······153
Cleyera japonica······171
Convallaria······164
C. keiskei······164
C. majalis······164
Cortaderia selloana······214
Cosmos······118
Cosmos atrosanguineus······119
Cotinus······185
Craspedia globosa······147
Curcuma······131
Cycas revoluta······210
Cymbidium······67
Cytisus······178
C. multiflorus······178
C. scoparius······178

【D】
Dahlia······104
Danae······201
Danae racemosa······201
Delphinium······90
Dendrobium······64
Dianthus······109
Dianthus caryophyllus······54
Didiscus caeruleus······146
Dracaena······193

【E】
Echinops······154
Equisetum hyemale······211
Eryngium······160
Eucalyptus······175
E. cinerea······175
E. gunnii······175
Eupatorium······163
E. coelestinum······163
Eurya japonica······173
Eustoma grandiflorum······74

【F】
Forsythia······177
Freesia······92

【G】
Gentiana······76
Gerbera······70
Gladiolus······93
Gloriosa······117
Gomphrena······106
Gypsophila paniculata······80

【H】
Helianthus annus······86
Heliconia psittacorum······148
Helleborus······168
H. foetidus······168
H. orientalis······168
Hippeastrum······159
Hordeum······110
Hosta······152

221

学名索引

Hyacinthus······165
Hydrangea······132
H. arborescens······132
H. macrophylla······132
H. normalis······132
H. paniculata······132
H. quercifolia······132
H. serrata······132
Hypericum
　androsaemum······189
【I】
Illicium······172
Iris······99
Iris ochroleuca······206
Ixora······169
【J】
Jasminum······188
J. humile······188
J. polyanthum······188
【L】
Lathyrus odoratus······78
L. latifolium······78
Leucadendron······134
Leucocoryne······150
Liatris······113
Lilium longiflorum······62
Lillium······58, 60
Limonium······72
Limonium sinuatum······71
【M】
Matthiola incana······82
Mentha······215
Miscanthus······207
Mokara······69
Monstera······202
【N】
Narcissus······73, 100
Nelumbo······139
Nephrolepis cordifolia······200
Nerine······155

Nigella······161
【O】
Oncidium······65
Ornithogalum······127
O. arabicum······127
O. dubium······127
O. saundersiae······127
O. thyrthoides······127
Oxypetalum
　caeruleum······129
【P】
Paeonia lacitiflora······102
Panicum······213
P.capillare······213
P.virgatum······213
Papaver······123
P. nudicaule······123
Patrinia scabiosaefolia······136
Phalaenopsis······68
Philodendron······216
Phoenix roebelenii······199
Physalis alkengi······140
Pinus······170
Pittosporum
　tenuifolium······209
Platycodon
　grandiflorus······143
Polygonatum
　odoratum······205
Prunus······182
Prunus mume······183
Prunus persica······184
【R】
Ranunculus asiaticus······107
Rohdea japonica······196
Rosa······56
Rubus······192
R. trifidus······192
Rumohra adiantiformis······198
Ruscus······201

Ruscus hypophyllum······201
【S】
Salix······174
Sandersonia aurantiaca······124
Sanguisorba······130
Scabiosa······114
Sciadopitys verticillata······176
Scirpus lacustris······208
Senecio······197
Setaria······137
Silene armeria······157
Solidago······85
Solidaster
　(Solidago+Aster)······85
Spiraea cantoniensis······180
Spiraea thunbergii······181
Stemona······194
Strelitzia reginae······128
Symphoricarpos······190
【T】
Tanacetum parthenium······115
Trachelium······89
Tricyrtis······166
T. formosana······166
Tulipa gesneriana······84
Typha······142
【V】
Viburnum······186
V. opulus······186
V. opulus
　'Compactum'······186
V. plicatum······186
V. tinus······186
Viola······149
【Z】
Zantedeschia······95

著者紹介

宇田　明（うだ　あきら）

1947 年、神戸市生まれ。
1970 年、千葉大学園芸学部卒。
宇田花づくり研究所。元兵庫県淡路農業技術センター。
農学博士（2008 年）。
株式会社なにわ花いちば　テクニカルアドバイザー。
著書『カーネーションをつくりこなす』

桐生　進（きりゅう　すすむ）

1973 年、山形県山形市生まれ。
1998 年、東北大学大学院農学研究科卒。
1998 年に株式会社 大田花き入社、2009 年 4 月より株式会社大田花き花の生活研究所所長。

〈写真提供〉（五十音順）

㈱クラシック
㈱サカタのタネ
佐藤武義（山形県農林水産部）
㈲スカイブルー・セト
精興園
高橋徹也（ＪＡ北信州みゆき）
築尾嘉章
　　（独立行政法人農業・食品産業技術総合研究機構花き研究所）
千葉大学
土橋　豊（甲子園短期大学）
長澤亜紀子（安城産業文化公園デンパーク）
㈱なにわ花市場
二宮千登志（高知県農業技術センター）
羽田野昌二（㈱ミヨシ）
本庄　薫（花工房夢織）
宮崎県総合農業試験場

|花屋さんが知っておきたい| 花の小事典
―花ビジネスから花好きの消費者まで―

2013年2月25日　第1刷発行

著者　宇田　明
　　　桐生　進

発行所　社団法人 農山漁村文化協会
郵便番号 107-8668　東京都港区赤坂7丁目6-1
電話　03（3585）1141（営業）　　03（3585）1147（編集）
FAX　03（3585）3668　　　　　　振替 00120-3-144478

ISBN978-4-540-10150-2　　DTP制作／條克己
〈検印廃止〉　　　　　　　　　印刷／㈱光陽メディア
Ⓒ宇田　明・桐生　進 2013　　製本／根本製本㈱
Printed in Japan 定価はカバーに表示

乱丁・落丁本はお取り替えいたします